20년 유학 전문 멘토의
마음으로 전하는
유학 이야기

20년 유학 전문 멘토의

마음으로 전하는
유학 이야기

윤아빠

이인호 원장 저

멀리 가려면 함께 가라

처음 자녀의 유학을 고민하는 부모님들은 '우리 아이가 과연 유학 가서 잘 적응할 수 있을까?' '언어도 문화도 다른 나라에서 과연 보람 있는 학창시절을 보낼 수 있을까?' 처음부터 끝까지 고민의 연속입니다. 그리고 자녀의 유학에 대해 아무런 생각이 없던 가정에서 갑작스럽게 유학을 결정하거나 밑도 끝도 없이 갑자기 자녀가 "엄마, 유학 보내주세요!"라고 의견을 개진한다면 부모는 전혀 준비가 되어 있지 않은 상황에서 무엇부터 알아봐야 할지 허둥대기 마련입니다. 결국 부랴부랴 강남역이나 압구정동 부근의 유학원을 방문하여 상담해보지만 들으면 들을수록 헷갈리고 고민만 더 많아지는 경험을 하게 됩니다.

이미 유학 중인 학생의 현지 생활에 관해 상담하다 보면 10명 중 2~3명은 자신이 다니고 있는 학교와 홈스테이 가정에 대한 불만과 이런저런 고민을 털어놓습니다. 모든 학생에게 다 잘 맞는 유학 프로그램이 있다면 우리가 이런 고민을 할 필요도 없겠지만, 모든 학생을 만족시키는 유학 프로그램은 없습니다. 그렇기 때문에 가능하면 학생의 스타일, 자기관리, 영어 수준, 교과 외 활동의 선호도, 부모의 유학자금 능력 등을 고려해서 고민에 고민을 거듭하여 결정해야 하는 문제라는 생각이 듭니다. 학교의 교과수준이 만족스럽다 하더라도 교우관계에 문제가 생길 수 있고, 홈스테이 가정에서 제대로 보살펴주지 못해 마음의 상처를 안고 생활하는 경우도 발생하곤 합니다. 반면 유학생활은 너무 즐겁게 하지만 공부에는 전혀 신경 쓰지 못하는 경우도 만나게 됩니다.

"참 어려운 문제입니다."

윤아빠 역시 딸아이를 처음 유학 보낼 때 8학년 1년 동안 미국 유학생활에 적응만 잘 해주기를 바라는 마음으로 조금 쉬운 학교를 선택해서 보냈지만, 유학을 간지 3개월 만에 부랴부랴 학교를 다시 알아보는 실수를 저질렀습니다.

다행히 새로운 학교는 아이가 원하는 대부분을 충족시켜주었고 지금은 인종차별 없이 아이를 잘 케어해주는 학교 분위기에 적응해 학교생활을 하고 있습니다. 그리고 친한 친구도 생겨 주말이면 그 친구의 집에 놀러가 공부나 여행도 같이하는 등 유학생활의 탄력을 주는 시간을 갖게 되어 참으로 감사한 마음입니다.

처음 자녀의 유학을 고민하는 가정이 있다면 정말 해주고 싶은 얘기가 너무나 많습니다. 학교를 선정하는 방법부터 어떠한 유학이 자녀에게 더 적합할지 그리고 현지에서 적응을 해나가는 데 있어 주의해야 할 사항은 무엇이 있는지…… 윤아빠와 대화를 통해서 유학생활에서 불필요하게 겪지 않아도 될 일들을 최소한 피해갈 수만 있다면 정말 도시락이라도 싸들고 다니면서 적극적으로 얘기해주고 싶은 심정입니다.

윤아빠는 2014년 기을부터 유학 초보 학부모를 대상으로 '윤아빠 초보 수업'이라는 부모교육 프로그램을 운영해오고 있습니다. 윤아빠 유학 초보 1기가 시작된 게 바로 엊그제 같은데 벌써 38기까지 교육 프로그램이 진행되었고, 유학 초보 수업을 들은 학부모님과 함께하는 카카오톡 그룹채팅방을 운영해온 지도 어느덧 2년이 넘었습니다. 현재 카카오톡 그룹채팅방에 참여하고 있는 유학 초보 학부모는 약 400명 정도가 되며, 거의 매일매일 대입준비, 자녀교육, 부모의 자세, 시험정보, 활동정보 등 매우 다양한 정보를 그룹채팅방에서 나누고 있습니다.

　유학은 외로운 길입니다. 그리고 짧은 기간에 끝나는 일도 아닙니다. 다양한 문제에 직면하게 되고 늘 새로운 고민이 발생하는 일입니다. 더구나 자녀가 해외에 있기 때문에 부모로서 적극적으로 개입하기 어려운 측면도 있습니다. 그렇기 때문에 우리는 함께해야 한다고 생각합니다. 서로의 고민을 나누고 정보를 공유하고 그리고 서로 위로해주며 격려해줄 수 있는 문화가 필요하다는 생각이 듭니다. 사실은 부모가 더 외롭습니다. 멀리 타향에서 고생하는 자녀를 생각하면 어떻게 해주지 못해 더 외롭고 고통스럽습니다.

　윤아빠 수업을 통해서 인연이 되는 분들끼리는 서로 지치지 않고 오래갈 수 있도록 서로 힘을 주고 격려해주는 문화를 만들고 싶습니다. 주변에 유학 때문에 힘든 분이 있다면 적극적으로 윤아빠를 소개해주세요. 대단한 솔루션을 제공해주지는 못해도 따뜻한 용기를 주는 일은 할 수 있을 것 같습니다. 가끔 "친구의 자녀가 같은 학년이라 윤아빠 수업이나 그룹채팅방을 소개해주기 좀 그래요."라고 말하는 분들도 있습니다. 그 마음도 이해합니다. 하지만 마음을 열고 좀 넓게 생각한다면 더할 나위 없이 소중한 시기인 우리의 자녀가 훌륭하게 성장할 수 있는 힘을 서로 나눠줄 수 있을 것 같습니다.

　멀리 가려면 함께 가고 싶습니다!

윤아빠 **이인호**

목 차

미국 대학 준비 – 학습 편

미국 대학 준비 – 활동 편

윤아빠의 유학 이야기

2017년 및 2018년 SAT 시험 스케줄 / SAT 응시를 위한 칼리지보드 아이디 만드는 방법 / 미국 대학의 SAT Score Choice 규정 / 한국 학생들이 많이 참여하는 경시대회 / 콩코드 리뷰 프로그램(The Concord Review Program) / 학년별 권장 필독 도서 리스트 / 대학 지원 에세이 작성 / 미국 유학생 OPT(Optional Practical Training) 신청

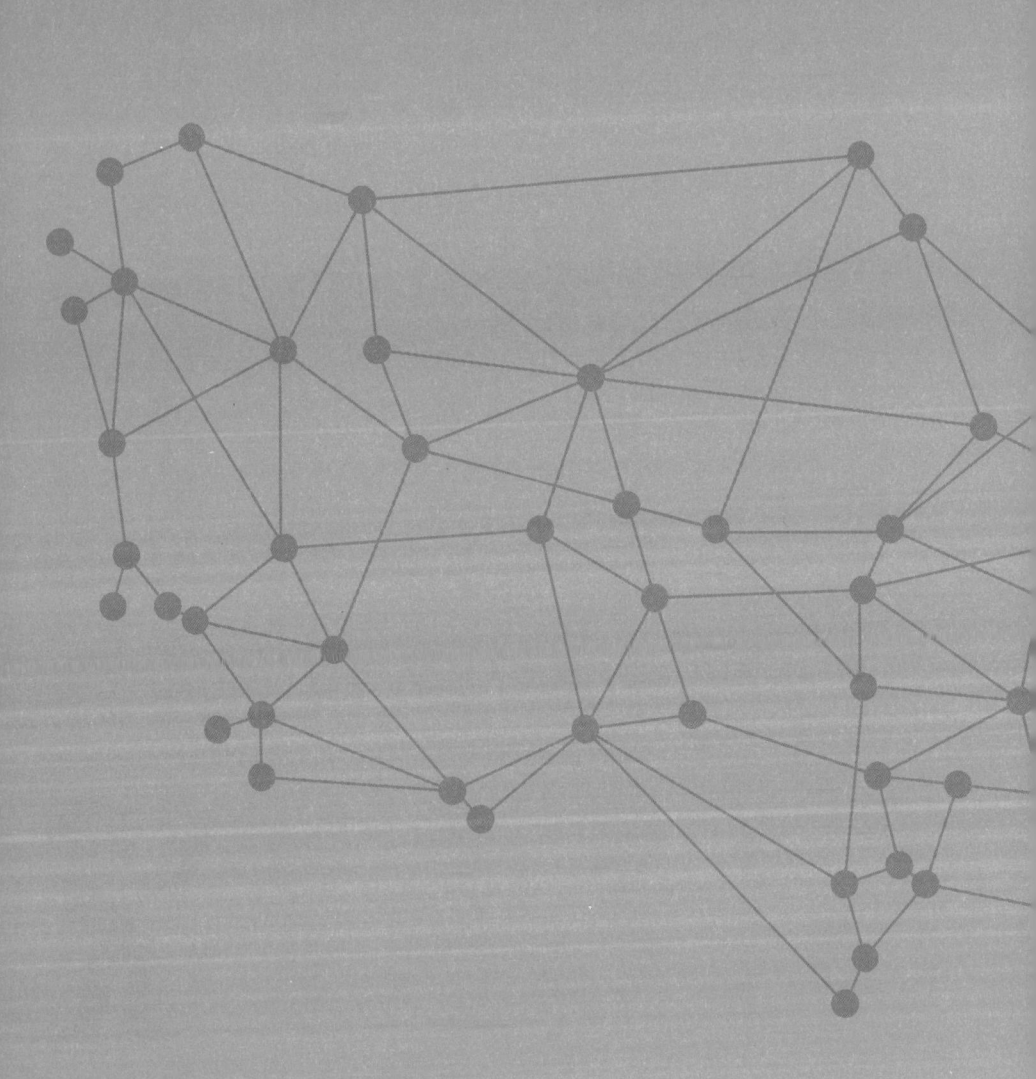

대입 진학 로드맵
작성하기

"로드맵은 대입 준비의 큰 그림을 그릴 수 있는 정보를 제공하고 현실적으로 도달 가능한 목표치를 설정해줌으로써 대입 준비에 관심과 열성적인 태도 그리고 재미를 느끼게 해주는 데 의미가 있다."

이 장에서는 학생들이 자신만의 로드맵을 그릴 수 있도록 구체적인 방법을 제시한다.

대입 진학 로드맵
작성하기

대입 준비의 필수 – 로드맵

　줄곧 자녀의 미국 대학 진학을 생각해오던 학부모라도 막상 자녀가 유학을 결심하면 "미국 대학 진학에 대해 아는 것이 하나도 없어 도움을 줄 수 없어요."라며 힘들어 하는 경우가 의외로 많다. 진학할 대학과 전공을 선택할 때는 적성과 능력뿐 아니라 장래 직업도 고려해야 한다. 그렇기 때문에 미국 입시제도와 현지 실정에 어두운 학부모 입장에서는 자녀의 대입과 장래에 대해 전문가의 도움이 절실하다. 대학 진학 계획을 세우는 데 가장 중요한 일은 미국 대학 진학에 대한 총체적인 장단기 로드맵을 자신의 특성에 맞게 세우고 효율적으로 관리하는 것이다.

　수년 전 SAT 시험지 유출사건으로 한국 학생의 SAT 점수에 대한 논란이 있었다. 이 사건을 계기로 유학생 학부모 사이에서도 미국 대입에 SAT 점수가 절대적이라는 국내 분위기에 편승해 비정상적인 점수 올리기 경쟁에 동참했다는 반성이 있었다. 이 모든 현상은 유학을 준비하고 있는 자녀의 학부모들이 미국 입시에 대해 전반적으로 이해가 부족했기 때문에 나타난 것이다. 미국 대학은 학업 성적 외에 개성과 리더십, 사회성, 창의력 등을 세심하게 평가하므로 SAT 점수가 중요하긴 해도 합격의 결정적인 열쇠가 될 수는 없다.

미국 대학이 요구하는 기준을 바르게 이해하고 더불어 특성에 적합한 로드맵을 만들면 스스로 부모 도움 없이도 주도적으로 생활하고 공부할 수 있어 훨씬 적극적으로 대입을 준비한다. 로드맵은 실력, 특성, 전공 및 희망 대학에 따라 모두 다르게 작성할 수 있는데, 대입 준비의 큰 그림을 그릴 수 있는 정보를 제공하고 현실적으로 도달 가능한 목표치를 설정해줌으로써 대입 준비에 관심과 열성적인 태도 그리고 재미를 느끼게 해주는 데 의미가 있다.

가장 중요한 것은 현실적으로 도달 가능한 계획과 방법을 알려주고, 그것을 실제로 이루어나가는 과정에서 성취감을 얻음으로써 자신의 미래를 자신이 만들어나간다는 재미를 느끼게 해주는 것이다. 어떤 대학에서 어떤 공부를 했느냐는 인생에 큰 영향을 끼친다. 그리고 그 준비과정에서 주도적인 역할을 통한 성취는 인생에 더욱 큰 영향을 미치게 될 것이다.

대입 진학 로드맵 작성 팁

미국의 상위권 대학 진학을 목표로 한다면, 자신의 수준과 상황에 맞춘 장기 로드맵을 작성하는 일이 필수다. 윤아빠가 미국 대입 진학상담을 할 때 사용하는 '대입 진학 로드맵' 샘플[7페이지]과 분수네신문에 기고했던 자료[8·9페이지]를 실었으니 참고하여 자신만의 로드맵을 작성해보기 바란다.

▣ 대입 진학 로드맵 작성 방법

① 현 학년부터 12학년까지 영어, 수학, 과학, 역사, 제2외국어 주요 5개 과목에 관한 커리큘럼을 정리한다(희망 전공 또는 이과/문과 과목 중 자신의 특성을 보여줄 수 있는 과목을 중점으로 계획을 잡을 것).

② 양식에 현 학년부터 12학년까지 학년을 표기한다.

③ 조기전형[Early Application] 마감[12학년 11월 1일], 일반전형[Regular Application] 마감[12학년 12월 31일]을 표기한다.

④ SAT I 시험 시기 2회 또는 3회 표기 : 일반적으로 마지막 시험은 12학년 초 가을이 되며, 최상위권 학생은 11학년 12월 이전에 끝내도록 계획을 잡는다. 11학년 2학기에 시험 응시 계획이 있는 경우 5월에 응시하게 될 AP 시험과 5월 말~6월 초의 11학년 기말고사를 고려하여 1월, 3월, 5월, 6월[미국령] / 1월, 5월, 6월[국내 외국인학교] / 5월, 6월[국내 국제학교와 일반학교] 중에 마지막 시험 시기를 표기한다.

⑤ SAT Subject Test 시험 시기 표기 : SAT Subject Test는 SAT II라고도 하는데 SAT II Math IIC 시험을 포함한 기본 2과목 계획을 잡고, 학생의 수준에 따라 추가 1과목까지를 고려하여 표기한다.

⑥ 학기 중 & 방학 중 활동[Activity] : 테마[Theme]와 관련된 부분으로 장기적인 시점에서 계획을 세워야 하며, 중도에 중단되지 않도록 잘 관리하는 것이 중요하다. 대입을 위해서는 결과물이 나올 수 있는 활동 위주

의 계획이 필요하다. 주요 '대회'나 'College Summer Program' 등은 11학년부터 참여 가능한 것들도 있으므로 학생이 '대회'나 'Summer Program'을 참여한다면 '요강'을 잘 읽고 시민권, 영주권이 아닌 유학생도 참여 가능한지, 몇 학년부터 참여 가능한지, 참여하기 위한 자격요건 (SAT나 PSAT 성적을 요구하는 것들도 있고, 에세이, 추천서 등을 요구하기도 함)은 무엇인지 등을 파악하여 계획을 잡고 표기하도록 한다.

⑦ 연중 4회의 방학 계획 정리 : GPA 관리, SAT 등의 시험 준비, 활동, 대학 투어 college tour 등을 4번의 방학 summer, thanksgiving, winter, spring 에 맞게 표기한다.

이렇게 하면 기본적인 '나만의 대입 진학 로드맵'이 완성된다. 옆의 로드맵은 20년 이상의 대입 상담 경험을 통해 작성한 양식이다. 스스로 장기적인 계획을 작성하고 이를 염두에 두고 학교생활을 한다면 그 준비 자세와 더불어 목표 설정에 관한 진지함까지도 달라질 수 있다. 미국의 중상위권 대학을 목표로 한다면 시간이 걸리더라도 꼭 만들어보기 바란다!

그렇다면 만들고 난 후 실제로는 어떻게 사용할까? 학생이 매일 공부하는 책상 앞에 비닐 코팅을 하여 부착해놓자! 매일 로드맵을 보는 것만으로 학생의 머릿속에 물 스미듯이 계획이 스며들고, 스스로 준비하고 진지하게 공부하는 자세 또한 보너스로 얻을 것이다.

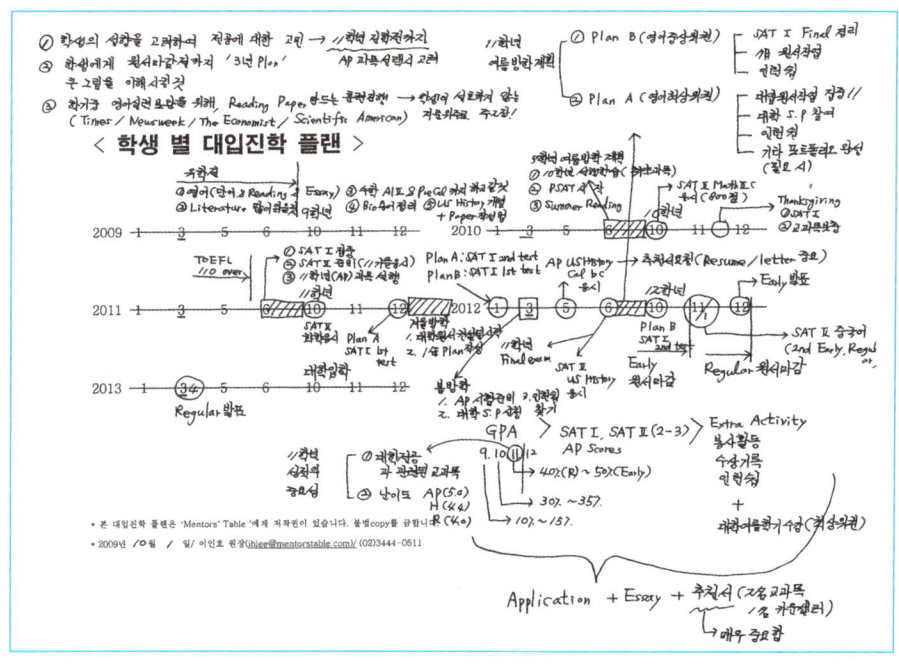

< 학생 별 대입진학 플랜 >

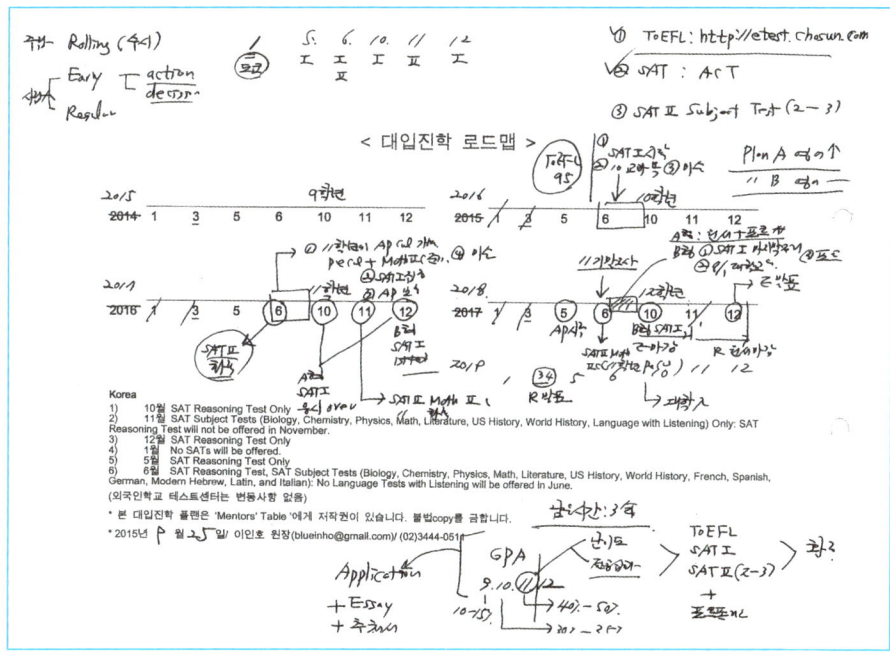

< 대입진학 로드맵 >

Korea
1) 10월 SAT Reasoning Test Only 듣니 over
2) 11월 SAT Subject Tests (Biology, Chemistry, Physics, Math, Literature, US History, World History, Language with Listening) Only: SAT Reasoning Test will not be offered in November.
3) 12월 SAT Reasoning Test Only
4) 3월 No SATs will be offered.
5) 5월 SAT Reasoning Test Only
6) 6월 SAT Reasoning Test, SAT Subject Tests (Biology, Chemistry, Physics, Math, Literature, US History, World History, French, Spanish, German, Modern Hebrew, Latin, and Italian): No Language Tests with Listening will be offered in June.
(외국인학교 테스트센터는 변동사항 없음)

다음은 윤아빠가 '분수네신문' 칼럼에 기고한 진학 로드맵이다.
로드맵을 작성하는 데 참고가 되길 바란다.

[Biology, Pre-Med, Medical 진학 로드맵]

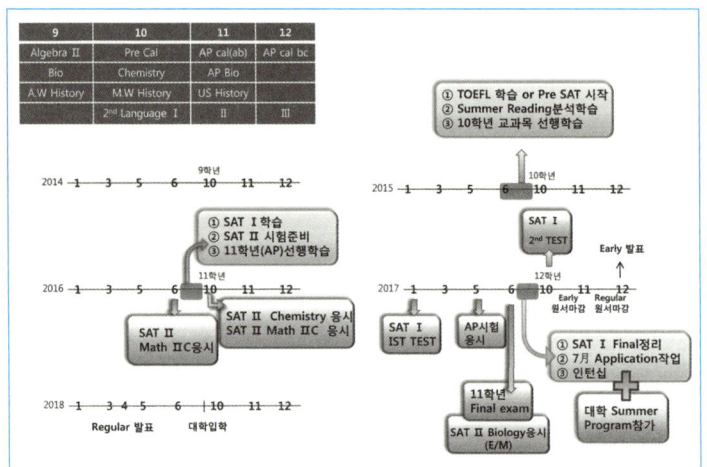

[Engineering 진학 로드맵]

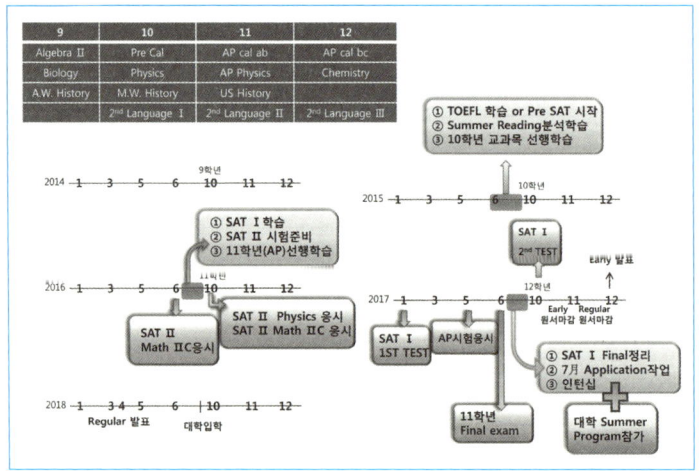

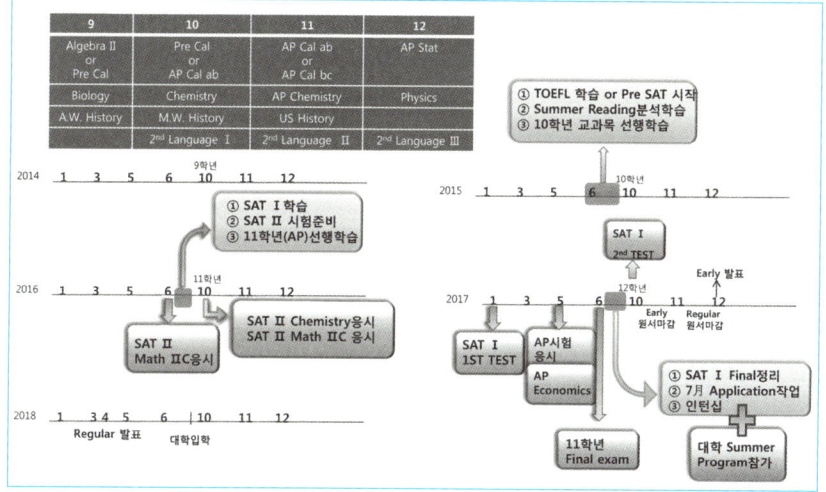

출처 : 분수네신문

로드맵은 연도별, 월별로 작성하여 대입원서지원이 마감되는 12학년 12월 말까지 작성하여야 한다. 작성한 로드맵에 조언이 필요할 경우 윤아빠에게 메일(blueinho@gmail.com)을 보내면 도움을 받을 수 있다.

정확한 계획이 성공을 만든다

상담과정에서 학생들의 진학계획을 정리하다 보면 학생에 대한 정보와 부모님의 정확한 계획에 따라 '대입진학계획'의 완성도가 크게 달라진다는 것을 알 수 있다.

예전에 K라는 학생의 부모님과 상담을 진행한 적이 있다. 당시 K학생은 상담에 참석하지 못하였는데, 부모님은 미국 대학 진학 준비에 관한 아무런 지식이 없는 상태였고 K학생이 목표로 하는 대학, 희망 전공에 대한 정보도 없었다. 그래서 기초적인 사항들을 천천히 설명해드리고 일반적인 대입진학계획을 통하여 우선 알아야 하는 기초적인 내용 위주로 진학계획을 설명하고 상담을 마쳤다. 시간이 흘러 여름방학을 맞아 비로소 K학생을 직접 만나게 되었다. K학생과 30분 이상의 대화를 나누며 자신이 하고 싶은 공부와 가고자 하는 대학교, 현재 학생의 영어 수준을 알게 되었다. K학생은 자신이 가지고 있는 강점, 부족한 점을 정확히 알고 있었고 또래 학생들에 비해 꽤나 성숙한 학생임을 알 수 있었다. 보통 학생들과 대입진학계획을 상담할 때, 학생이 윤아빠가 하고 있는 이야기를 얼마나 받아들이고 이해하고 있는지를 유심히 살펴보게 된다. K학생과 대화를 나눈 후, '이 아이에게는 아주 구체적이고 완성도 높은(다시 수정이 필요 없을 정도의) 대입진학계획을 설명해주어도 괜찮겠구나'라는 생각이 들었다.

다음 두 개의 진학계획은 같은 학생의 계획서이다. 하나는 기본적이 사항만 정리한 계획서이며, 다른 하나는 학생이 목표로 하는 대학과 학습 수준을 고려한 현실적인 계획서이다.

[K학생과의 첫 번째 상담 로드맵 샘플]

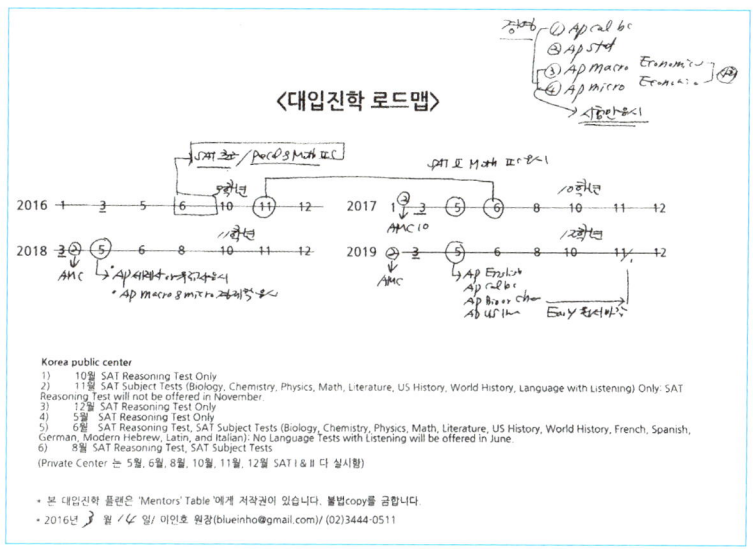

〈대입진학 로드맵〉

Korea public center
1) 10월 SAT Reasoning Test Only
2) 11월 SAT Subject Tests (Biology, Chemistry, Physics, Math, Literature, US History, World History, Language with Listening) Only: SAT Reasoning Test will not be offered in November.
3) 12월 SAT Reasoning Test Only
4) 5월 SAT Reasoning Test Only
5) 6월 SAT Reasoning Test, SAT Subject Tests (Biology, Chemistry, Physics, Math, Literature, US History, World History, French, Spanish, German, Modern Hebrew, Latin, and Italian): No Language Tests with Listening will be offered in June.
6) 8월 SAT Reasoning Test, SAT Subject Tests

(Private Center 는 5월, 6월, 8월, 10월, 11월, 12월 SAT I & II 다 실시함)

* 본 대입진학 플랜은 'Mentors' Table '에게 저작권이 있습니다. 불법copy를 금합니다.
* 2016년 3 월 16 일/ 이인호 원장(blueinho@gmail.com)/ (02)3444-0511

[K학생과의 두 번째 상담 로드맵 샘플]

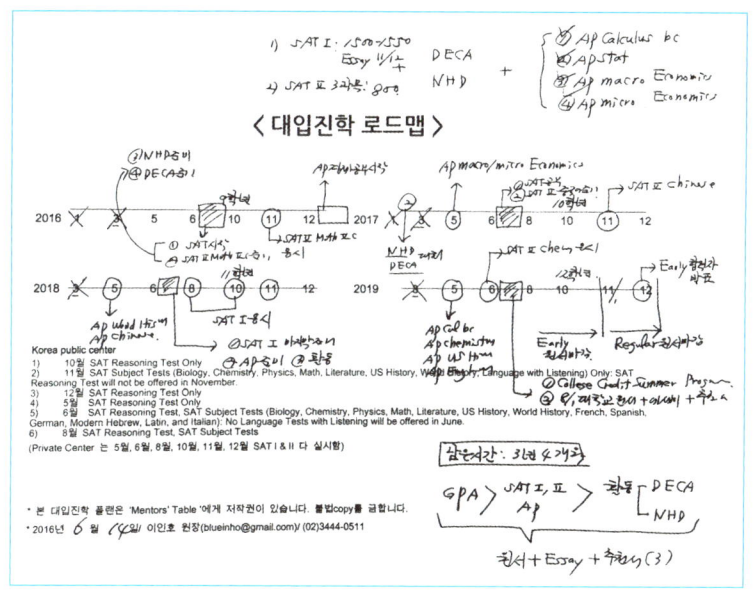

〈 대입진학 로드맵 〉

Korea public center
1) 10월 SAT Reasoning Test Only
2) 11월 SAT Subject Tests (Biology, Chemistry, Physics, Math, Literature, US History, World History, Language with Listening) Only: SAT Reasoning Test will not be offered in November.
3) 12월 SAT Reasoning Test Only
4) 5월 SAT Reasoning Test Only
5) 6월 SAT Reasoning Test, SAT Subject Tests (Biology, Chemistry, Physics, Math, Literature, US History, World History, French, Spanish, German, Modern Hebrew, Latin, and Italian): No Language Tests with Listening will be offered in June.
6) 8월 SAT Reasoning Test, SAT Subject Tests

(Private Center 는 5월, 6월, 8월, 10월, 11월, 12월 SAT I & II 다 실시함)

* 본 대입진학 플랜은 'Mentors' Table '에게 저작권이 있습니다. 불법copy를 금합니다.
* 2016년 6 월 14 일/ 이인호 원장(blueinho@gmail.com)/ (02)3444-0511

진학계획을 정리하는 상담은 점쟁이가 몇 가지 정보에 의존해서 확률이 높은 답을 맞히는 과정이 아니다. 학생에 대한 주어진 정보를 토대로 의지력, 자기관리, 생각, 목표 등을 고려하여 조금은 높게 계획을 잡는 것이 필요하다. 계획과 관리라는 것은 '도달해야 하는 목표'를 장단기별로 달성해가는 방법을 가르쳐주는 일이라고 생각한다. 계획서만 던져주고 "네가 알아서 해라."라고 하는 것은 결심이 수시로 무너질 수밖에 없는 청소년기의 아이들에게는 큰 의미가 없다고 생각한다. 윤아빠는 학생과 함께 적절한 계획안을 정리하고 그 과정을 잘 달성해갈 수 있도록 하는 일에 최선을 다하고 있다.

IB 학교에서 미국 대입 시험계획 짜기

　요즘 국내의 IB $^{International\ Baccalaureate}$ 커리큘럼으로 공부하고 있는 국제학교에 재학 중인 학부모님과 상담을 하다 보면, SAT I과 SAT II 시험계획 짜기가 쉽지 않다는 얘기를 많이 듣게 된다.

▣ IB 학교에서 시험계획 운영이 쉽지 않은 이유

- SAT I과 SAT II 시험은 미국의 고교과정을 기반으로 하여 만들어진 시험이다. 따라서 IB 커리큘럼으로 공부하고 있는 학생은 과목에 따라 배우지 않은 부분에 관한 준비를 따로 해야 한다.

- IB 학교에서는 미국사 $^{US\ History\ or\ AP\ US\ History}$를 따로 배우지 않기 때문에, New SAT Reading에서 중요한 지문으로 등장하는 연설문, 선언문에 관한 이해가 부족할 수 있다. 더구나 단순히 문장 몇 개만 독해한다고 되는 것이 아니라 그러한 발표를 하기 위한 역사적인 흐름과 배경을 완벽하게 이해하고 풀어야 하는 독해 지문이기 때문에 아무래도 IB 학교 커리큘럼으로 부족할 수밖에 없다.

- SAT II 문과 과목에서 많은 학생들이 응시하는 SAT II US History를 준비하기가 여의치 않다. 미국 고등학교는 11학년에 영어와 역사의 수준에 따라 US History나 AP US History를 공부한다. 11학년이 끝나는 5월에 AP 시험을 보고, 6월에 SAT II US History를 보면 딱 맞아떨어지는 시험 스케줄이지만, IB 학교 커리큘럼에서는 이 스케줄을 따를 수 없다.

- 미국 고등학교는 보통 9학년에 Biology나 Physics를 배우고, 10학년에 Chemistry를 각각 1년간 배운다. 9학년에 배우는 Biology로 SAT II Biology 시험을 응시하기는 부족한 감이 있으나, 10학년에 배우는 Chemistry 과목은 학교의 수준이 많이 떨어지지 않는다면 1년간 배운

후 약간의 준비를 한다면 빠르면 10학년이 끝나는 6월 또는 11학년 초 10월에 SAT II Chemistry에 응시가 가능하다. 하지만 IGCSE 과정에서 2년간 Biology, Chemistry, Physics 기본 3과목 또는 특정 2과목을 배우는 정도로 SAT II Science 과목에 응시하는 것은 약간의 노력과 더 빠른 시험 준비를 시작해야 한다. 그렇기 때문에 IB Science 과정을 1년 배우고 11학년이 끝나는 6월에 SAT II Science 과목을 치를 계획을 잡다 보면 미국 학교 커리큘럼보다 1년이 뒤로 밀려서 시험에 응시하는 것이다.

윤아빠는 그동안 IB 학교에서 미국 입시를 준비한 수많은 학생들을 지켜봤다. 윤아빠가 해주고 싶은 조언은 다음과 같다.

- 가장 좋은 시험 스케줄은 IB가 시작되기 전에 SAT I과 SAT II 2과목을 끝내는 스케줄이다. 하지만 이 스케줄의 학생은 영어 실력도 좋아야 하고, 이과 과목 수학, 과학 도 학교에서 배우는 수준을 상회하는 실력을 갖추고 있어야 한다.

- 다음으로 좋은 시험 스케줄은 IB가 시작되기 전에 SAT I을 끝내고 SAT II 2과목은 11~12학년 과정 중에 응시해서 끝내는 것이다. 아무래도 학생들은 SAT II 시험과목보다 SAT I에 더 부담을 느낀다. 그렇기 때문에 부담감이 더 큰 과목을 먼저 끝낼 수 있다면 IB 거리큘럼이 신행되는 11~12학년이 조금 더 여유가 있으리라 생각한다.

- IB가 시작되기 전에 SAT II 2과목을 끝내고 SAT I은 11~12학년 중에 끝내는 스케줄은 바람직하지 않다. 앞의 두 번째 스케줄보다 이과 과목이 상대적으로 우수하고, 영어 실력이 부족한 학생을 위한 스케줄이다. 그래도 SAT I과 SAT II 모두 11학년으로 넘어가고 IB 공부와 모든 시험까지 겹치는 최악의 상황은 피할 수 있는 스케줄이라 생각한다.

- 가장 좋지 않은 스케줄은 IB가 진행되는 11학년과 12학년에 SAT I과 SAT II를 모두 응시해야 하는 스케줄이다. 이와 같은 스케줄을 따라야 하는 경우 간혹 SAT I 시험 준비 자체를 포기하는 경우도 발생할 수 있으며, SAT I 성적 없이 IB 성적만으로 지원 가능한 미국 대학을 선택해야 하는 경우도 생길 수 있다. 이렇게 되면 아무래도 선택할 수 있는 대학이 제한적일 것이다.

자신의 시험 스케줄을 어떤 스케줄에 따라 운영하느냐는 전적으로 학생의 준비된 상황에 달려있다. 마지막으로 윤아빠는 영어 수준이 높아 IB가 시작되기 전에 SAT I과 SAT II 2과목을 끝내는 스케줄을 따라가기 위해서 9학년에 진학하는 여름에 SAT I을 시작할 수 있으나 '하고 싶은 마음과 왜 그렇게 해야 하느냐'를 정확히 이해한 학생만 이 스케줄을 적용 가능하다는 것을 강조하고 싶다.

IB 학교에서의 시험 스케줄은 분명 좀 더 정밀한 계획이 필요하다.

규모가 작은 학교에서 효과적인 진학계획 만들기

가끔 진학계획 상담과정에서 학교의 규모가 작고 재학 중인 학생 수도 적어 다양한 클럽이 개설되어 있지 않아 어려움을 겪는 학생들의 얘기를 듣는다. 하지만 반드시 규모가 큰 학교가 유리한 것만은 아니다. 규모가 어느 정도 있고 다양한 방과 후 클럽이 개설되어 있는 학교의 경우, 이미 인기가 좋은 클럽은 클럽가입에 제한을 두는 경우도 있고 기존 클럽의 리더나 이미 자리를 잡고 있는 학생들과의 경쟁에서 후발주자로 뚜렷한 리더십을 보여주는 것이 어려운 경우가 대부분일 것이다. 또한 이러한 학교에서는 새로운 클럽을 만드는 일도 쉽지는 않다. 왜냐하면 학교 입장에서는 이미 다양한 클럽이 만들어져 있는데 클럽 수만 늘어나는 것보다 기존의 클럽이 활성화되어 유지되도록 하는 것에 더 높은 가치를 더 부여하기 때문이다. 게다가 새롭게 만들고자 하는 클럽이 있다고 하더라도 이미 유사한 형태의 클럽이 존재한다면 그와 비슷한 내용을 다루는 클럽을 새로 만드는 것을 학교 측에서는 그리 긍정적이지 않다고 판단할 수도 있기 때문이다. 그래서 새로운 클럽을 만들고 싶어도 여러 가지 규정이나 난관에 부딪혀 클럽 개설 자체가 어려운 상황과 만나게 된다.

규모가 작은 학교에서도 효과적인 활동계획을 세운 K학생의 사례를 살펴보자.

K학생은 한 학년의 규모가 20여 명밖에 되지 않는 작은 학교를 다니고 있었다. 윤아빠와 상담한 결과 K학생은 공부하고자 하는 이과 전공이 확실히게 정해져 있고, 그 분야에 관한 지식에서도 확실히 우위를 점할 수 있는 능력이 있었다. 그리고 더욱 중요한 리더십을 발휘할 수 있는 기본기가 탄탄한 학생이었다. 한 가지 문제는 너무 늦게 유학을 가는 바람에 유학 간 해의 가을에 바로 11학년에 올라가야 해서 활동에 투자할 여유가 많지 않다는 것이었다. 첫 유학을 간 10학년에는 정보도 많지 않았고 우선 학교에 적응하는 시간과 더불어 내신 또한 관리해야 하기 때문에 활동에 대한 아이디어만 준비해놓고 실제로 활동에 대해 시간을 투자하지는 못하는 상황이었다.

윤아빠는 K학생이 이과 과목 ^{수학, 과학, 컴퓨터} 에 확실한 재능과 실력이 있기 때문에 학교의 카운슬러와 상의하여 11학년 커리큘럼을 일반 과목을 뛰어넘어 가장 난이도가 있는 AP 과목과 대학 수준의 과목으로 11학년 커리큘럼을 구성하도록 결정했다. 그리고 상대적으로 부족한 SAT English & Essay는 여름에 집중 투자하여 짧은 시간에 점수를 끌어올릴 수 있게 계획을 수정하였다. 원서마감까지 1년밖에 남겨놓지 않은 시점이었기 때문에 여름에 클럽 개설을 위한 모든 준비와 선생님 선정까지 마치고 학년이 시작되자마자 동시에 3개의 클럽 ^{1개는 리더십 분야, 1개는 이과 분야, 나머지 1개는 이과 분야 결과물과 연관시킬 수 있는 경영 분야} 을 개설하기로 결정하였다. 미국의 대학은 기존 클럽의 멤버로 활동을 열심히 한 부분도 긍정적으로 평가하지만 새로운 클럽을 만들고 개척하여 리더십을 발휘한 부분을 더욱 긍정적으로 평가한다. 동시에 3개의 클럽을 만들어 운영하는 경우는 흔하게 볼 수 있는 경우가 아니며, 이러한 스펙은 대입에서 상당히 긍정적인 평가를 받아 학생의 부족한 활동 부분을 보완해줄 수 있는 유일한 방법이라고 할 수 있다. '3개의 클럽 운영이 가능한가?' 하는 부분을 고민할 때 기준이 되어야 하는 것은 '학생'이다. 모든 학생에게 적용할 수 있는 방법은 아니다. 윤아빠와 상담을 한 K학생의 경우에는 충분히 적용 가능했고 K학생이 목표로 하는 대학에 지원하기 위해서는 이 같은 단기간 집중 전략이 절대적으로 필요하다고 판단하였기 때문에 이러한 전략을 세운 것이다.

윤아빠는 개인적으로 미국 대학 진학을 준비하는 전략을 세우는 방법이 '참으로 재미있다'라고 생각한다. 어떠한 룰이 딱 정해져 있는 것이 아니라 학생의 의지와 재능 그리고 실력을 기반으로 매우 다양한 전략 구성이 가능하기 때문이다. 그렇기 때문에 대학 진학계획을 수립할 때는 남들을 기준으로 적용하지 말고 자신을 객관적으로 보고 다양한 정보 중에서 자신에게 적용할 수 있는 정보만 취하는 지혜가 필요하다.

할 일도 많고 하고 싶은 일도 많지만 모두 다 할 수는 없고 그럴 시간도 없다. '선택과 집중'이야말로 절대적으로 중요하고 필요하다!

바뀐 SAT 스케줄에 따른 시험계획 짜기

칼리지 보드 College Board 는 2017년부터 1월 시험이 폐지되고 8월 시험이 추가되는 것을 주 내용으로 하는 새로운 시험 스케줄을 적용한다. 따라서 2017년은 기존 시험 스케줄에 '8월 말 SAT 시험'이 추가로 시행된다. 즉, 매년 7회만 시행되던 시험 스케줄이 SAT 역사상 처음으로 8회 시행되는 것이다. 그러나 2018년부터는 '1월 SAT 스케줄'이 없어지기 때문에 아래의 일정으로 SAT 시험에 응시해야 한다.

▌SAT 스케줄

변경 전(2017년까지)	변경 후(2018년부터)
1월, 3월, 5월, 6월, 8월, 10월, 11월, 12월	3월, 5월, 6월, 8월, 10월, 11월, 12월

그럼 8월에 새로 신설되는 시험을 어떻게 활용해야 할까? 이 시험에 응시하는 학생은 11학년이나 12학년에 진학하는 학생이 대부분이라고 생각한다. 영어가 매우 강한 학생들이야 10학년으로 올라가는 8월에 응시하여 시험을 끝낼 수 있겠지만, 대부분의 유학생들은 빠르면 11학년으로 올라가는 여름이 될 것이고 아니면 12학년 올라가는 여름이 되어야 비로소 제대로 준비를 하여 시험에 응시할 수 있을 것이다.

8월 시험에 응시하고자 한다면 여름방학의 학습 스케줄은 최대한 단순하게 잡는 것이 필요하다. SAT 외에 SAT Subject Test 그리고 다음 학년 교과목에 관한 선행학습까지 모든 것을 한꺼번에 계획하는 것은 바람직하지 않다. 8월 시험에 응시해서 한 번에 끝내고자 한다면 우선은 여름방학 스케줄부터 최대한 단순하게 정리하여 방학 동안 본인 학습량의 70% 정도를 SAT 하나에 집중하도록 하는 현명한 계획이 필요하다. 하지만 가을에 SAT Subject Test와 자신이 걱정되는 교과목이 존재한다면 SAT 하나에만 집중하도록 하는 여름방학 학습계획보다 현실적인 계획으로 수정할 필요가 있을 것이다. 이런 경우에는 차라리 8월 시험은 방학 동안 준비가 잘 된 SAT Subject Test 1과목 또는 2과목에 응시하도록 계획을 수정하고, SAT 시험계획은 조금 뒤로 미루는 계획이 현명한 계획이라고 할 수 있다.

현명한 시험계획은 학생마다 그 적용을 달리 할 필요가 있다. 많은 학생들이 충분히 준비되어 있지 않음에도 방학 동안 SAT 공부를 했으니까 가을에 응시하면 점수가 나오지 않을까 하는 생각한다. 하지만 결과를 보면 대부분 방학 때 나왔던 모의시험 성적보다 낮은 점수를 받아 실망하고 스트레스를 받는 과정을 반복하는 것을 보게 된다. SAT든 SAT Subject Test든 요행이란 있을 수 없다. 확실히 준비되었을 때 응시하는 것이 현명한 방법인 것이다. 모의시험 보듯 실제 시험을 보는 것은 전체적인 입시계획에 의미가 없으며 그러한 시험결과지를 받았을 때 의욕을 저하시키고 스트레스를 유발하는 것 외에 얻는 것은 없다고 본다. 방학 중 정확한 학습계획을 세우는 것은 너무나 중요하다.

윤아빠 한마디!

- 욕심 부리지 말 것
- 현실적으로 투자할 수 있는 학습시간(하루에 몇 시간, 한 주에 몇 시간)을 정하고, 공부해야 하는 각 테스트 또는 과목에 정확한 학습시간을 분배할 것
- 2017년 가을(8월, 10월, 11월, 12월)에 언제, 어떤 시험을 볼 것인지 지금 당장 정할 것 ('공부하다가 준비되면 응시해야지' 하는 생각은 금물)
- 2017년 8월 시험을 어떻게 활용할지 미리 계획 세울 것

현실적이고 정확한 학습계획에 성실성이 추가된다면 의외의 결과를 만들어낼 수 있을 것이다. 미국 입시는 벼락치기가 통하지 않는다. 하지만 계획만 잘 세우면 여전히 대학 입학의 문은 열려 있다. 무리한 친구의 계획을 따라가는 것보다 자신만의 계획을 세워 하루하루를 충실히 보내는 것이 정답일 것이다.

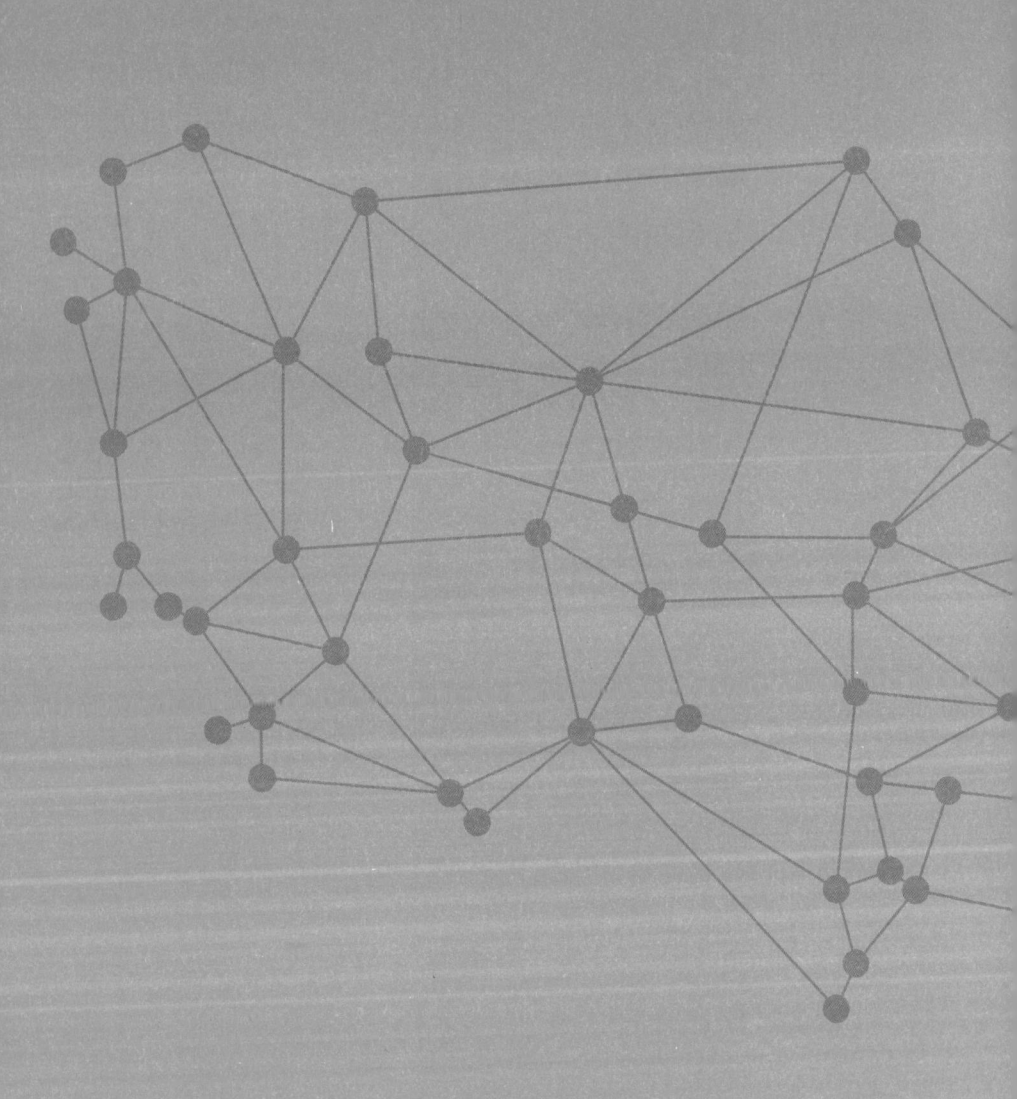

미국 학교 커리큘럼
효과적으로 운영하기

"자신의 커리큘럼 계획을 미리 정리해보는 것은 매우 중요하다. 그 이유는 미국의 중상위권 대학은 지원한 전공과 연관성이 있는 고등학교 과목 중 얼마나 난이도가 있는 과목까지 도전했는지, 그리고 어떠한 결과를 만들어냈는지를 중요한 학생선발 척도로 사용하기 때문이다."

이 장에서는 미국 학교의 커리큘럼을 학년별, 과목별로 자세히 알아보고 효과적으로 운영할 수 있는 정보를 제공한다.

미국 학교 커리큘럼
효과적으로 운영하기

효과적인 고등학교 커리큘럼 운영에 관한 조언

미국 대학 입시를 고려한다면 제일 먼저 해야 할 일이 다니고 있거나, 또는 다닐 고등학교에서의 커리큘럼에 관한 예상 계획을 정리해보는 일이다. 이미 고등학교에 재학 중인 학생이라면 다니고 있는 학교에서 제공 가능한 전체 과목을 조사한 뒤, 9~12학년에 수강할 자신의 커리큘럼 계획을 미리 정리해보는 것은 매우 중요하다. 그 이유는 미국의 중상위권 대학은 10학년 또는 11학년 때 학생이 지원하고자 하는 관련 전공과 연관성이 있는 고등학교 과목 중 얼마나 난이도가 있는 과목까지 도전했는지, 그리고 그러한 과목에서 어떠한 결과를 만들어냈는지를 중요한 학생선발 척도로 사용하기 때문이다. 예를 들어 대학에서 물리학을 전공하고자 한다면, 가급적이면 11학년에 AP Calculus BC 과목과 더불어 AP Physics C 과목이 배정될 수 있게, 9학년 또는 10학년 과정의 수학, 과학 선행 과목을 듣도록 조정하는 작업이 필요하기 때문이다. 그리고 대학에서 경영학을 전공하고자 한다면 고등학교 교과과정 중 AP Calculus BC, AP Statistics, AP Macro Economics, AP Micro Economics 같은 과목으로 커리큘럼을 조정하였다면 대학 입장에서 학생을 볼 때 이쪽 분야 전공에 관심이 있고 관련 과목에서도 좋은 결과를 만들어냈다는 결론에 도달할 수 있기 때문이다. 미국 대학은 GPA를 산정하는 방법으로 Unweighted GPA 일반 과목들 와 Weighted GPA APL나 Honors 과목들 로 구분하여 성적표를 계산하며, 이러한 두 개의 성적이 대학에도 그대로 전달된다. 만약 어떤 학생이 일반적인 과목으로 자신의 커리큘럼을 구성하고 거의 All A를 받았다면 4.0/4.0의 성적표를 받게 될 것이다. 다른 학생은 2개의 일반 과목에서 All A를 받아서 4.0/4.0의 성적표를 가지고 있고 더불어 나머지 3과목의 AP에서 5.0을 받았다면 이 학생은 별도의 Weighted GPA 5.0/4.0의 두 가지 성적을 받게 되는 것이다.

미국의 중상위권 대학은 도전적인 커리큘럼 구성을 선호한다. 왜냐하면 고등학교보다 훨씬 많은 학습량을 수행해내야 하는 대학과정을 무사히 마칠 수 있는지에 관한 검증을 고등학교의 과목 구성 중 얼마나 난이도가 있는 과목을 들었는가와 그 과목에서 좋은 성적을 받아냈느냐를 통해서 검증하고 싶어 하기 때문이다.

가끔 상담과정에서 괜히 어려운 AP 과목을 들어서 내신이 안 좋게 나오는 것보다 조금 난이도가 수월한 일반 과목에서 'A'를 받는 것이 더 좋지 않느냐라는 질문을 받는다. 일반적으로 AP 과목 'B'학점은 일반 과목 'A'보다 높이 평가한다. 그렇기 때문에 AP 과목에서 'B' 이상을 받을 자신이 있으면 당연히 난이도가 높은 커리큘럼을 11학년, 12학년에 적용하는 것이 유리하다고 할 수 있다.

학교 내신에서 보여줘야 하는 것은 '성실성'과 '연속성'이다. 사실 이 두 가지는 미국 입시에서 선발하려는 학생을 대상으로 가장 중요하게 생각하는 부분이며, 이러한 '성실성과 연속성'은 과외활동 부분에서도 당연히 요구를 하고 있다. 그렇기 때문에 산발적이고 짧은 기간의 활동 기록보다 최소 2년 이상 장기적이고 연속적인 활동 기록과 심도 있는 활동 내용을 보여주는 것이 매우 중요하다. 이러한 연장선상에서 학교에서 수강한 커리큘럼의 깊이와 지속적으로 성적 관리를 잘 해왔다는 모습이 바로 미국 대학이 찾고자 하는 '합격시키고 싶은 학생상'인 것이다.

학교마다 기준은 조금 다를 수 있지만, 일반적으로 학교에서 배정하는 학점기준은 다음과 같다.

▌배정 학점기준

Regular Subject	4.0(A+)
Honors Subject	4.4(A+; 보통 나온 성적에 1.1을 곱함)
AP Subject	5.0(A+)

* 미국식 커리큘럼인 학교에서의 GPA 4.0 Scale를 기준으로 한다.

상위권 대학에 진학하고자 한다면, 어려운 과목에 도전하는 것이 필요하다. 미국 대학은 GPA로 산출된 '숫자'도 보지만 그 숫자를 구성하는 각 과목의 구성 또한 중요하게 생각하기 때문이다. 할 수 있다면 난이도가 있는 과목으로 커리큘럼을 구성하고 지속적이고 연속적인 학업적인 성과를 보여주기 위해서 내신 관리에 최선을 다하는 자세가 필요하다. 그리고 지속적이고 연속적인 활동 계획도 만들어내기 바란다. 활동은 무조건 직접 해야 한다. 직접 한 경험에서 도출된 대학 에세이와 들어서 나온 에세이는 큰 차이가 날 수밖에 없다. 입학사정관이 에세이를 읽어보고 뽑고 싶다는 생각이 들게 하려면 무조건 자신의 경험에서 도출된 자신의 이야기를 쓰면 된다. 문체의 화려함, 문법적인 완벽함 또한 중요하지만, 보다 중요한 것은 직접 경험한 이야기인가이다.

학생의 기본은 학교 내신 관리이다. 성실히 학교 성적을 관리하며 자신의 능력 범위에서 수행할 수 있는 괜찮은 활동 계획도 수립하기 바란다.

일반적인 미국 고등학교 커리큘럼

미국 대부분의 학교는 6과목을 기본으로 커리큘럼이 구성된다. 영어, 수학, 과학, 역사, 제2외국어, 선택과목 또는 활동 ^{스포츠, 음악 등} 과목이 기본 틀이다. 미국 유학을 간 첫 해에 중위권 정도의 학교는 ESL을 듣도록 되어 있고, 중상위권 학교는 ESL 과정 없이 제 학년 영어 과정으로 바로 들어갈 수 있다. 영어를 ESL로 듣는 경우에는 제2외국어를 선택할 수 없다. 문과 쪽 전공을 희망하고 영어가 수준급인 학생은 영어 커리큘럼을 9학년과 10학년에 Honors Class를 듣고, 11학년에 AP English Language를 듣고 12학년에 AP Literature를 듣는 것이 가장 강하게 커리큘럼을 구성하는 것이다.

▣ 수학 커리큘럼

미국 학교 커리큘럼은 영어와 더불어 가장 기본적인 토대로 여겨지는 중요 과목 중 하나이다. 다음은 미국 중 · 고등학교 수학 순서와 학년별 수학 과목의 예시이다.

▌미국 중 · 고등학교 수학 순서

Pre Algebra → Algebra I → Geometry → Algebra II → Pre Calculus → AP Calculus AB → AP Calculus BC → AP Statistics/ Linear Algebra/ Multivariable Calculus

▌학년별 수학 과목 예시(Regular / Honor / Highly Advanced)

6학년	7학년	8학년	9학년	10학년	11학년	12학년
Math Pre Algebra Algebra I	Pre Algebra Algebra I Geometry	Algebra I Geometry Algebra II / Trigonometry	Geometry Algebra II / Trigonometry Pre Calculus	Algebra II / Trigonometry Pre Calculus AP Calculus AB	Pre Calculus AP Calculus AB AP Calculus BC AP Statistics	Calculus AP Calculus BC Multivariable Calculus Linear Algebra

7, 8학년부터 미국에서 공부를 했거나 7, 8학년에 미국 커리큘럼으로 운영이 되는 국제학교, 외국인학교를 다녔다면, 8학년에 들었던 수학 과목을 기준으로 하여 9학년 수학 과목이 결정된다. 그리고 국내 학교를 다니다가 유학을 갔다면 9학년의 경우 학교에서는 보통 Geometry 또는 Algebra II로 수학 과목이 결정된다. 9학년 수학 과목이 결정되는 순간, 12학년까지의 수학 과목이 자동으로 결정된다고 생각하면 된다.

만약 수학을 자신의 테마로 삼고 싶거나, 이공계 진학을 목표로 한다면 12학년에 고등학교에서 배울 수 있는 가장 고급수학인 Linear Algebra 또는 Multivariable Calculus를 들을 수 있도록 수학 커리큘럼을 계획하는 것이 필요하다. 그러기 위해서는 이전 학년 수학 커리큘럼을 11학년에 AP Calculus BC를 들어야 하고 10학년에 AP Calculus AB를 들었거나 Pre Calculus Honors Class를 들어야만 한다. 이렇게 한 칸씩 내려가다 보면 수학 특기를 생각하고 있는 우리 아이가 9학년에 최소 어떤 과목을 들어야 뚜렷한 학교 커리큘럼상의 수학 특기를 보여줄 수 있는지 계획을 잡을 수 있을 것이다.

기본적으로 한 학년에 수학은 1과목만 듣는 것이 원칙이지만, 수학 선생님의 허락하에 한 학년에 수학을 2과목을 듣고 다음 단계로 건너뛰는 것이 가능하다. 보통 2과목을 동시에 듣도록 허락해주는 과목은 Geometry와 Algebra II이다.

대입 시험 중에서 수학과 관련된 시험은 SAT I Math, SAT II Math IIC가 있다. 각 시험의 학교 과목 범위는 SAT I Math의 경우는 Algebra II까지이고, SAT II Math IIC의 경우는 Algebra II의 다음 단계인 Pre Calculus까지이다.

시험 범위는 그렇게 정해져 있지만, 수학에 자신 있는 한국 학생은 미리미리 선행학습을 통하여 Algebra II를 끝내고, Pre Calculus 1학기 정도만 공부하고 Math IIC 시험을 바로 보는 경우도 많다. 실제로 성적도 잘 나온다. 800점 만점이 많은 시험이 SAT II Math IIC 시험이다.

SAT I Math는 수학 범위로 따지면 Algebra II까지지만, 영어 영역인 Critical Reading 영역과 Writing 영역이 꽤 까다롭기 때문에 영어 파트가 준비가 되어야 비로소 시험에 응시할 수 있고, 처음 보는 시기는 보통 11학년 겨울 정도라고 할 수 있다.

미국 학교의 수학 커리큘럼을 이해하면 시험에 대한 계획과 더불어 수학을 테마로 계획하고 있는 학생의 사전 계획을 조율하는 것이 가능하다.

미국 학교의 수학 커리큘럼은 처음 시작하는 과목에 따라 그 다음 과정이 결정된다고 보면 된다. 그렇기 때문에 처음 유학 시 제일 첫 수학 과목은 무엇을 들을지를 고려해야 하고 더불어 이 과목을 선택하면 12학년 때 어떤 과목까지 들을 수 있는지를 같이 고려해야 하는 것이다. 일반적인 유학생의 경우 12학년에 AP Calculus AB나 BC로 수학을 끝내게 되며, 수학 전공이나 공학, 통계학 또는 경제학 등에 관심이 있다면 대학에서 관심을 가질 만한 수학 커리큘럼을 짜는 것이 중요할 것이다.

유학을 처음 준비하고 미국의 고등학교 9학년부터 시작할 학생이라면 선행학습의 범위는 Geometry와 Algebra II까지가 적당하다. 그 이상의 Pre Calculus이나 Calculus까지 선행하는 것은 여러모로 시간낭비라고 할 수 있다. 수학 선행을 끝까지 진도를 빼놓고 남는 시간을 유학생에게 상대적으로 어려운 영어나 사회 과목에 투자하겠다는 계획인데 계획대로 되지도 않고 그 분야 수학을 평소에 학습하지 않으면 나중에 다시 선행학습을 해야 하는 시간의 낭비 또한 발생한다. 그리고 엄밀히 얘기하자면 유학이란 '영어와의 싸움'이다. 적절한 수학 선행은 유학 초년생에게 필요하지만 수학에 신경 쓰는 만큼 영어에도 더욱 신경 써야 한다.

수학에 엄청난 재능과 수학과를 진학할 학생이 아니라면 유학을 가기 전 Geometry와 Algebra II 정도까지 개념을 정리한 후 학교에 가서 테스트를 본 후, 9학년 수학과목은 Algebra II부터 시작하는 것이 가장 무난하다. 그렇게 되면 10학년에 Pre Calculus를 배우고 10학년 중간 정도 1월에 SAT II Math IIC 시험 하나라도 끝내놓으면 나중에 SAT에 투자할 시간을 확보한다는 측면에서 좋다. 그리고 가급적이면 Honors Class를 듣도록 한다(물론 테스트 결과에 따라 학교에서 추천을 한다). Honors Class를 들으면 학점에서도 유리 4.0 scale에 1.1을 곱한다하고 다음 학년 수학에서도 계속 Honors Class를 들을 수 있다.

무리한 수학 선행학습이 미국 유학의 성공의 열쇠는 아니다. 적절한 선행과 더불어 영어 ^{특히 읽기}에 투자하는 것이 현명한 유학 준비 방법인 것이다.

수학 과목의 세부 항목

- **Algebra I**
  Real Numbers 실수 / Integers 정수 / Linear Equations 일차방정식 / Exponents 지수 / Polynomials and Factoring 다항식 인수분해 / Quadratic Equations 이차방정식 / Radicals 근호 / Radical Equations 무리 방정식 / Rational Equations 분수방정식

- **Geometry**
  Length, Distance and Angles 길이, 거리, 각 / Polygons 다각형 / Parallel Lines 평행선 / Congruency 합동 / Area Relationships 공간 조합 / Pythagorean Theorem 피타고라스의 정리 / Proofs 증명 / Coordinate Geometry 좌표 기하학 / Surface Area and Volume 겉넓이와 부피 / Similarity 닮음 / Trigonometry 삼각법(삼각형과 삼각함수)

- **Algebra II**
  Functions 함수 / Quadratic Function 이차함수 / Matrices 행렬 / Equations 방정식 / Quadratics 2차 방정식 / Polynomials 다항식 / Factoring 인수분해 / Rational Expressions 유리식 / Inverse Functions 역함수 / Probability 확률 / Statistics 통계

- **Pre Calculus**
  Graphing Functions 도식함수 / Polynomial Functions 다항함수 / Exponential Functions 지수함수 / Logarithmic Functions 로그함수 / Trigonometry 삼각법 / Vectors 벡터 / Limits 한계

- **Calculus**
  Limits 한계 / Differentiation 미분 / Integration 적분 / Logarithmic Function 로고함수 / Exponential Function 지수함수 / Transcendental Functions 초월함수 / Differential Equations 미분 방정식

▣ 과학 커리큘럼

미국 고등학교에서 다루고 있는 과학 과목은 다음과 같다.

미국 고등학교의 과학 과목

Biology, Chemistry, Physics, AP Biology, AP Chemistry, AP Physics 1, AP Physics 2, AP Physics C(E/E&M), AP Computer Science

기본적인 3과목은 Biology, Chemistry, Physics이다. AP 과목이 없는 작은 학교는 가급적이면 이 3과목을 모두 듣도록 권유한다. 기본적으로 미국 고등학교의 대부분은 과학 과목의 시작을 Biology로, 즉 9학년 과학으로 정하고 있다. 그리고 몇몇 학교는 9학년 과학 과목을 Biology가 아닌 Physics로 시작하는 학교들도 있다. NMH, Choate, Deerfield, Suffield 등 어떤 학교는 9학년 과학이 Regular Physics가 아닌, 콘셉트만을 다루는 Conceptual Physics인 학교도 있다. 또 다른 어떤 학교는 생물, 물리, 화학의 기본적인 내용으로만 구성된 '기초과학' 과목을 따로 만들어, 9학년 과학으로 운영하는 학교도 있다. 그러나 대부분의 학교는 제일 위의 2개인 Biology 또는 Physics로 시작하는 학교로 이해하면 된다. 일반적인 학년별 커리큘럼은 다음과 같이 운영하면 된다.

학년별 커리큘럼

9학년	10학년	11학년	12학년
Biology	Chemistry	AP Chemistry or AP Biology	Physics or AP Physics 1 or 2
Physics	Chemistry	AP Chemistry or AP Physics 1 or 2	AP Physics C or Biology

- 11학년 AP 과목은 조금 더 자신 있는 과목 또는 대학에서 전공하고자 하는 공부와 연관 있는 과목을 선택하도록 한다.

- 9학년은 대부분 학교에서 정해주는 과목을 들어야 하며, 10학년의 경우 과학 선생님의 허락을 얻어 과학 과목을 2개 들을 수도 있다.

- 10학년 Chemistry는 학교에서 잘 배워야 한다. 11학년 초에 SAT II Science를 Chemistry로 선택할 가능성이 높기 때문이다.

- SAT II Biology 시험은 9학년에 배운 Biology 수준보다 훨씬 높다. AP Biology까지 공부해야 가능한 과목이다.

- SAT II Physics 시험은 Honors Physics ^{수준 높은 학교의 경우} 또는 AP Physics 2까지만 공부하면 볼 수 있다.

▣ 역사 커리큘럼

미국 고등학교에서 배우는 역사 과목은 크게 World History와 US History이다. World History와 관련된 과목은 Ancient World History, Modern World History, AP World History, AP European History가 있고, US History는 US History와 AP US History가 있다. 그리고 같은 카테고리로 들을 수 있는 사회 과목은 AP Government & Politics가 있으나 필수과목은 아니다. AP Government & Politics는 관련 분야의 공부를 좋아하고 전공을 희망하는 학생 중 10학년과 11학년 때 AP 역사 과목을 무난하게 수료한 학생이라면 적극 추천하고 싶은 과목이다.

보통 9학년과 10학년에는 세계사 관련 과목을 듣고, 11학년에 미국사 관련 과목을 듣게 구성되어 있다. 9학년에는 고대세계사 과목을 듣고, 10학년에는 9학년 성적에 따라 Modern World History나 AP World History나 AP European History 중에서 듣게 된다. AP 과목은 전 학년 영어 성적과 역사 성적이 상위권인 경우 담당교사의 추천에 따라 들을 수 있다. 11학년에는 보통 US History와 AP US History 중에서 듣게 되며, AP US History 를 들을 수 있는 학생은 다음과 같다.

- 10학년에 AP 세계사 관련 과목을 듣고 성적이 우수한 학생 또는 10학년에 일반 세계사 과목을 듣고 담당교사의 추천을 받은 학생이다.

- AP US History 과목은 난이도가 상당히 높고 리서치 페이퍼도 많이 작성해야 하는 어려운 수업이나, 유학생으로 이 과목에서 좋은 성적을 받을 수 있다면, 특히 문과 전공을 희망한다면 우수한 교육적인 성과를 보여줄 수 있는 과목이기도 하다.

- 11학년에 AP US History 과목을 듣는 학생 중 20~30%는 다시 일반 미국사로 수준을 낮추거나 다른 과목으로 변경을 고려한다. 그 정도로 난이도가 있는 과목이므로, 과목을 최종 결정하기 전에 해당 과목을 수강한 선배나 담당교사와 충분히 상담한 후 결정하는 것을 권유한다.

▣ 제2외국어 커리큘럼

미국 고등학교에서 제2외국어는 최소 3년은 들어야 한다. 유학생의 경우 몇몇 학교는 제2외국어를 듣지 않아도 졸업할 수 있다고 안내하지만, 그 기준은 고등학교 졸업 기준이지 대학 입학 기준은 아니기 때문이다. 미국의 상위권 대학들은 유학생이어도 제2외국어를 최소 3년 정도 공부한 학생을 선호힌디. 왜냐하먼 유학생이더라도 영어 수준은 네이티브^{native}와 같은 실력을 요구하고 더 나아가 영어를 제외한 추가 언어를 공부하기를 요구하기 때문이다.

제2외국어는 보통 정규 영어 과정 대신 ESL를 듣는 학생에게는 요구하지 않는다. 네이티브와 같은 실력의 영어가 아니기 때문에 ESL를 듣고 있는 학생에게 제2외국어까지 기대하는 것은 무리이다. 만약 상위권 대학을 생각하고 있다면 가급적이면 빨리 ESL 과정에서 벗어나야 하며, 추가로 제2외국어를 듣는 커리큘럼을 구성하는 것이 필요하다(몇몇 미국 사립학교는 모든 유학생에게 ESL 과정을 의무적으로 1년 또는 2년을 듣게 하므로, 진학 전에 학교 커리큘럼 운영 방침을 잘 조사하여 입학 후 다시 학교를 변경하는 실수를 범하지 않도록 한다).

일반적으로 한국 유학생이 제일 많이 듣는 제2외국어로는 스페인어가 있으며, 최근 5년 전부터 중국어를 선택하는 학생도 급격히 증가하고 있다. 보통 3년차인 Level 3까지 들어야 하며, SAT II 제2외국어의 수준은 Level 3 정도라고 알려져 있으나, Level 3보다는 높고 Level 4보다는 낮은 것이 이 시험의 정확한 수준이라고 보면 된다. 5년 차인 Level 5는 AP Level로 이해하면 되며, 일반적인 유학생의 경우 미리부터 제2외국어를 공부해서 초기 유학시절부터 중간 단계로 들어가지 않는 이상 고등학교에서 제2외국어를 AP Level까지 듣는 학생은 많지 않다.

지금부터 유학을 준비하는 학생이라면 가급적이면 영어 외에도 중국어를 꼭 공부하기를 권유한다. 약 2년 정도의 학습 분량이면 미국 고등학교에서 가서 바로 Chinese Level II나 III 로 Placement Test를 거쳐서 바로 갈 수 있기 때문이다. 아무래도 미국에서 계속 공부했던 네이티브 학생보다 하나라도 유리한 과목을 미리 준비하는 것이 미국 대입의 중요한 포인트이다.

선택 과목 효과적으로 정하기

미국 고등학교 커리큘럼은 기본적으로 6개의 과목을 1년 동안 듣게 짜여 있다. 영어, 수학, 과학, 사회^{역사}, 제2외국어와 더불어 6번째 과목으로 선택 과목 ^{Elective Course}이 있다.

기본 핵심 과목인 영어, 수학, 과학, 사회, 제2외국어는 대부분의 고등학교에서 고교 4년 동안 들어야 하는 기본 연수와 특정 과목에 관한 규정이 있으나, 선택 과목만큼은 특별한 규정 없이 학생들이 희망하는 대로 선택할 수 있게 허락해준다. 그럼 효율적인 선택 과목을 정하는 기준은 무엇이 있을까?

첫 번째는 자신이 흥미 있고 기꺼이 즐길 수 있는 과목을 선택하는 것이다. 선택 과목은 말 그대로 필수로 들어야 하는 과목이 아니라 '선택해서 들을 수 있는 과목'이다. 그렇기 때문에 흥미가 없는데도 특정 과목이 대학 진학에 유리하다는 이유로 선택한다면 추가적인 스트레스의 원인이 될 수 있다. 자기가 듣고 싶고 좋아하는 과목을 선택하자. 핵심 과목의 학점관리를 열심히 하면서 즐겨 들을 수 있는 과목이 있다면 좀 더 재미있는 커리큘럼 구성이 될 수 있을 것이다.

두 번째는 전공과 관련된 과목을 선택하는 것이다. 선택 과목에는 다양한 종류가 있다. 음악, 미술, 마케팅, 경영, 컴퓨터 사이언스, 애니메이션, 사진, 연극, 드라마, 도자기 만들기 등과 더불어 주요 핵심 과목 중에 한 과목을 더 선택해서 들을 수 있다. 단, 주요 기본 과목과 시간이 겹치지 않아야 하며 주요 기본 과목을 듣는 정원이 차지 않아야 한다는 전제조건이 있다. 수년 전 한 학생은 수학과 과학 분야 공부를 하고 싶어 했고 해당 분야에 관한 관심 또한 대단했으나 상대적으로 아트, 음악, 체육에는 관심이 전혀 없어서 주요 과목 5개와 선택 과목 또한 수학과 과학에서 한 과목씩 더 듣게 커리큘럼 구성할 것을 조언해준 적이 있다. 규모가 작은 학교는 선택 과목을 온라인으로 들을 수 있기도 하다.

선택 과목을 정하는 데 가장 중요한 점은 "좋아하는가?"이다. 어차피 대학에서 전공으로 공부하고자 하는 분야도 본인이 좋아하기 때문에 선택해야 한다는 점을 기준으로 한다면, 가능하면 전공과 관련된 분야에서 선택 과목을 정하는 전략이 필요하다. 마지막으로 특정 과목에 워낙 특출한 재능을 가진 경우, 해당 학교에서 제공하고 있는 특정 분야 과목의 가장 어려운 과목이 무엇인지를 파악한 후 11학년에 해당 과목을 듣도록 커리큘럼을 짜고, 12학년에는 인근 대학에서 더 난이도가 높은 과목을 수강하고 또 그러한 기록을 대학 원서에 어필하는 전략도 고려해볼 수 있다. 핵심 과목 5개와 더불어 선택 과목을 잘 살린다면 대입 전략에 도움이 될 수 있기 때문에 심사숙고해서 과목을 선택하는 지혜가 필요하다.

IB 프로그램 제대로 이해하기

이번에는 IB^{International Baccalaureate} 프로그램에 관한 이야기를 나누고자 한다. 미국 학교들과 각 나라의 국제학교는 기본적으로 두 가지 시스템의 커리큘럼을 운영하고 있다. 우선 가장 일반적인 프로그램인 AP 프로그램이 있고, 유럽식 커리큘럼의 일환으로 학문적인 성취 외에도 전인교육의 일환으로 운영되고 있는 IB 프로그램이 있다.

한국의 외국인학교 중 AP 프로그램을 운영하는 대표적인 학교로는 복정동의 SIS, 판교의 KIS가 있으며, IB 프로그램을 운영하는 학교는 연희동의 SFS, 수원의 GSIS, 대전의 TCIS가 있다. 두 프로그램의 큰 차이는 AP 프로그램의 경우 학년과 상관없이 학생이 수강할 실력이 되고 이전에 Regular Subject에 해당하는 과목을 우수한 성적으로 이수한 경우에는 9학년, 10학년, 11학년이든 상관없이 해당 과목의 AP 과목 선택이 가능하다는 것이다. 일반적인 유학생의 경우 11학년에 2과목의 AP 코스를 듣게 되며, 가장 많이 선택하는 과목은 바로 AP Calculus AB나 BC, AP Chemistry이다. 그 외 추가로 듣는 과목이 바로 AP US History인데 과제물의 양도 만만치 않고 학점관리도 쉽지 않은 과목이기 때문에 신중하게 선택하는 것이 좋다. 보통 10명이 선택하면 2명 정도는 일반 과목으로 중간에 변경을 한다. IB 프로그램의 경우에는 11학년과 12학년 2년에 걸쳐 프로그램을 들어야 하며, AP 과목과 달리 학교의 교과과정에 참여하지 않는 과목의 시험만 따로는 볼 수가 없다. 11학년의 교과목선택은 두 가지를 고려해야 한다. 과목의 난이도와 대학에서 희망하는 학문과 관계있는 과목에 대한 집중이다. 11학년의 GPA도 중요하지만 대학에서는 어떤 난이도의 어떤 과목을 들었는지를 유심히 보게 되니 11학년 과목 선택은 신중하게 결정하는 것이 좋다.

IB 프로그램은 학문적인 성취도와 더불어 5,000자 에세이 그리고 프레젠테이션, 더불어 주마다 관계있는 일정한 활동까지 고려해서 운영되는 커리큘럼으로 내신 관리에 있어서는 AP 프로그램보다 많은 신경을 써야 하는 커리큘럼이라 할 수 있다. 학교를 선택할 때 학문적인 성취도가 뚜렷하게 높은 학생은 AP 과정이 더 유리할 것이고, 학문적인 성취도와 더불어 다양한 활동과 발표 등에 능한 학생이라면 IB 과정이 더 유리할 것이다. 이러한 부분을 고려하여 학교를 선택하면 좋을 것이다.

다음 내용은 별도로 IB 프로그램에 관한 내용을 정리해본 것이다.

▣ IB 프로그램 개요

IB는 '국제학위'란 뜻으로 고등학교 2학년과 3학년에 재학 중인 학생들에게 국제학위를 얻을 수 있게 하기 위해 제공되는 수업과정을 말한다. 스위스 제네바에 있는 국제학위기구[IBO, International Baccalaureate Organization]가 모든 과정을 책임지고 주관하고 있다. 이 과정은 전 세계적으로 100개가 넘는 국가에 800여 개 학교가 개설해 있다. 또한 학교 공부 외에도 커뮤니티 서비스[CAS, Creativity Action Service], 개인 연구[EE, Individual Research], 지식론[TOK, Theory of Knowledge]에 대해 자기 개발을 한다. 또한 2년 과정 후 받은 졸업장은 전 세계 약 100개 이상의 국가에서 대학 입학을 위한 자격 인증서로 이용된다.

▣ IB 프로그램의 장점

IB 프로그램을 제공하는 나라는 모두 IBO의 규정 방식으로 수업이 진행되며, 이 과정은 학생들의 교육 능력을 평가하는 국제적인 프로그램이므로 전 세계 어느 지역에서 공부를 하든지, IB 과정을 마친 학생들은 대학 입학에서 동일한 기준으로 평가받을 수 있다. 즉, 아시아의 한 학교에서 IB 과정을 이수한 학생들은 미국의 하버드나 영국의 옥스퍼드 같은 명문 대학에 진학할 때, 그 나라의 교육수준으로 평가하지 않고 IB라는 국제적으로 인정받는 객관적인 기준으로 평가받는 것이다.

이 과정을 마친 학생들은 이미 대학이 요구하고 있는 폭넓은 세계관과 학습 능력을 가졌다고 인정받을 뿐만 아니라 일상적인 삶 속에서 문제를 해결하는 능력과 단체를 이끌어가는 리더십 등 전인격적인 부분에서 이미 검증받았다고 여겨진다.

▣ IB 프로그램의 과정과 평가

갈수록 대학 입학 경쟁이 치열해지는 상황에서, 고등학교에서 AP 과목이나 IB 프로그램을 선택하는 것이 많은 도움이 되기에 실력이 우수한 학생들은 이를 선호한다. IB는 전 세계적으로 인정받는 프로그램으로, 어느 나라에서든지 비교적 통일된 교육과정으로 학생들을 가르치고 있다. IB 졸업장은 전 세계 100개가 넘는 국가의 대학에서 환영받는다. 특히 IB 학생들의 과제나 시험은 국제 기준International Standard으로 여러 교사들을 거쳐 점수를 받는다. 그래서 더 공평하고 균형 잡힌 평가를 받을 수 있다. 또한 학생들에게 좀 더 폭넓은 기회와 자신을 조절할 수 있는 기회도 주기 때문에 자아계발에 큰 도움이 된다.

스스로 의사결정, 자기인식, 개인책임과 사회에 대한 의무 또는 도덕심을 배우게 되고, 그것들을 통해 결국 문장력, 사고력, 구술력을 키워나가고, 시간관리까지 철저히 할 수 있게 되는 것이다.

IB 시험은 매년 5월에 보며 IB 코스는 High Level과 보통 수준의 Standard Level이 있다. 프로그램을 수강하는 2년 동안뿐만 아니라 모든 수업이 끝난 후 최종적으로 각 과목당 시험을 통해서도 평가된다. 6개 각 과목은 1점부터 최고 7점수까지 점수로 평가되며, 6개 그룹을 합산한 총 42점은 만점으로 한다. 핵심 과목은 3점의 보너스 점수가 주어져 총 45점이 만점이 된다.

6개의 주 과목 그룹 IB 디플로마 프로그램에서는 6가지로 나뉜 분야를 공부한다. 6가지의 분야는 다음과 같다. 다음 그룹에서 언급하는 교과는 모든 과목들을 언급한 것으로 실제 IB 학교에서 제공하는 과목 숫자와는 많은 차이가 있다.

▋IB 프로그램의 분야

Group 1 제1언어(Language A1)	모국어에 대한 문화적 유대 강화 및 Oral(구술) 및 Written(서식) 언어 능력 개발을 교과 목표로 수업을 진행한다. 한국 학생들은 한국어를 제1언어로 공부할 수 있다.
Group 2 제2언어(Second Language)	제2언어는 학생의 제2언어 활용 수준에 따라 상급, 중급, 하급 과정들을 선택할 수 있는데, IB 과정을 시행하고 있는 각 학교별로 제공 프로그램에 차이가 난다.
Group 3 사회 계열(Individuals and Societies)	이 그룹에는 경영, 경제, 지리, 역사, 정보 기술, 철학, 심리학, 사회학, 문화 인류학 등이 포함된다.
Group 4 과학 계열(Experimental Sciences)	여기에는 생물, 화학, 물리, 환경, 기술 등의 과목에 실험실 실습 및 공동 연구과정이 포함된다. 또한 학생들에게 도덕 및 인류적 문제 인식, 지역 사회 및 세계적 문제에 대한 학습을 통해 사회적 책임감을 인식하도록 교육한다.
Group 5 수학 및 전산 (Mathematics and Computer Science)	수학 그룹에는 학생의 능력 및 관심에 따라 Mathematics(HL), Further Mathematics(SL), Mathematical Methods, Mathematical Studies 등의 4가지 다른 과정이 포함된다.
Group 6 예술(The Arts)	예술에는 미술, 음악, 공연 예술 등의 과정이 포함된다.

2년 동안 6가지로 나뉜 그룹에서 각 1과목씩을 선택하여야 하는데, 단, Group 6 ^{예술} 과정을 원치 않는 학생들은 Group 1~4 과정 중 한 과목을 추가로 선택하거나 Group 5의 Further Mathematics ^{HL}, Mathematical Methods, Mathematical Studies 중 하나를 택해도 된다.

각 과목은 높은 수준 ^{HL은 240시간 이수, 한 주에 6periods} 과 보통 수준 ^{SL은 150시간 이수, 한 주에 4periods} 으로 나뉘고, 각자 실력과 관심 분야에 따라 레벨이 다른 과목을 선택할 수 있는데, 일반적으로 각 레벨에서 3과목씩 선택하여 공부한다.

• 개인 연구 ^{EE, Individual Research}

자신의 관심 분야에 관한 조사와 연구를 바탕으로 4,000자 정도의 작문 과제가 주어진다. 이 작문 과제를 완성함으로써 학생들은 관심 분야에 대한 깊이 있는 이해와 더불어 대학에서 요구하는 작문 실력을 갖출수 있는 기회를 가질 수 있다.

- 지식론 ^{TOK, Theory of Knowledge}

　IB학위 프로그램의 핵심 교육철학을 반영한다. 생각하는 방법, 우리가 지식을 알게 되는 방법 및 과정 등을 배우게 된다. 수업을 1년 듣고 토픽을 정해서 리서치를 한 후 TOK양식에 맞춰 프로페셔널하게 프레젠테이션을 해야 한다.

- 커뮤니티 서비스 ^{CAS, Creativity Action Service}

　학생들이 학문적 분야 이외에도 예술과 운동 그리고 지역사회 봉사를 통해 학생들이 삶에 대한 새로운 인식과 자각을 할 수 있는 기회를 가지도록 한다. 2년의 IB 과정을 수료하는 동안 학생들은 일주일에 적어도 4시간 이상의 CAS 활동을 하도록 요구된다.

　IB 디플로마는 최고 45점 만점으로 40점 이상이면 전 세계의 특급 명문 대학에 입학할 수 있다. 영국과 프랑스, 독일 등 유럽의 대학들은 IB를 자국의 대학선발시험과 동일하게 인정을 한다. 미국 명문대는 IB 점수를 필수로 요구하지는 않지만 IB 성적이 우수할 경우 가산점을 준다. 미국의 선발제도인 SAT와 연계 합산하며, AP와 동일한 심화학습과정으로 인정한다.

▌ IB 점수를 입시에 반영하는 대학의 평균 지원 점수

점수	대학
42 이상	케임브리지, 옥스퍼드, 하버드
38~41(A GRADE)	영국 주요 대학, IVY 대학, 동경대, 서울대
35~37(+B GRADE)	홍콩 주요 대학, 유럽 및 미국 주립대
30~35(-B GRADE)	홍콩 및 유럽 대학 및 캐나다 대학
24~29(C GRADE)	대학 진학
24 이하	FAIL

AP 스칼라 바로 알기

AP 스칼라에 대해 몇 개를 들어야 좋다는 둥 검증되지 않은 의견들이 많은데, 이를 정확히 알기 위해서는 칼리지 보드^{College Board}가 얘기하고 있는 AP 스칼라의 기준에 관한 정확한 이해가 필요하다.

AP는 우수한 고등학생들에게 대학 수준의 공부를 제공하는 프로그램으로 30여 개가 넘는 다양한 과목이 있으며, 특히 11학년 또는 12학년에 지원하고자 하는 특별 전공과 관련하여 자신의 심도 깊은 지식과 관심을 표출하는 매우 중요한 도구로 활용할 수 있다. 수준에 맞지 않는 대외논문을 작성하는 것보다는 자신이 관심 있는 AP 과목을 선택하여 열심히 공부하고 그 과목에서 우수한 성적과 더불어 5월에 실시되는 시험에서 우수한 성적을 받는 것만으로도 지원하고자 하는 전공에서의 우수성을 충분히 보여줄 수 있다.

가장 중요한 것은 학교에서 듣고 있는 과목과 성적이다. 미국의 많은 대학은 얼마나 기본기가 충실하고 깊이 있게 공부했는지를 합격생 선발의 기준으로 한다. 따라서 이러한 기본 사항을 잘 이해하여 불필요한 리서치 및 논문작성 등의 활동에 시간을 낭비하는 일이 없기 바란다. 특히 최상위권 대학은 리서치 페이퍼나 논문 등을 요구^{필수는 아님}하기도 한다. 그러나 그러한 재능은 새롭게 시행하고 있는 AP 캡스톤^{Capstone}이라는 프로그램을 통하여 'Year 1 세미나+Year 2 리서치' 단계를 거쳐 학생의 우수한 학문적인 성취도를 새로운 AP 연구 프로그램을 통하여 보여줄 수 있다. 이와 같이 검증된 프로그램에 시간을 투자하여야 하며 검증되지 않은 재단에서 출간하고 있는 소위 '듣보잡' 논문을 위하여 시간을 낭비하는 일이 없어야 한다. 다음은 AP 과목에서 우수성을 보여줄 수 있는 AP 스칼라의 기준이다.

- AP 스칼라 : 3개 이상의 AP과목에서 3점 이상을 받아야 함

- AP 스칼라 with Honor : 4개 이상의 AP 과목에서 3점 이상을 받아야 하

며, 각각의 AP 시험 평균이 3.25를 넘어야 함

- AP 스칼라 with Distinction : 5개 이상의 AP 과목에서 3점 이상을 받아야
  하며, 각각의 AP 시험평균이 3.5를 넘어야 함

다음은 미국에서 공부하고 있는 학생들에게 해당되는 기준이다.

- AP State 스칼라 : 미국의 각 주별로 AP 시험에서 3.5 이상을 받은 과목
  수가 가장 많고, 모든 AP 시험에서 점수가 가장 높은 남자 1명, 여자 1
  명에서 수여함

- National AP 스칼라 : 8개 이상의 AP 과목에서 4점 이상을 받은 학생에게
  수여함

마지막으로 가장 중요한 것이 있다. AP 과목을 듣기 위해서는 그 전 단계
에 해당하는 과목을 들어야 하며, 전 단계의 학점 또는 시험 결과 혹은 담당
선생님의 추천이 있어야 AP로 들어갈 수 있다는 것이다. 가만히 있다고 자
동으로 올라가지는 않는다는 사실을 반드시 알아야만 한다. 그렇기 때문에
매년 3월, 담당선생님에게 다음 학년 때 AP 과목을 듣겠다는 의사표시를 하
여야 한다.

효율적으로 AP 시험 과목 운영하기

매년 5월이 되면 1년간 학교에서 공부했던 과목을 전국 단위로 평가하는 AP 시험이 2주간 실시된다. 적지 않은 10학년생부터 대부분의 11학년생은 2~3과목의 AP 과목을 학교에서 공부하고 시험에 응시하며, 일부 학생은 학교에서 해당 과목이 제공되지 않거나 또는 해당 과목이 커리큘럼에 포함되어 있다고 하더라도 특정 과목에 관한 본인의 관심사와 학문적인 깊이를 어필하고자 추가적인 공부를 통하여 AP 시험을 따로 준비하기도 한다.

꽤 많은 학생들이 1년간 학교에서 AP과목을 공부하면서 좋은 성적을 유지하였음에도 AP 시험의 성적표를 받아보고는 놀라는 경우가 많은데, 이는 학교 과목과 시험과의 수준 차이와 더불어 AP 시험은 조금 더 철저한 시험 준비를 요구하는 사항이 많기 때문이다. 학교의 성적이 좋았다고 안심하지 말고 최소 3월부터는 최근 출제되었던 문제의 경향을 분석하고 시험 경향에 맞추어 철저히 준비하는 것이 필요하다.

우선 한국 학생들은 전통적으로 수학에 강세를 보이므로 AP Calculus BC, AP Statistics 과목과 더불어 11학년 때 많이 선택하는 AP Chemistry, AP Physics C, AP Economics와 같은 과목들을 제일 많이 응시하고 자신 있어 한다.

AP Calculus BC는 응시생의 50%에 해당하는 학생들이 5점을 받을 확률이 높은 과목이다. 5점이 많은 이유는 전 학년에 AP Calculus AB 또는 Pre Calculus Honors에서 AB를 먼저 배우게 되는데, 미적분 과목은 AB와 BC가 중복되는 내용이 많기 때문에 AB를 제대로 배웠다면 BC 과목에서도 당연히 좋은 성적을 받게 될 확률이 높기 때문이다. 주의할 점은 많은 학교들이 Pre Calculus Honors 과목의 뒷부분에서 Calculus AB를 배우고 다음 학년에 바로 Calculus BC로 건너뛰게 되는데 아무래도 AP Calculus AB 과정을 1년간 제대로 배우고 넘어간 학생들보다 과목의 강도와 비어 있는 부분이 존재하게 되므로, Pre Calculus Honors 과목을 듣게 되는 학생은 후

반에 들어갈 미적분 단계를 철저하게 공부하고 AP Calculus BC로 넘어갈 수 있도록 하는 것이 필요하다.

AP Statistics는 보통 대학에서 경영학, 경제학, 통계학을 선택하고자 하는 학생들이 고등학교 과정에서 많이 선택하는데, 일부의 학생은 11학년에 AP Calculus AB나 BC를 들으면서 AP Statistics를 같이 듣기도 하며, 또 다른 경우는 11학년까지 미적분 과목을 끝내고 12학년에 통계학을 따로 구성하는 학생들도 있다. 만약 공학 전공을 희망하나 통계학에도 관심 있는 학생은 11학년까지 미적분과 통계학까지 공부하고 12학년에는 Linear Algebra or Multivariable Calculus처럼 수학 과목에서 더욱 도전적인 커리큘럼을 구성하는 것도 본인의 수학적인 관심도를 보여주는 좋은 방법이라고 할 수 있다.

AP Economics는 AP Micro Economics와 AP Macro Economics로 구분되며, 2개의 과목을 2년간 나눠서 듣도록 커리큘럼을 짜는 것보다 5월에 2개의 과목을 동시에 응시해서 보는 것이 유리하므로, 1학기에 Micro Economics를 수강하고 2학기에 Macro Economics를 수강한 후 5월에 한 번에 2개의 과목을 응시하는 것이 좋을 것이다. 통계자료를 보면 Micro Economics 응시생의 43%, Macro Economics 응시생의 39.5%의 학생들이 4~5점을 받는다. 다른 과목보다 고득점이 어렵지 않으며, AP US Government & Politics를 듣기에 시사상식이 부족하다고 판단된다면 경제학을 듣는 것이 무난할 것이다. 참고로 경제학은 학교에서 1년간 수강히지 않고 따로 준비해서 시험만 응시하기도 하는 과목이다. AP Psychology와 더불어 시험만 준비해서 응시해도 4~5점이 어렵지 않게 나오는 과목이라고 할 수 있다.

AP 과학 과목 중에 가장 많은 학생들이 응시하는 과목은 AP Chemistry 이다. 화학을 선호하기 때문에 AP를 많이 보는 것이 아니라 미국 고등학교의 커리큘럼의 순서 때문이라고 보면 된다. 일반적으로 10학년에 Chemistry를 듣고 11학년에 연이어 AP Chemistry를 듣기에 용이하기 때문이지만 AP 시험의 난이도는 점점 높아져가고 있다. 실제로 2013년까지만 해도 전체 응시생의 40% 정도가 4~5점의 고득점을 받았는데, 2016년도의 결과를 보면 전체 응시생의 25% 정도가 4~5점의 고득점을 받았다.

예상 외로 물리 과목 중 가장 어려운 AP Physics C:Mechanics, E & M 과목은 4~5점 이상의 고득점자가 많다. 무려 응시생의 50% 이상이 고득점을 받았는데, 다른 과학 과목보다 AP Physics C를 택한 학생이 물리 과목을 확실하게 좋아하거나 잘하기 때문에 선택한 부분도 있지만 그만큼 확실하게 준비하고 응시한다는 결과를 반영하기도 한다고 볼 수 있다. 특히나 AP 과학 과목은 난이도가 어렵다고 해도 무조건 점수분포도 또한 까다롭다고 판단할 사항은 아니라는 것이다. 즉, 특정한 과목은 어렵기는 하지만 그 과목을 응시하는 학생은 확실하게 자신이 있거나 준비를 철저하게 해서 응시하기 때문에 고득점자가 많이 나오는 과목이라는 부분도 이해해야 한다는 것이다.

AP Biology도 많이 선택하는 과목은 아니며 주로 대학에서 생물, 생화학, 프리메드 분야에 지원하고자 하는 학생들이 11학년에 선택하는 과목이다. SAT II Biology 과목의 경우 다른 Science Subject Test보다 학습할 분량도 많고, 난이도도 높기 때문에 가능하면 AP Biology까지 공부하고 응시하기를 권한다. AP Biology는 2012년에는 응시생의 35% 정도가 4~5점의 고득점을 받았지만, 2016년에는 응시생의 27% 정도가 고득점을 받았다. AP 과목을 선택하고 또는 시험을 준비해야 한다면 필히 전년도 고득점자의 분포도와 최근 시험의 트렌드를 파악하는 것이 매우 중요하다고 하겠다.

영어 실력이 있는 학생은 보통 11학년에 AP English Language를 수강하고, 12학년에 AP Literature를 듣는다. AP English Language 시험의 경우 전체 응시자의 25% 정도가 4~5점을 받고 있으며, AP Literature 또한 전체 응시자의 28% 정도가 4~5점을 받고 있다. 최근 5년간의 이 과목 통계를 보면 특별히 고득점자가 줄거나 늘지 않고 같은 수준을 유지하고 있다. 그 이유는 과목의 특성상 1년간 열심히 공부해서 시험성적이 나오는 측면보다 저학년 때부터 독해와 에세이 훈련을 열심히 해온 학생들이 이 과목을 선택하고 있기 때문에 그러한 결과가 시험분포에도 반영된다고 볼 수 있다.

AP World History나 AP European History는 고득점자가 적은 대표적인 과목이다. AP World History의 경우 5점을 받은 학생은 전체 응시생의 6.5%에 불과하며, 4점을 받은 학생 역시 15.5%이다. AP European History도 비슷한 통계결과를 보여주는데, 5점은 7.9%, 4점은 16% 정도이다. 이러한 결과의 원인은 AP 세계사 또는 유럽사를 듣는 학년은 보통 10학년이기 때문에 아직은 상당한 수준의 독해 실력과 글쓰기 실력이 완벽하지 않은 상황에서 이 과목을 듣는 경우가 많고 학습량도 상당히 많기 때문으로 분석할 수 있다. 일반적으로 AP History 과목은 시험에 임박해서 준비하는 과목이 아니라 1년 내내 예습과 복습을 철저하게 했을 때 좋은 성적이 나오는 과목이라는 점을 알아야 한다. 다시 말하면 단기간에 벼락치기로 승부를 볼 수 있는 과목이 절대 아니라는 얘기다. 꾸준히 성실하게 준비할 수 있다면 권장하겠다.

가끔 11학년까지 AP 과목을 6~7개를 듣고 있고 시험 준비를 하고 있는 괴물 같은 친구들을 만나게 된다. 물론 도전적인 AP 커리큘럼과 과목 수를 유지하고 성적 관리를 잘 하는 점은 칭찬할만하다. 대학 또한 도전적인 커리큘럼을 운영하고 있는 학생들에게 관심을 갖는 것이 사실이다. 그러나 절대적으로 중요한 점은 잘할 수 있는 과목과 상대적으로 어려운 과목을 냉정하게 판단하고 GPA 관리 외에도 수행해야 하는 표준시험 준비, 상위권 대학을 고려한다면 '활동'에노 어느 정도 시간을 안배해야 한다는 것이다.

IB를 하면서 AP 시험을 준비한다면?

학교 교과 시스템이 IB 과정인 경우, 자신의 학문적인 성취도를 대학 측에 어필하기 위하여 AP 시험을 따로 준비해서 보는 것이 과연 의미가 있는지에 대해 알아보자.

먼저 IB 과정의 학생이 다른 학생에게 조언하고 있는 다음 글을 읽어보자.

"솔직히 말해서 미국은 IB를 거의 안봅니다. SAT나 AP 하여간 자기네 시스템 아닌 것들은 신경도 안 씁니다. 물론 IB를 보는 학교들도 있지만 대다수가 상위권 대학이고 듀크대 같은 곳을 예로 들 수 있습니다. 학업 양으로 따져도 IB가 훨씬 많은데, AP 학생이 IB 학생한테 할 게 많다고 칭얼거리면 뺨 맞는다는 말이 있을 정도로 과제 양도 많고 점수 따기도 힘듭니다. AP보다는 IB가 국제적으로 더 유리하다고 보시면 되겠습니다. 만약에 미국 대학을 목표로 하신다면 IB를 하는 학생으로서 AP를 추천합니다. 또한 IB는 조기졸업보다는 대학과정을 1년 앞서서 시작 가능하다는 점에서 어느 정도의 조기졸업으로서의 의미를 가집니다. 예를 들어 45점 만점에서 특정 점수를 받을 경우 대학 2학년 과정부터 시작 가능한 대학도 몇몇 있으므로 자세히 알아보시는 게 좋을 거 같습니다. 아직 9학년이라고 하시니 아직 시간이 많이 남았네요. 저는 싱가포르에서 IB를 2년째 배우는 중이고 올해 졸업합니다."

물론 약간은 극단적인 표현도 있으나, IB 과정 중에 미국 입시를 준비하는 학생의 애로사항이 잘 드러나 있다. 미국 대학은 절대로 AP 과정을 공부한 학생을 IB 과정을 공부한 학생보다 더 우선순위를 두고 선발하고 있다고 직접적으로 표현하지 않는다. 하지만 수년간의 입시 결과를 분석해보면, 거의 비슷한 학업수준에 표준시험성적도 비슷한 점수대이고 활동에 관한 부분도 비슷비슷한 학생들 중 AP를 한 학생이 미국 입시에서 조금이라도 유리한 부분이 분명히 있다는 생각이 든다.

이러한 IB 과정의 불리한 점을 극복하기 위하여 AP 시험을 따로 준비해서 보는 것이 이론적으로는 가능하지만 IB 특히 DP 과정을 하면서 AP 시험을 따로 준비하는 것은 쉽지도 않을 뿐더러 많은 학교 카운슬러들도 말리고 있다. 그럼에도 불구하고 AP 시험을 꼭 봐야 한다면, IB 과정에서 한정된 과목 선택으로 듣지 않고 있는 과목을 선택하는 것을 권장하고 싶다.

커리큘럼 구성의 기본은 '논리'이다. 대학에서 희망하는 전공 분야에 관한 설명에서 학교에서 선택 가능한 과목이 이러하기 때문에 전공 또는 관심이 있는 분야의 과목을 AP 테스트를 통하여 보여주고자 하는 것은 어느 정도 '논리'가 있어 보인다. 그러나 기본적인 IB 과정에서의 내신 관리가 완벽히 되고 있지 않음에도 많은 한국 학생들이 따로 공부해서 도전하는 AP Economics, AP Psychology 같은 과목을 추가로 시험 보는 것은 정말로 의미가 없다고 생각한다. 'IB 중위권 점수+AP 2과목'보다 'IB 중상위권 점수'가 더 유리하고 본질에 충실했다고 보이기 때문이다.

IB든 AP든 이 부분은 'GPA' 영역이다. 기본적으로 자신이 속해 있는 학교의 내신 시스템에 충실하기 바란다. AP 과목을 따로 볼 시간에 차라리 기본적인 SAT 성적을 더 올리거나 활동에 시간을 투자하는 것이 균형 있게 관리하는 방법이라 생각된다.

마지막으로 IB 과정에서 HL 과목은 전공과 연관된 과목 위주로 구성하는 것이 기본 전략이다. 그러나 지원하고자 하는 전공이 공학이고 영어 실력도 훌륭한 학생이라면 English, Math, Physics를 HL로 구성하는 전략도 골고루 발전된 학생의 역량을 보여주는 과목 구성이라 할 수 있다.

미국 입시 준비에는 절대 정답이 없다. 자신에게 남은 시간, 학교 내신에 관한 관리능력, 활동에 투자할 시간, 표준시험들의 준비된 상황들을 고려하여 너무 한쪽에만 치우치지 않는 균형 있고 현실적인 계획표를 만드는 것이 가장 '가성비' 높은 입시 계획이라는 것을 잊지 말아야 할 것이다.

미국 검정고시 GED 알아보기

유학생활을 하다가 건강상 또는 불가피한 사유로 유학을 중단하고 한국으로 돌아오는 학생들을 종종 만난다. 보통 1년에 1~2명의 학생들은 개인적인 사유로 다시 귀국하여 숨 고르기를 하게 된다.

귀국을 하게 되면 마음이 바쁜 부모님들은 다시 한국 학교를 알아보거나 또는 국내의 국제학교나 외국인학교 전학을 성급히 알아본다. 아직 고등학교 학년이 많이 남아 있고, 아이 또한 새로운 학교에 적응하는 데 무리가 없으면 국내의 다른 환경에서 새롭게 시작하는 것도 괜찮을 것이다. 그러나 11학년 또는 12학년 초에 유학생활을 중단하게 되는 경우에는 새로운 학교 전학도 불가피한 상황이 발생한다. 이럴 경우 그냥 손 놓고 있는 것보다 다른 대책을 세워 대학 진학에 대한 준비를 바로 시작하도록 하는 것이 좋은 선택이 될 것이다. 이러한 경우 유효하게 쓰이는 제도가 미국 검정고시인 GED^{General Education Development Test} 시험이라 할 수 있다.

GED는 나이가 만 17세 이상이 되어야 응시가 가능하다. 시험은 5가지 과정으로 구분되며, 에세이 시험을 제외한 다른 과정은 객관식 시험이고 오답에 대한 감점이 없는 것이 특징이다. 문제의 난이도는 기본적인 고등학교 과정이라고 할 수 있고, 고등학교 졸업생의 평균기준인 50% 수준의 학생 실력을 평가하는 어려운 시험은 아니다. GED의 내용은 다음과 같다.

첫 번째 시험은 Language Arts이며, 첫 번째 영역의 주요 내용은 '문법'이다. 75분 동안 50문제를 푼다. 두 번째 영역은 'Essay'이며, 45분 동안 1가지 주제에 대한 글을 완성하면 된다.

두 번째 시험은 Social Studies이며, 70분 동안 미국 역사, 세계사, 정치, 지리 등의 50문제를 푼다.

세 번째 시험은 Science이며, Earth Science, Life Science, Physical Science 등 기초적인 문제들을 다루게 되며, 80분 동안 50문제를 푼다.

네 번째 시험은 Reading이며 문학작품을 다루게 된다. 65분 동안 40문제를 풀며, 조금 난이도가 있는 문제들도 있지만 어느 정도 시험 준비를 하면 충분히 풀 수 있는 유형의 문제들이다.

다섯 번째 시험은 Mathematics이며, 90분 동안 50문제를 풀게 된다. 한국 학생이면 무난히 풀 수 있는 쉬운 문제들이 출제된다. 대부분의 기초실력으로도 충분히 점수가 나온다.

GED 시험만으로도 대학을 진학할 수 있지만 현실적으로 커뮤니티 칼리지 $^{Community\ College}$나 하위권 주립대학 정도만 가능하다. 중위권 정도의 대학에 진학하기 위해서는 SAT나 ACT 성적과 TOEFL 성적이 필수며, 가급적이면 TOEFL과 SAT 성적은 고득점을 받는 것이 유리하다. 그 이유는 정상적으로 고등학교 학업을 끝낸 게 아니기 때문에, 어느 누구나 치러야 하는 표준화된 시험 성적이 그러한 불리한 상황을 보완해줄 수 있는 도구가 되기 때문이다.

최근 GED로 2015년에 뉴욕 주립대 ^{SUNY}의 메인 캠퍼스에 진학한 학생은 SAT 1900점, TOEFL 98점의 점수를 가지고 있었다.

현실적으로 GED를 통해서 명문 대학 $^{상위\ 20위권\ 대학들}$ 진학은 어려움이 많다. 중위권 대학 정도를 고려한다면 GED는 적절한 대안이 될 것이다. GED로 대학에 지원한다고 하더라도 최근까지 다녔던 고등학교 성적은 제출해야 한다. 다음은 GED 시험 신청에 필요한 정보이니 참고하기 바란다.

GED 시험 신청 관련 정보

- 시험 센터(홍콩) : 852-3077-4923
- 신청 사이트 : http://www.gedtestingservice.com/testers/test-on-computer
  ① Account 신청 : 여권과 동일한 이름으로 등록해야 하면 기본정보 입력 후 24시간 이내 account 발송
  ② 학생등록(GED신청 가능 확인) : 발송 Account로 로그인 후 성적, 수료과목 등 등록하면 담당코디네이터가 승인 후 메일발송
  ③ 등록 승인 후 시험 신청 : 시험일정 확인은 Account 신청 후 로그인해야 확인 가능
  ④ 국내 시험장소 확인
    - 사이트 : www.pearsonvue.com
    - 방　식 : Test on Computer
    - 센　터 : Pearson Professional Centers-Seoul, Korea
    - 주　소 : 서울 중구 무교동 45 더익스체인지서울 6층 02-755-7801

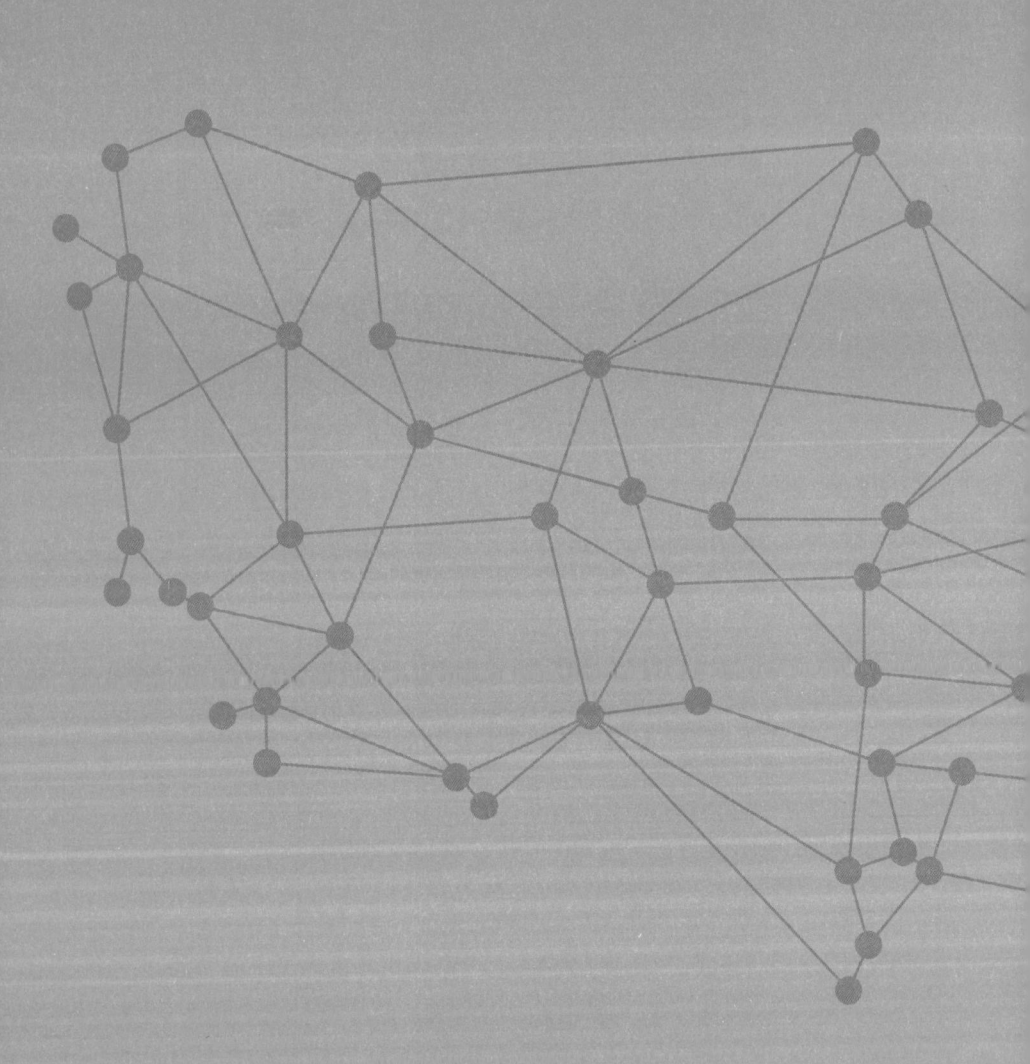

미국 대학 준비 – 학습 편

"모든 유학 시험의 기본인 TOEFL, 미국 대입평가시험의 양대 축인 SAT와 ACT
그리고 중상위권 사립대학에 지원하기 위한 SAT Subject Test 등 미국 대학을 준비하는
데는 다양한 시험이 있다.
어떤 시험이든지 성실한 사람이 목표하는 대학에 더 가까워진다는 것은 변하지 않는
사실이다."

이 장에서는 미국 대입 필수 시험인 SAT를 비롯한 각 시험에 대비하기 위한 학년별,
수준별 학습법을 상세히 보여준다.

미국 대학 준비
－학습 편

미국 유학의 기본 시험 – TOEFL

　미국 유학을 생각한다면 가장 기본적인 시험은 TOEFL이다. 사립 고등학교를 갈 때도, 대학을 갈 때도, 대학원을 갈 때도 지원하는 학생이 미국 시민권자 또는 영주권자가 아닌 이상 TOEFL은 가장 기본적으로 치러야 하는 시험이다.

　TOEFL은 과거 PBT ^{Paper Based Test} 에서 CBT ^{Computer Based Test} 로 변경되어 현재는 iBT ^{Internet Based Test} 형식으로 진행되고 있다.

　• 미국 사립 고등학교 지원 시 TOEFL이 필요한 경우
　　－중상위권 사립학교는 보딩스쿨 ^{Boarding School} 의 경우 SSAT, 데이스쿨 ^{Day}

School 의 경우 ISEE$^{Independent\ School\ Entrance\ Exam}$ 와 같이 봐야 하며, 기본적으로 95점 이상의 점수를 필요로 한다.

- 교환학생의 경우 TOEFL은 필요 없고, ELTIS$^{The\ English\ Language\ Test\ for\ International\ Student}$ 성적을 제출하면 된다. TOEFL 성적이 있으면 ELTIS 시험을 대체할 수 있다.

• 미국 대학 지원 시 TOEFL이 필요한 경우

- 대부분의 대학은 TOEFL 성적을 필요로 한다. 단, 대학의 수준에 따라 원서를 제출할 수 있는 기준점수가 다르다.
- TOEFL과 함께 제출해야 하는 점수는 SAT 또는 ACT 시험 성적이다.

• 미국 대학원 지원 시 TOEFL이 필요한 경우

- Graduate School 지원 시 GRE 성적과 함께 TOEFL 성적이 필요하다.
- Medical School 지원 시 MCAT 성적과 함께 TOEFL 성적이 필요하다.
- Dental School 지원 시 DAT 성적과 함께 TOEFL 성적이 필요하다.
- Law School 지원 시 LSAT 성적과 함께 TOEFL 성적이 필요하다.
- Business School 지원 시 GMAT 성적과 함께 TOEFL 성적이 필요하다.

10여 년 전만 하더라도 미국 대학입시의 기본 시험인 TOEFL에 관한 관심이 컸지만, 요즘은 SAT나 ACT라는 시험이 너무 부각되다 보니 TOEFL은 논외로 생각하는 경우가 많은 듯하다.

우선 TOEFL은 미국의 고등학교로 조기유학을 갈 때두, 대학이나 대학원, 전문대학원$^{Professional\ School}$에 진학할 때도 미국 시민권자 또는 영주권자가 아니라면 무조건 준비해야 하는 시험이다. 대학에 따라 영어권 학교에서 3년 이상을 수학했거나, SAT 영어 점수가 650점 이상을 상회하거나 하는 경우 면제해주는 조건부 유예도 있으나 모든 대학의 규정이 동일하지 않으므로, 미국 시민권, 영주권이 없다면 기본적으로 준비해야 한다고 이해하면 된다. 요즘에는 대개 9학년을 끝낸 여름방학부터 대부분의 기본적인 영어 수준을 갖춘 학생들은 SAT 영어공부를 시작하게 된다. 학원에 따라 그 명칭을 Pre SAT, PSAT, SAT 기초반 등의 명칭으로 정해놓고 있으나 그 내용은 SAT 영어공부를 처음 시작하는 학생들을 대상으로 하여 교재와 수준에 맞게 교습방법도 준비가 된다. 명칭만 다를 뿐 거의 동일한 내용을 다루는 과정으로 이해하면 된다.

예전에는 SAT 학습과 더불어 따로 시간을 내서 TOEFL까지 같은 기간에 공부를 하는 경우도 있었지만, SAT는 상대적으로 TOEFL의 리딩 수준을 상회하는 지문들을 다루다 보니, 별도의 TOEFL 학습을 택하기보다는 SAT를 하다 보면 어느 정도 TOEFL이 해결되는 순서로 인식을 하고 학습에 임하게 되고 '영어'라는 범주 내에서의 학습인지라 두 가지를 병행하는 것이 효율성 측면에서도 좋지는 않았다. 이론적으로는 수준별 또는 단계별 학습적 측면에서 TOEFL에서 어느 정도 점수를 만들어놓고 SAT를 시작하는 것이 맞지만, 윤아빠 생각도 TOEFL과 SAT를 병행하는 것은 그리 바람직하지 않으며, 일정 수준 TOEFL 80점 이상의 영어 실력을 갖추었다고 판단이 되면, 바로 SAT로 학습을 진행하는 것이 더 효율적이라 생각한다.

실제로 SAT를 8주간 공부한 학생들에게 TOEFL 문제를 풀게 했더니 독해 부분이 훨씬 쉽게 느껴졌다고 한다. 부가적으로 Listening and Speaking 부분만 보완하면 대학교 원서가 마감되기 2년 전에 충분히 원하는 TOEFL 성적을 확보할 수 있을 것이다. 참고로 TOEFL의 Speaking은 말하는 능력을 평가하는 시험이 아니기 때문에 영어구사 수준이 유창하다고 하더라도 실제 시험에서 예상 외의 점수가 나오는 경험을 하게 된다. Speaking은 물어보는 유형과 답변을 해야 하는 유형이 정해져 있으므로, 실제 시험장에 가기 전 약 5~6시간 정도 훈련을 하고 가면 충분히 해결할 수 있다. Speaking이 어느 정도 되는 학생이라면 너무 많은 시간을 Speaking에 투자하지 않아도 된다. 다시 말하면 답변하는 방식만 숙지하여 그에 맞춰서 답변만 한다면 무난하게 원하는 Speaking 성적을 받게 될 것이라는 얘기다.

기본적으로 9학년을 끝내고 SAT 영어 학습을 처음 시작하여 약 8주간의 정상적인 학습량을 소화해낸 학생이라면 영어 ^{독해 & 문법} 점수가 600점 이상이 되는 것이 현실적이고 당연한 점수이다. 그리고 10학년을 끝낸 여름에 추가적인 학습을 통하여 11학년 초에 700점을 넘어서는 계획도 충분히 가능하다.

어느 정도 영어 수준이 되는 학생이라면 바로 SAT 학습으로 들어가기 바란다. TOEFL은 일정 수준으로 영어 실력이 향상되면, 생각보다 나오는 문제들이 쉽게, 때로는 우습게도 보일 것이다.

미국 대입의 필수 시험 – SAT

SAT는 미국 대학 지원과 관련하여 가장 기본적이고, 중요한 시험 중 하나로 TOEFL과 더불어 필수적인 시험이다. 2013년 한국의 몇몇 SAT 학원의 문제 유출로 인하여 한국 학생의 SAT 성적에 대한 신뢰감이 떨어져 있으며, 이러한 문제 때문에 한국 학생의 미국 명문대 입학은 점점 어려워지고 있는 추세이다.

SAT 시험을 주관하는 칼리지 보드$^{College\ Board}$는 2016년 3월부터 새로운 형태의 SAT 시험을 실시하였는데, New SAT는 기존 시험에 비해 SAT Critical Reading에서 Reading과 SAT Writing에서 Multiple Choice-Grammar Section을 추출하여 800점짜리 영어 시험 하나와 800점짜리 수학 시험으로 구성하고 에세이는 선택 시험으로 별도로 분류하였다.

▣ SAT는 대학입시의 기본적 평가요소

다음 내용은 Old SAT에 대한 내용을 정리한 것이다. New SAT를 제대로 이해하기 위해서는 이전 시험에 관한 분석도 중요하기 때문에 간단히 살펴보도록 하자.

SAT 시험은 CR$^{Critical\ Reading}$ 800점, Writing 800점, Math 800점으로 구성되며, 총점 2,400점을 만점으로 한다. 가장 중요한 영역은 CR로 한국 학생들이 까다로워하는 영역이다. 일반적인 영어 중상위권 학생의 점수는 650점으로 미국의 최상위권 대학은 보통 750점, 상위권 대학은 700점 정도의 점수를 가지고 있는 학생들이 지원한다.

기본적인 SAT Vocabulary를 테스트하는 Sentence Completion 영역과 Reading 영역으로 구분이 되며, 한국 학생은 긴 지문$^{Long\ Passage}$이 나오는 Reading 영역을 철저히 준비해야 고득점이 가능하다.

Writing 영역은 문법적인 오류를 찾아내는 객관식 유형$^{Multiple\ Choice}$으로 구성되는 영역과 에세이 영역으로 구분되며, 객관식 유형 영역이 차지하는 점수의 비중이 더 크다. 에세이 영역은 2~12점의 점수를 받게 되는데, 가급적이면 10점 이상을 받는 것이 대입 진학에 유리하다. 에세이 점수는 이후 대학 지원 시 지원 에세이 ^{Application Essay} 에 대한 완성도의 기준이 되는 영역이라 좋은 점수를 받는 것이 중요하다.

Math 영역은 Geometry, Algebra II까지의 범위를 포함하며, IQ Test와 같은 형식의 문제가 출제되기 때문에 학교 수학과는 별도로 관련 문제를 풀어보며 연습하는 것이 중요하다. 문제의 난이도 자체는 그리 까다롭지는 않지만, 오답 시 감점이 있어 깎이는 점수가 크기 때문에 충분히 연습하여 실수하지 않도록 하는 것이 중요하다.

SAT 고득점의 기준이 되는 점수대는 보통 2,200점이며, 이 점수를 구성하는 대부분 한국 학생의 점수 구성은 'CR 700＋Writing 750＋Math 750'이다.

SAT 성적이 미국의 상위권 대학을 진학하는 데 있어 절대적인 요소로 작용하는 것은 아니나, 학교 내신 ^{GPA} 과 더불어 기본적으로 평가하는 요소 ^{Academic Index} 에 들어가므로 학생이 지원하고자 하는 대학에 합격하는 평균점수 이상은 받을 필요가 있다.

▣ 새로운 SAT는 독이 될까? 득이 될까?

이번에는 새로운 SAT 시험에 대해 알아보자. 새로운 SAT는 다음 같은 특징이 있다

첫째, 암기해야 하는 단어의 양이 줄어들고 난이도가 쉬워졌다. 그러나 단어의 다양한 쓰임새를 잘 파악하는 것이 중요하다. 둘째, Reading의 난이도는 직관적인 내용으로 변경되었으나 양은 늘어났다. 셋째, 수학은 한국 학생에게 큰 변화는 없다고 보고 준비하면 된다. 단, 계산기를 사용하지 않은 새로운 영역에 대한 대비는 필요하다. 넷째, 선택형의 에세이는 중상위권 대학을 준비하는 학생은 응시해야 한다.

우선은 겉으로는 시험의 구성이 ACT보다 경쟁력이 있어 보인다. 예전에는 SAT 시험의 과다한 단어학습과 상대적으로 Reading에 지친 학생들이 ACT로 시험을 치르는 경향이 있었는데 새로운 SAT의 등장으로 다시 상황이 바뀌고 있다.

그렇다면 새로운 SAT는 어떤 학생에게 독이 되고 어떤 학생에게 득이 될까? 잘라 말하면 상위권 학생에게는 독이 되고, 중위권과 중하위권 학생에게는 득이 될 것이다. 이유는 새로운 SAT 시험환경에서는 기존의 시험보다 고득점을 받을 수 있는 학생의 퍼센트가 훨씬 높아져 더욱더 고득점 경쟁이 심해질 것이기 때문이다. 예를 들면, 기존 시험에서 SAT CR 650점을 넘지 못했던 학생이 새로운 SAT시험에서는 650점 이상을 획득함에 따라 비록 SAT 점수는 낮았으나 활동점수가 좋았던 학생들까지도 상위권 대학 진학 가능성군으로 새롭게 추가되기 때문에 경쟁률이 더욱 높아지는 것이다. 그렇기 때문에 표준화된 시험 외의 요소^{예를 들면 활동 등}에 더욱 신경을 써서 준비해야 승산 있는 게임을 할 수 있다. 중위권과 중하위권 학생이 기존 SAT 중 특히 CR 영역에서의 중상위권 점수^{600점 이상}에 도달하기가 쉽지 않았지만, 이제는 약 2년간의 준비만 거치면 600점 이상의 중상위권 점수를 획득하는 것이 어렵지 않게 되었다. 그러니 아카데믹 인덱스^{Academic Index}에 의존하는 중위권 대학을 목표로 하는 학생에게는 잃을 것보다 얻을 게 더 많은 시험인 것이다.

예전이나 지금이나 바뀌지 않는 것은 표준화된 시험인 TOEFL, SAT I, SAT II 등의 시험이 미국 대입에서 차지하는 비중은 30%가 채 되지 않는다. 우리가 취해야 하는 올바른 자세는 시류에 흔들리지 않고 내신 관리를 잘 하고 관심 있는 활동, 대회 등의 주제^{Theme}를 꾸준하게 준비해나가는 것이다. 성실한 사람이 목표하는 대학에 더 가까워진다는 것은 변하지 않는 사실이다.

미국 대입평가시험의 양대 축 - ACT

이번에는 SAT와 더불어 미국 대입평가시험의 양대 축인 ACT^{American College} ^{Test} 시험에 대하여 알아보자. ACT 시험은 2013년부터 이미 응시생의 수가 SAT 응시생 수를 앞지르는 등 최근 5년 동안 ACT 시험 응시자 수는 매년 급 증하고 있다. 물론 이런 표면적인 통계에 숨겨진 응시생들의 상황을 참고할 필요가 있다. 보통 SAT에서 고득점을 받는 학생은 별다른 준비 없이 ACT를 응시하여도 고득점을 받게 될 가능성이 크다. 하지만 반대로 ACT 고득점이 나오는 학생이 SAT를 응시하여 2,200점 이상의 고득점이 나올 가능성은 희 박하다. 그렇기 때문에 단순한 통계만 가지고 어떤 시험이 대학 진학을 위하 여 더 유리하고 고득점이 나올 가능성이 큰지를 판단하는 것은 무리가 있다.

ACT 시험에 대한 관심이 많아진 이유로 2가지를 들 수 있다.

첫 번째 이유는 ACT 시험 과목의 특징에 있다. SAT 시험 준비를 시작하 는 학생이 넘어야 하는 첫 번째 고비는 'SAT Vocabulary'이다. 미국인도 평 소에 사용하지 않는 아카데믹한 단어의 내용과 더불어 약 2,500~3,000개 의 단어학습을 요구하는 SAT의 특징에 따라 많은 유학생들이 단어학습에 대한 부담 때문에 ACT로 선회하는 경우가 있다. 또한 한국 학생들이 어려워 하는 SAT Reading 지문은 상당히 까다롭고 바로 읽어서 이해가 되지 않는 Critical한 내용으로 구성되어 있어, 독해 영역을 어려워하는 유학생들은 좀 더 직관적이고 학교의 교과 내용에 한정된 ACT 영어시험을 더 편히 생각 한다. 그리고 수학과 더불어 과학 과목까지 응시해야 하는 ACT 시험이 이과 과목에 강세를 띠고 있는 한국 학생에게 유리한 측면도 있다.

두 번째 이유는 SAT 시험에 대한 위상의 하락이다. 매년 문제 유출이라는 문제점이 발생하고 있으며, 심지어 특정 국가의 특정 시험이 통째로 취소되 는 몇 번의 사건들로 인하여 SAT 시험에 대한 위상이 최근 3년 동안 계속 하 락세에 있다. 반대로 과거 미국 중부와 중남부권의 특정 대학만 받아들이던 ACT 시험 성적을 이제는 대부분의 대학이 받아들이고 있어 ACT 시험의 존재감이 상승하였다.

2016년부터 SAT 시험은 새로운 유형의 스타일로 변경되었으며, ACT 또한 컴퓨터 세대인 지금의 학생들이 원하면 컴퓨터로 시험에 응시할 수 있도록 '컴퓨터 시험방식'을 도입하여 편의를 제공하고 있다. 성적을 받기까지 4주 이상 걸리던 기존 종이 시험방식과 비교하여 시험을 치른 지 2주 만에 성적을 받을 수 있다는 장점도 있다. 그러나 기존 종이 시험방식의 유형에 추가하여 컴퓨터 시험방식은 가상공간에서 과학실험을 한다거나 특정 개념에 관한 설명을 주관식으로 기술해야 하는 새로운 유형의 시험도 추가되기 때문에 어떠한 시험방식이 자신에게 유리한지를 판단하는 것이 중요하다.

ACT와 SAT를 학습하는 학생들을 상담해보면, 영어보다 수학과 과학에 강세를 띠는 학생의 경우 초반에는 단어암기의 부담이 적고 독해 영역이 조금은 편하게 느껴지는 ACT 시험을 좀 더 편하게 생각하는 경향이 있으나 30점 정도 ^{36점 만점}에 도달하면, ACT 시험이나 SAT 시험이나 준비하는 데 있어 애로사항은 거의 비슷하다고 얘기한다. 그렇기 때문에 SAT가 더 적합할지, ACT가 더 적합할지를 결정하는 데 있어 단순한 느낌만 가지고 판단하는 것은 위험^{risk}이 있으며, 두 가지 방식의 모의시험을 본 다음에 틀린 문제를 분석하여 더 적합한 시험을 판별하는 방법이 가장 좋은 방법이라고 본다.

다음 ACT 시험에 대한 일반적인 정보를 참고하기 바란다.

- ACT 시험은 1년에 6회 실시 : 2월, 4월, 6월, 9월, 10월, 12월^{한국은 2월 시험 없음}

- ACT 시험횟수와 상관없이 대학교로 보낼 점수 선택 가능

- 오답에 대한 감점 없음

- 시험의 세부 과목 구성 : English^{75문 45분}, Reading^{40문 35분}, Math^{60문 60분}, Science^{40문 30분}의 4가지 필수 과목과 선택 과목인 Writing^{30분}으로 구성

ACT – SAT 점수 환산표

ACT	SAT	ACT	SAT
36	2400	23	1590~1620
35	2340~2390	22	1530~1580
34	2260~2330	21	1470~1520
33	2190~2250	20	1410~1460
32	2110~2180	19	1350~1400
31	2040~2100	18	1290~1340
30	1980~2030	17	1210~1280
29	1920~1970	16	1150~1200
28	1860~1910	15	1090~1140
27	1810~1850	14	1030~1080
26	1750~1800	13	970~1020
25	1690~1740	12	910~960
24	1630~1680	11	850~900

주요 명문대 신입생의 평균 ACT 점수

Harvard	31~35점	CalTech	32~35점
MIT	31~34점	Princeton	30~34점
Yale	29~34점	Duke	29~34점
Stanford	29~33점	Georgetown	29~33점
Johns Hopkins	29~33점	North Western	29~33점
Dartmouth	28~34점	Brown	28~33점
Columbia	28~33점	Cornell	28~32점
Penn	29~33점	Chicago	28~33점
UCLA	24~30점	UC Berkeley	23~30점

ACT를 볼까? SAT를 볼까?

ACT를 보는 게 좋을지, SAT를 보는 게 좋을 지가 자주 접하는 질문 중 하나이다. SAT라는 시험이 한국에서 워낙 악명이 높아진 탓인지 ACT 시험에 관한 관심이 커진 것은 확실한 것 같다. 사실 SAT를 보는 게 좋을지? ACT가 더 나을지 정답을 주기는 어렵다. 그동안 학생들을 지도하며 본 결과와 경험을 토대로 하여 조언을 해보도록 하겠다.

결론을 먼저 얘기한다면 미국 대학입시시험을 처음 준비하는 단계에서 두 시험의 모의시험을 본 느낌으로만 어떤 시험이 더 좋을 것 같다고 성급히 판단하는 것은 조심해야 한다는 것이다. 보다 구체적으로 설명하자면 다음과 같다.

- 6개월 내에 시험에 응시해야 하며 SAT 학습기간이 짧고 단어암기에 약한 학생이라면 ACT가 유리하다. 준비기간이 상대적으로 짧은 경우에 ACT는 개인 노력에 따라 중위권 정도의 점수까지는 충분히 올릴 수 있다고 판단한다. 단, ACT 고득점을 목표로 한다면 ACT Reading의 벽을 넘기가 쉽지는 않을 것이다.

- ACT English/ Math/ Science 점수와 ACT Reading 점수의 폭이 4점 이하인 경우 ACT에 집중하는 것이 더 좋다. 4점 이상의 점수 폭을 가지고 있다면 한정된 시간에 문제를 풀어야 하는 스트레스가 심한 ACT Reading을 고득점으로 끌어올리기에는 한계가 있다고 본다.

- 분석력, 깊게 생각하기, 추론하기가 뛰어나다면 SAT가 적합하고, 직관적인 지문의 속독능력이 뛰어나다면 ACT가 적합하다.

- 학교 교과목 화학, 물리, 생물의 기본적인 내용정리가 잘 되어 있어 별도로 시간을 투자하지 않아도 되는 경우 ACT가 유리하다.

- 추론 형식의 문제보다 학교 수학 교과과정 중 Algebra II & Pre Calculus 정리가 잘 되어 있는 경우 ACT Math가 유리하다.

- 분석력을 요구하는 IQ Test 유형에 약한 경우 ACT가 유리하다.

- 학교의 전반적인 교과 내용에 관한 정리가 충실히 되어 경우 ACT가 유리하다.

- 성격적으로 스트레스에 무디고 뚝심이 있으며 전형적인 교과서 중심의 학구파, 요령보다 기본기에 충실하며 단순하고 외부의 영향에 무딘 스타일이라면 ACT가 유리하다.

만약 SAT를 2년 정도 공부를 했음에도 불구하고 11학년이 끝나가는 시점에 갑자기 ACT를 보겠다고 한다면 윤아빠는 가급적이면 말리고 싶다. SAT를 충실히 공부하지 않았으니 ACT로 급하게 시험을 변경해도 특별한 결과를 기대하기는 어려울 것이기 때문이다.

어떤 시험이든지 충실하게 평소에 한 가지씩 욕심부리지 말고 천천히 실행에 옮기는 사람이 좋은 결과를 얻는 것은 변하지 않는 진리이다. 현재 10학년 이하인 학생이라면 충분한 고민을 통해 결정한 시험을 뚝심 있게 밀어붙이는 것이 올바른 시험 준비방법이라고 할 수 있다.

SAT II(SAT Subject Test) 바로 알기

SAT II는 SAT Subject Test라고도 하는데, 미국 중상위권 사립대학에 지원하기 위하여 TOEFL, SAT와 더불어 치러야 하는 시험이다. 이 시험을 치르는 목적은 학교에서 배운 교과목 성적에 관해 객관적인 실력을 점검하기 위한 정도로 이해하면 된다. 수학, 과학, 역사, 제2외국어, 문학 등의 과목이 있으며, 대부분 2과목을 요구한다. 몇몇 최상위권 학교는 3과목을 요구하기도 한다.

• 수학은 Math IIC와 Math IC의 두 시험으로 나누어지며, 미국 학교 수학의 Pre Calculus까지(또는 수학을 잘하는 학생의 경우 Algebra II와 Trigonometry까지 공부하고 응시하기도 한다)를 시험 범위로 포함한다. I과 II는 난이도의 차이이며, C는 시험에 공학용 계산기를 사용할 수 있다는 말이다. 대부분의 한국 학생은 Math IIC에 응시하며, 780점 이상의 고득점이 나오는 시험이기도 하다. 미국 대부분 대학이 문과, 이과 구분 없이 SAT II Math IIC 시험 성적은 기본적으로 제출하기를 원한다.

• 과학은 3과목^{Biology, Chemistry, Physics}이 있으며, Chemistry → Physics → Biology의 순으로 많이 본다. Chemistry를 많이 보는 이유는 미국 교과과정의 10학년 과학이 대부분 'Chemistry'로 구성되어 있고, 많은 학생들이 11학년 초에 SAT II Science를 볼 때 그전 학년에 배웠던 'Chemistry'를 많이 선택하기 때문이다. Biology는 암기할 부분도 많고, 난이도가 꽤 높기 때문에 보통 9학년에 배우는 Regular Biology 내용만 가지고는 보기가 어려우며, 보통 AP Biology까지 공부하고 볼 수 있는 수준의 과목이다. 공통 문제^{생태학, 분자학 기본}와 선택 문제^{생태학 또는 분자학 심화}로 나눠진다. SAT II Biology는 보통 750점 이상을 좋은 성적으로 평가한다.

- 역사는 2과목^{World History, US History} 이 있으며, World History는 고대사부터 근대사까지 공부해야 하며, 기본적으로 근대유럽사에서 가장 많이 출제된다. 그 외 아시아 역사^{중국 포함}와 아프리카 역사까지 시험 범위에 포함되므로 학생들이 중도에 그만두는 경향이 많아 시험도 1년에 2회^{6월, 12월은 미국령 또는 국내 외국인학교, 6월, 11월은 국내 일반학교, 국제학교}만 실시된다. 역사는 World History보다 US History를 보는 학생이 더 많다. 그렇기 때문에 US History는 1월, 5월, 6월, 8월, 10월, 11월, 12월^{6월, 11월은 국내 일반학교, 국제학교}에 응시할 수 있다. 보통 SAT Subject Test를 3과목 보는 상위권 학생들은 SAT II Math IIC, SAT II Science와 더불어 SAT II US History를 많이 본다.

- 제2외국어는 Spanish, French, Chinese, Korean 등 다양한 언어가 있지만, 자기 국적에 해당하는 언어는 가급적이면 보지 않는 것이 좋다. 보통 Spanish를 제일 많이 선택하며, 최근에는 Chinese를 제2외국어로 응시하는 학생들이 늘어나고 있다. 제2외국어는 보통 고등학교에서 3년 정도를 공부하면 볼 수 있는 수준의 시험이라고 시험주관사에서 얘기하고 있으나, 실제 문제의 난이도는 보통 4년 정도를 공부한 학생들이 볼 수 있는 수준의 시험이다. 그렇기 때문에 9학년부터 처음 시작한 언어의 경우 11학년 말 또는 12학년 초에 응시하기에는 어려움이 있을 수 있다. 11학년에 Level 4 정도의 수준이라면 무난하게 응시할 수 있다.

- 문학은 한국 학생이 많이 응시하지는 않는다. 가급적이면 학교에서 AP Literature 수업을 듣고 나서 보는 것이 좋으나, 미국 학교의 커리큘럼 구성이 대부분 AP English Language를 들어야 AP Literature을 듣게 해주기 때문에 현실적으로 AP Literature와 연계해서 시험을 보기는 어렵다. 그리고 이 시험은 따로 준비해서 볼 수 있는 시험이라기보다는 문학에 관심이 많고 좋아하는 학생에게 적합한 자연스러운 준비를 통해서 응시해야 하는 시험이라고 할 수 있다.

SAT Subject Test를 응시해야 하는 적합한 시기는 전적으로 학교의 커리큘럼에 따라 조정해야 한다. 9학년이라면 학교의 커리큘럼 구성에 따라 10학년과 11학년에 어떤 과목을 들을지를 미리 고려해본 뒤에 SAT Subject Test에 관한 계획을 수립하는 것이 올바른 대입진학시험 계획을 세우는 방법이다.

▣ 언제 어떤 과목을 보는 것이 유리할까?

SAT II에 관한 계획을 세울 때 어떤 과목을 보는 것이 적절한지에 관해 조언하겠다. 우선 대부분 미국의 중상위권 사립대학은 최소 2과목의 Subject Test 결과를 요구한다. 일부 조지타운 대학교Georgetown University 같은 곳은 3과목의 Subject Test 점수가 있어야 입학사정이 정상적으로 이루어진다. 최근 펜실베이니아 대학교U Penn에 합격한 중국계 여학생은 Art and Science 분야에 Early로 지원을 했는데, 응시한 Subject Test는 Math IIC 한 과목이었다. 원서 제출 후 학교 입학처에서 추가로 Subject Test 결과를 제출하라는 연락이 오는데 시간이 없어서 응시를 못했다고 답변했으나 결과는 '합격'이었다. 이러한 진행 프로세스를 보면 반드시 요구하는 Subject Test 개수를 충족시켜야지만 입학 프로세스가 정상적으로 진행이 된다고 100% 확신할 수는 없으나 이러한 모험을 시도하는 것은 그리 바람직하지는 않다. 중국계 여학생은 다양한 활동의 기록이라는 장점이 있었다. 펜실베이니아 대학교의 입학사정관들은 이 여학생이 비록 학교에서 요구하는 Subject Test가 2과목을 충족시키지는 않았어도 그 외의 활동 기록들이 좋았으므로 "그래도 뽑자!"라고 결정을 내린 것이라 생각한다.

우선 과목에 관한 기준을 얘기하자면 '내가 지원하고자 하는 대학과 전공'에서 요구하는 과목이 무엇인지를 파악해야 한다. 대부분의 중상위권 대학이 우선 2개의 Subject Test 결과를 요구하므로 최소 2과목을 충족시켜야하며, 지원하고자 하는 분야가 이공계와 과학 분야라면 기본적으로 SAT II

Math IIC & SAT II Science에서 각각 한 과목을 선택할 것을 요구한다. 기본적인 충족요건을 채웠다면 그 외 추가로 응시하는 과목은 역사 ^{World History, US History} 에서 선택을 하든 제2외국어에서 선택을 하든 전적으로 응시하는 학생이 선호하는 과목을 기준으로 따라가면 된다. 우선 현재 치러지고 있는 SAT Subject Test는 다음과 같다.

▌SAT Subject Test

English	Literature
History	US History, World History
Languages	Chinese with Listening, French, French with Listening, German, German with Listening, Italian, Japanese with Listening, Korean with Listening, Latin, Modern Hebrew, Spanish, Spanish with Listening
Mathematics	Mathematics Level 1, Mathematics Level 2
Science	Biology E/M, Chemistry, Physics

일반적으로 문과전공이든 이과전공이든 SAT II Math IIC로 한 과목을 선택하였다면, 추가과목은 지원하는 전공 분야에 적합한 그리고 요구하는 과목 선택을 하는 것이 바람직하다. 문과 전공이면 영문학, 역사, 제2외국어에서 한 과목을 선택하는 것이 바람직하며, 이과 전공이면 과학에서 한 과목을 선택하는 것이 바람직하다. 그러나 일반적으로 유학생에게 상대적으로 어렵게 느껴지는 영문학, 역사, 제2외국어에서 한 과목을 선택하는 것에 부담을 느끼는 학생도 있을 것이다. 이런 경우에는 우선은 내가 지원하고자 하는 대학의 희망 전공이 반드시 문과 과목을 요구하는지를 확인해보고 '영문학, 역사, 제2외국어'에서 선택하지 않아도 지원이 가능하다면 상대적으로 시험 범위가 정해져 있고 시간 투자 대비 일정 점수 확보가 가능한 과학에서 선택하면 될 것이다. 그럼 언제 시험을 봐야 하는지를 과목별로 알아보자.

• SAT II Math IIC

우선 기본적으로 응시해야 하는 SAT II Math IIC ^{Level II라고 하기도 한다}이다. 학교에서 배우는 수학 커리큘럼을 기준으로 하는 것이 정확하며, 일반적으로 IB 커리큘럼으로 진행되는 학교의 학생은 9학년, 10학년^{12학년제 기준} 수학이 끝나는 5월 또는 6월이 적절하며, AP 커리큘럼으로 진행되는 학교의 학생은 Algebra II 과정이 끝나는 시기 정도가 적절하다고 볼 수 있다. 하지만 이 기준은 일반적으로 수학에 재능이 어느 정도 있고 문제 푸는 속도도 빠른 학생들 기준^{50문제를 60분 안에 풀어야 함}이며 만약 수학을 좋아하지 않고 문제 푸는 속도도 매우 느리고 실수가 잦다면 꼭 Algebra II가 끝나는 시기가 아니라 Pre Calcalus까지 공부하고 좀 더 충분한 연습한 다음에 응시하도록 계획을 수정하도록 해야 한다.

• 과학

SAT II Chemistry 과목이 가장 많은 학생들이 응시하는 과목이므로 먼저 설명을 하겠다.

AP 커리큘럼 학교에 재학 중인 학생은 일반적으로 10학년에 Regular Chemistry를 배우게 되는데, 어떤 학생은 10학년이 끝나는 6월에 볼 수 있고, 어떤 학생은 6월에 볼 수 없다. 그 이유는 학교에서 가르치는 Chemistry 과목의 난이도를 기준으로 해야 하기 때문이다. 일반적인 중상위권 미국 사립학교에 재학 중인 학생들의 경우는 10학년 Chemistry 과목의 내용이 충분히 SAT II Chemistry 범위를 다루는 경우가 많으므로 학교에서 Chemistry를 배우고 그 과목이 끝나는 6월에 시험을 봐도 괜찮다고 생각한다. 단, 시험은 시험이므로 약 3월부터는 Barrons, The Princeton Review, Kaplan 등의 수험서로 추가적인 학습을 하며 준비해야 한다. 그럼 학교에서 배우는 Chemistry 과정의 수준이 SAT II Chemistry 시험에 응시하기에 부족한 경우는 어떻게 할까? 우선은 학교의 화학 선생님에게 "지금 배우는 수준으로 학년이 끝나는

6월에 SAT II Chemistry에 응시하는 것이 가능할까요?"라고 질문해보자. 학생이 판단하는 데 어려움이 있을 수 있으므로 학교의 선생님께 계획을 말씀 드리고 조언을 구하면 정확한 답변을 구할 수 있을 것이다. 보통 이런 경우에는 11학년에 AP Chemistry를 선택했다면 11학년 1학기가 끝나는 1월 시험이나 5월에 AP Chemistry를 응시하고 그다음 달인 6월에 SAT II Chemistry를 보는 것이 적절하다고 본다.

SAT II Physics는 다니고 있는 학교의 과학 커리큘럼 구조부터 알아보자. 대부분의 AP 학교는 9학년에 Biology를 과학 필수 과목으로 선택을 하고 있으며, 일부 학교는 9학년 과학 과목을 Physics를 필수 과학 과목으로 운영을 한다. 9학년에 Biology를 배우는 경우 10학년은 Chemistry가 진행되므로, SAT II Physics를 보기에는 여의치 않은 커리큘럼 순서가 될 것이다. 하지만 9학년 과학 과목이 Physics인 경우에는 우선 9학년에 진행되는 물리 과목의 수준을 먼저 알아보아야 한다. 대부분의 학교는 9학년에 진행되는 과목은 'Conceptual Physics'를 가르친다. 'Regular Physics'보다 난이도가 낮으며 SAT II Physics 시험 준비를 하기에는 턱없이 부족하다. 이런 경우에는 10학년 또는 11학년에 AP Physics 1이나 2과목을 추가로 선택해서 공부한 다음 SAT II Physics를 보는 것이 좋은 계획이라고 할 수 있다. IB 학교는 9학년, 10학년 2년 동안 3개의 과학 기초과목인 Biology, Chemistry, Physics를 공부한다. 3개의 과학 과목이 2년 동안 진행되므로 어떤 과목을 선택하든지 SAT II Science를 보기에는 충분치 않다. 그렇기 때문에 IB 학교 학생은 11학년에 선택한 IB Science 과목을 1년 수강하고 1년 과정이 끝나는 6월에 SAT II Science 과목에 응시하는 것이 좋은 계획인 것이다. 어떤 IB Science 과목을 수강할지는 학생의 지원 분야, 흥미가 있는 과학 과목이 무엇이냐를 기준으로 선택하면 된다.

SAT II Biology는 과학 과목 중에서 가장 선택하기가 꺼려지는 과목이다. 왜냐하면 공부해야 하는 범위 Ecology, Molecular 도 만만치 않고, 추가로 심화 선택 과목 <small>Ecology 심화 또는 Molecular 심화 중에서 택일</small> 까지 준비해야 하기 때문에 일반적으로 가장 많은 시간을 투자해야 하는 과목이라 볼 수 있다. AP 학교의 9학년에 배우는 Biology는 SAT II Biology의 약 50% 정도 범위만 다룬다. 그렇기 때문에 11학년에 과학 선택 과목을 택할 때 내가 꼭 SAT II Biology를 봐야 한다면, 11학년에 AP Biology를 선택하고 11학년이 마무리되는 5월에 AP Biology를 응시하고 그다음 달인 6월에 SAT II Biology를 순서적으로 응시하면 된다. IB학교의 경우 다른 과목 분야에서 설명을 했듯이 11학년에 IB Biology <small>가급적이면 HL을 선택할 것</small> 를 1년 듣고 11학년이 끝나는 5월 또는 6월에 SAT II Biology에 응시하는 계획이 적절할 것이다. 단, IB 학교를 다니면서 SAT II Science 시험을 준비하는 경우 IB는 2년을 배워야 하는 과정인데, 그 중간이 1년을 끝내고 시험을 봐야 하므로, 12학년에 배울 부분 중 시험 범위가 포함되는 부분을 미리 파악하여 별도로 공부를 해야만 좋은 성적으로 받을 수 있다. 그렇기 때문에 칼리지 보드에서 제시하는 각 Subject 과목의 시험범위를 이해하고 내가 응시할 과목의 시험 범위 중 학교 과정에서 어느 정도까지 배우고 시험을 보는 것인지를 정확히 파악하는 것도 중요하다.

• 역사

역사는 2과목으로 구성이 된다. World History와 US History이다. 우선 이 과목은 전적으로 AP 학교 학생이 유리하다. 그 이유는 우선은 IB 학교 학생은 학교에서 US History 과정이 없으며, 세계사 또는 인문학과 철학이 병합된 역사과정을 다루기 때문에, 역사적인 사실과 사건 위주의 문제가 출제되는 SAT II World History에 응시하는 것도 별도의 준비가 많이 필요하다고 하겠다. IB 학교를 다니면서 꼭 SAT II History를 봐야 한다면 US History보다 World History가 그래도 좋을 것이다. 우선 시중에 출간되어 있는 수험서를 통하여 범위, 문제 스타일을 파악한 다음에 공부 방향을 정하는 사전 작업이 필요하다. AP 학교 학생은 SAT II World History에 응시하는 적절한 시기는 10학년이 끝나는 6월이다. 보통 9학년은 '고대세계사'를 배우고 10학년은 '근대세계사'를 배우게 되므로, 10학년이 끝나는 6월^{일 년에 6월과 12월 총2회만 시험이 있음. 한국}이 적절한 응시시기가 될 것이다. 그리고 SAT II US History에 응시하는 학생은 일반적으로 11학년에 US History를 배우게 되므로 이 또한 11학년이 끝나는 6월이 적절한 응시시기라 하겠다.

그럼 학교에서 배운 과정으로 6월에 학기가 끝남과 동시에 바로 시험 보는 것이 부담된다면 어떻게 해야 할까? 우선은 대학교 원서마감이 언제 끝나는지를 점검해봐야 한다. 대학교 원서는 우선은 대부분의 대학이 조기전형^{Early Application}이 11월 1일에 끝나므로 11학년이 끝나는 6월까지는 최소한 2과목의 SAT Subject Test를 끝내놓는 것이 필요할 것이다. SAT를 이미 좋은 성적을 받아 끝낸 학생은 12학년 8월과 10월에 추가 SAT Subject Test에 응시하는 것이 가능하겠지만, 아직도 SAT 재시험을 봐야 하는 학생이라면 12학년 8월과 10월은 SAT에 응시하도록 시험계획을 세우는 것이 바람직하다 하겠다.

• 제2외국어

칼리지 보드는 초등 5~6학년 수준의 모국어 능력을 제2외국어 영역에서 요구한다. 그렇기 때문에 학교에서 배우는 제2외국어가 최소 4년차 과정인 Level 4 정도까지 학업이 진행이 되어야 볼 수 있다는 결론에 도달한다. 하지만 일반적인 유학생의 경우 9학년부터 제2외국어를 Level 1부터 시작한다고 하더라도 대학교에 원서를 제출해야 하는 12학년이 되어야 Level 4에 도달하게 되므로, 제2외국어에 경우에는 중학교 때부터 진행됐던 익숙해진 언어를 선택하는 것이 유일하게 볼 수 있는 방법이라고 할 수 있다. 시험에 응시하는 시기는 Level 4가 마무리되는 시기가 적당하다고 할 수 있다.

SAT Subject Test는 각 과목당 1시간^{60분}이 주어지며, 풀어야 하는 문항

수는 과목에 따라 50~95문항이다. 충분한 시간적 여유를 가지고 풀어야 하는 시험이 아니라 거의 정한 시간에 답을 기계적으로 찾아내야 하는 시험인 것이다. 기계적인 답 찾기가 가능해지려면 그만큼의 완벽한 시험 준비와 '연습'이 상당히 중요하다는 결론에 도달하게 된다. 2~3회씩 봐야 하는 시험은 절대 아니며 가능하다면 1회 응시로 원하는 성적을 받을 수 있도록 한 과목 한 과목 최선을 다해야 하는 과목인 것이다.

▣ SAT II 꼭 만점 받을 필요는 없다

미국의 중상위권 대학은 SAT 시험성적 외에도 2과목의 SAT II Subject Test 성적을 요구한다. 한국 학생들이 제일 많이 보는 2과목은 SAT II Math IIC, SAT II Chemistry이다. SAT II 시험성적은 800점 만점에 750점 정도면 충분히 학생의 실력이 검증되었다고 본다. 단, 상대적으로 상위권 점수가 많은 SAT II Math IIC는 가능하면 780점 이상의 점수를 받으면 된다. 중상위권 미국 대학이 별도의 SAT II 시험성적을 요구하는 이유는 미국의 수많은 고등학교와 제3국의 고등학교를 졸업한 학생들의 GPA에 대한 객관적인 평가기준을 살펴보려는 데 있다. 예를 들어 학교의 Chemistry 성적이 A인 학생이 SAT II Chemistry 시험에서 650점을 받았다고 하면, 학교 GPA에 대한 신뢰성이 떨어진다고 본다. 그렇기 때문에 SAT II 시험성적과 비교하여 해당 과목의 GPA 또한 잘 관리하는 것이 맞을 것이다. 다시 정리하면, SAT II 시험성적이 수학 780점, 그 외 다른 과목 750점 정도면 다시 시험을 보지 않아도 된다.

　대신 남은 시간에는 SAT 성적 올리기, 그중에서도 좋은 영어 점수를 받을 수 있도록 신경을 쓰고 , 학교 내신 관리와 현재 진행하고 있는 프로젝트나 활동이 있다면 그런 부분에 시간을 투자하는 것이 현명한 방법이다. 만점을 받는 것도 좋겠지만, 미국 입시는 시험성적만으로 결론이 나오지 않는다. 너무 시험성적에 얽매여 그 외에도 챙겨야 하는 것을 놓치는 일이 없도록 해야 할 것이다.

SAT 공부, 언제 시작하는 것이 좋을까?

네이버에 'SAT'를 검색해보면, 매년 6월부터 8월까지 운영되는 압구정동과 대치동의 수많은 SAT 학원의 여름 특강에 관한 정보와 세미나소식을 접할 수 있다.

윤아빠가 학부모님들과 호흡하는 통로인 그룹채팅방에서도 SAT 공부를 언제부터 시작하면 좋은지에 관한 질문이 올라오곤 한다. SAT는 미국 입시에 필요한 가장 기본시험이고 여전히 중요한 영역의 하나이므로 그 준비계획에 대해 이야기해보겠다.

우선 언제부터 SAT 공부를 시작해야 하느냐를 고민하기에 앞서서 언제 SAT 시험을 응시하는 것이 적절한가를 고민해야 더 현명한 결정을 내릴 수 있을 것이라 생각한다. 미국 대학지원은 12학년 1학기(Early 지원은 보통 11월 1일, Regular 지원은 12월 31일 또는 1월 1일)에 끝난다. 12학년 1학기 대학원서 마감 전에도 SAT 시험을 응시할 수 있는 8월 말과 10월 첫째 주 시험이 있다. 12학년 1학기에 SAT를 응시한다는 것은 11학년에 SAT 시험에서 원하는 성적을 받지 못했다는 이야기일 것이다. 11학년은 IB를 하는 학생들에게는 IB Course가 시작되는 바쁜 시기이며 또, AP Course를 듣고 있는 학생은 적어도 2개 또는 많은 학생은 4개 정도의 AP 수업을 듣고 있을 것이다. 그리고 빠르면 9학년 또는 10학년부터 지속적으로 해왔던 다양한 과외 활동에서 결과물을 내야 하는 학년이기도 하다. 이렇게 바쁜 학년에 학교 내신 관리와 더불어 과외 활동의 유지 그리고 SAT 학습까지를 병행하는 일은 이미 대입계획에서 '한꺼번에' 진행이 되고 있는 상황이라는 뜻이기도 하다.

11학년이 끝난 여름방학은 8월 1일부터 시작될 '대학원서'를 작성해야 하기도 하고, Pre College Summer Program에 참여하거나 인턴십 또는 본인이 가치 있다고 생각하는 봉사활동 등에 마지막 시간을 투자해야 하는 시기이다. 이 시기에 SAT 학습을 학원에 다니면서 한다는 사실은 위에서 거론한 활동 부분을 축소해야만 가능한 스케줄이며, 즉 SAT 점수 올리기 & 대학

원서 작성하기에만 시간을 투자해야 한다는 뜻이다. 다시 말하면, 대입계획을 원활하게 운영하지 못한 학생들에게 나타나는 스케줄이라고 볼 수 있다.

11학년이 이렇게 많은 것들을 수행하고 결과물 또한 만들어내야 하는 시기이기 때문에, SAT 시험은 11학년 1학기인 8월 또는 10월에 원하는 성적을 받을 수 있도록 학습계획을 짜는 것이 너무나 중요하다. SAT 학습법을 이야기할 때 기본적으로 나오는 의견이 리딩 훈련을 많이 하라는 것이다. 물론 저학년부터 꾸준한 리딩 훈련과 독서를 해온 학생에게는 SAT가 어렵지 않고 군이 학원의 힘을 빌리지 않고도 원하는 SAT 성적을 거두는 학생들도 실제로 있다. 하지만 독서가 탄탄하지 않거나 SAT 시험에 응시하는 데 필요한 리딩 실력이 준비되어 있지 않다면 어떤 준비를 해야 할지 현실적인 조언이 필요해진다.

기본적인 영어 언어학습이 되어 있다는 전제 _{군이 표준화된 표준시험을 기준으로 든다면 TOEFL 85~90점}에서 SAT 시험을 11학년 1학기에 응시하고자 한다면 두 번의 여름방학은 투자해야 할 것이다. 많은 경험 있는 분들이 조언하는 것처럼 8주 정도를 투자해서 원하는 SAT 성적이 나오기는 어렵다. 그렇기 때문에 학년이 끝난 여름방학부터 시작해야 한다. 이때 중요한 것은 목표를 정하는 것이다. 약 8주 정도의 시간을 투자하였을 때 윤아빠가 생각하는 목표 점수는 SAT English 650점이다. 그리고 에세이는 19~20점^{24점 만점}이다. TOEFL 수준 85점 이상의 학생을 기준으로 하여 매년 여름 이정도 학습시간을 투자(물론 열심히 해야 한다. 학원만 다닌다고 점수가 오르지는 않는다. 그냥 학원만 다닐 학생은 차라리 집에서 독서를 열심히 하는 것이 좋다)하여, 첫 번째 여름에 영어를 650 정도 만들어놓고 학기 중에 틈나는 대로 SAT 단어학습과 독해 그리고 에세이만 공부하기 바란다. 그리고 10학년이 끝난 여름에 두 번째 SAT 학습에 8주 정도 시간을 투자하면 700점 이상의 영어성적을 만들어낼 수 있다.

미국의 중상위권 대학을 목표로 한다면 SAT 성적은 1,500점을 넘을 수 있도록 준비하여야 한다.

2017년 처음 시행되는 Summer SAT 활용법

2017년 8월 역사상 처음으로 미국령에서 SAT I, SAT Subject Test가 시행된다.

8월 Summer SAT가 중요한 이유는 그동안 여름 동안 열심히 시험 준비를 마친 학생이라 하더라도 8월 말~9월 초의 새로운 학년이 시작되면 학교 공부, 활동 등에 신경 쓰느라 방학 이후 제대로 된 준비 없이 10월 시험을 치르게 되는 경우가 많았기 때문이다. 시험은 실력 못지않게 '감각적인 부분'도 중요하기 때문에 여름 3개월 동안 충분한 준비로 시험에 대한 감각이 최상인 상태에서 응시하는 것이 좋은 결과를 이끌어낼 수 있을 것이다. 하지만 그동안 여름방학 이후 첫 시험이 10월에 있었기 때문에 여름 동안 열심히 공부하여 준비를 마친 학생들은 자신의 실력을 발휘할 기회가 충분하지 않았을 것이다. 실제로 보통 8월 중순의 모의시험 점수와 10월의 실제 시험 점수는 평균 10%의 격차를 보이기도 했다.

그동안 학생들의 이 같은 애로사항과 의견을 줄기차게 칼리지 보드에 어필한 결과 드디어 2017년 8월 26일(토)에 역사상 처음으로 Summer SAT 시험이 시행되었다.

8월 응시 가능 시험

- SAT I
- SAT Subject Test : Literature, US History, World History(기존 미국령인 경우 세계사 시험은 6월과 12월에 2회 있었으나 8월에 1회 추가가 되어 연중 3회 응시가 가능), Math Level I, Math Level II, Biology E/M, Chemistry, Physics, French, Spanish

  * 언어시험은 프랑스어와 스페인어만 시행되며 Listening이 포함되지 않은 Reading & Grammar 만 시험에 출제된다.

대학 지원을 위하여 준비해야 하는 SAT, SAT Subject Test 성적은 9학년부터 응시한 성적만 대입원서에 기록할 수 있다. 그렇기 때문에 미국 대학에 지원하는 모든 학생은 총 3회의 8월 시험 기회를 갖는다. 각 학년별로 3번의 기회를 어떻게 활용할지는 개인의 준비된 상황에 따라 달라질 수 있으나 다음과 같은 학년별 계획으로 3회의 Summer SAT를 활용한다면 좋은 결과를 얻을 수 있을 것이다.

▣ 학년별 Summer SAT 활용법

- 예비 10학년 : 보통 9학년이 끝난 여름방학부터 SAT I 공부를 시작하게 된다. 하지만 한 여름 공부하고 8월에 응시하여 좋은 결과를 얻기는 어려울 것이다. 그럼 결국은 SAT Subject Test로 Summer SAT를 활용하는 것이 적절할 것이다. 우선 9학년에 배운 Biology는 SAT II Biology 시험에 응시하기에 턱없이 부족한 이론 부분만 배웠을 것이다. 별도로 많은 시간을 투자해서 시험을 준비하기 전에는 SAT II Biology 응시가 쉬운 문제는 아닐 것이다. 그럼 역사는 어떨까? 9학년에는 보통 고대세계사 Ancient World History 를 배웠기 때문에 Modern World History까지 시험범위에 포함되는 SAT II World History도 적절한 과목이 아니다. 9학년에 만약 Algebra II를 배웠다면 여름방학에 Pre Calculus 부분과 SAT II Math Level II를 같이 준비한다면 Summer SAT에 응시가 가능하다. 그러므로 예비 10학년에 해당하는 Summer SAT는 SAT II Math IIC를 응시하는 계획이 적절할 것이다.

- 예비 11학년 . 학생 수순에 따라 다를 것이다. 우선 영어의 수준이 높고 7월 말부터 꾸준히 모의시험 성적이 목표로 한 SAT 성적과 비슷하게 나오는 학생은 Summer SAT를 SAT I으로 응시해서 끝내는 것이 바람직할 것이다. 하지만 8월 초가 되어도 목표로 하는 SAT 점수와 150점 이상 차이가 난다면 무리해서 8월 시험에 응시하는 것이 좋은 전략은 아니다. 이러한 경우 12월 시험 1월 시험이 더 적절하지만 2018년부터 1월 시험이 없어짐 을 목표로 꾸준하게 공부하고, 추수감사절 방학 때 10일간 막판 문제풀이에

집중한 후 12월 첫째 주 시험에 응시하기를 권한다. 그리고 Summer SAT에 응시하기 어려운 예비 11학년은 아직 끝내지 않은 SAT Subject Test를 8월에 응시하는 계획이 더 현실적일 것이다. SAT II Subject Test가 다 남아 있는 학생은 시험에 대한 압박감이 다를 것이다.

- 예비 12학년 : 12학년에 올라가는 학생 중 8월에 SAT I을 응시해야 하는 학생은 입시준비가 충분히 되어 있지 않을 가능성이 크다. 여름방학에 는 마지막 SAT I 시험 준비와 더불어 8월 1일부터 시작되는 Common Application 준비에 모든 시간을 투자해야 한다. 대부분 대학의 조기전 형 지원이 마감되는 11월 1일까지는 2번의 응시 기회가 남아 있다. 8월 과 10월. 어떤 학생은 2회의 시험을 모두 SAT I에 투자를 해야 할 것이 고, 지금까지 끝낸 시험이 SAT Subject Test 1과목이라면 한 번은 SAT I으로 사용하고 한 번은 SAT Subject Test로 사용하는 것이 좋다. 이런 경우에는 8월 시험을 더 중요한 SAT I으로 시험계획을 잡는 것이 바람 직하고, 10월 시험을 마지막으로 남은 SAT Subject Test로 투자하는 것 을 권한다.

칼리지 보드 역사상 처음으로 시행되는 Summer SAT[8월]이지만 학생의 학년과 준비된 상황에 따라 정확한 계획을 수립하는 것이 중요하다.

8월 시험의 적절한 활용이 가능하다면 시험에 대한 스트레스에서 벗어나 훨씬 효율적인 시험계획이 가능하다. 2017년 8월 26일에 첫 시행되는 소중 한 기회를 잘 활용하기를 바란다.

저학년부터 스스로 준비하는 SAT Reading 공부법

SAT를 공부하는 학생과 상담해보면 상당수의 학생들이 SAT CR^{Critical} ^{Reading} → SAT Writing → SAT Math 순서로 어려움을 호소한다. 세 영역 중에서 가장 점수가 낮게 나오는 영역도 SAT CR임을 보면 이 영역이 학생들에게 제일 까다로운 영역임이 확실하다.

SAT CR 영역은 크게 SC^{Sentence Completion} 영역과 Reading 영역으로 나뉘는데, SC 영역은 주로 SAT Vocabulary를 꾸준히 학습하고 문장구성과 단어 쓰임새를 학습하다 보면 자연스럽게 점수가 올라가는 영역이다. 그래서 보통 SAT CR 영역이 점수가 올라가는 세부 영역을 보면 제일 먼저 올라가는 것이 Sentence Completion이고 다음은 Short Passage Reading, Long Passage Reading순서로 올라간다. 대학에서도 학생의 SAT 시험성적을 평가할 때 가장 중요하게 고려하는 영역이 바로 SAT Reading이다.

미국의 상위권 대학^{20위권}을 준비한다면 SAT CR 점수는 최소 700점대에 들어가도록 준비하는 것이 중요하다.

Reading 영역은 SAT 학원의 강의를 통해서도 해결할 수 있지만, 저학년부터 스스로 훈련한 학생이 훨씬 고득점을 받을 가능성이 높다. 실제로 어렸을 때부터 다양한 독서가 수반된 학생들이 SAT 시험에서도 고득점을 받는 경우를 많이 본다. SAT 학원을 운영하다 보면 입시학년인 11학년 학생 상담에서 중상위권 학생의 경우 생각보다 SAT CR 점수가 나아지 않는다고 호소한다. 공부 좀 한다는 학생들도 보통 620~650점대에 가장 많이 분포하고 있으며, 600점대 후반을 넘어 700점대에 진입하는 데 힘들어 하는 학생을 많이 만나게 된다.

현재 11학년이라면 시간이 부족하기 때문에 직접적인 SAT 지문을 통해 SAT 시험점수를 올리는 데 집중해야 하겠지만, 아직 시간이 있는 9학년이나 10학년이라면 학기 중에 'Reading book' 만들기 학습법을 통해 실력을 키울 수 있다. 9학년의 경우에 적절한 교재로 "Times", "Newsweek", "Scientific American"이 있고, 10학년 이상인 경우에는 "The Economist" 같은 교재가 적합하다. Reading book 만들기 학습법은 다음과 같이 하면 된다.

- 링 바인더 형식의 연습장을 준비한다.

- 교재 중에서 일주일에 5페이지를 선택하여 찢어낸다. 선택해야 하는 5페이지는 교재 중에서 제일 읽기 싫은 페이지를 선택하는 것이 핵심이다. 이유는 독해 문제를 풀 때 자신이 좋아하는 영역의 지문은 정답을 잘 찾아내는 반면에 싫어하는 지문은 틀릴 확률이 크기 때문에 평소에 자신이 읽기 싫어하고 관심이 없는 영역을 훈련하는 것이 중요하다.

- 연습장을 펼쳤을 때 왼쪽 면에 찢은 1페이지를 부착한다.

- 연습장의 오른쪽 면의 중간에 줄을 그은 다음 윗면에 왼쪽의 지문에서 모르는 단어를 찾아서 정리한다. 뜻과 동의어, 반의어까지 정리한다. 아랫면에 지문을 5줄로 요약 정리한다.

- 1개월에 1페이지씩 독해량을 늘린다.

여름에 학원에 공부하러 오는 8학년, 9학년에게는 방학이 끝날 때쯤 개별 상담을 통해 수준에 맞는 적절한 교재를 선정해주고, 작성하는 방법과 어떻게 관리해야 하는지를 지도해준다. 방학이 끝나는 9월부터 12월 중순까지 스스로 훈련하도록 한 뒤, 겨울방학 때 자신이 직접 작성한 연습장을 다시 가져오게 하여 제대로 하고 있는지를 점검하고 학습량과 교재를 다시 조정해준다. 가능하면 8학년부터 시작하는 것이 가장 좋은데, 9학년까지 2년 동안 꾸준히 독해능력을 키운 뒤, 10학년부터 SAT Reading을 학습하면 빠른 속도로 실력이 느는 것을 느낄 수 있다. SAT Reading 점수를 올리는 데 있어, 공부하지 않고 점수를 올릴 수 있는 방법은 절대 없다. Reading은 절대적으로 공부한 양만큼 점수가 나온다.

11학년에 가서 왜 점수가 아무리 공부해도 안 올라가지 하는 고민을 하는 학생이 생각보다 많다. 11학년이면 SAT 시험 준비 외에도 SAT II 시험도 봐야 하고 학교 GPA도 관리해야 하고, 활동도 더 신경을 써야 하고 5월에 응시하는 AP 시험도 봐야 하고 정말 많이 바쁜 학년이다. 제대로 미국 대입을 준비하고 있는 학생이라면 그때 가서 시간이 너무 부족하다거나, 아무리 공부해도 안 올라간다는 얘기가 나오지 않도록 해야 한다. 저학년이라면 자기 스스로 공부할 수 있는 'Reading Book 만들기' 학습법을 권한다.

New SAT Reading and Writing 공략법

다음 글은 윤아빠의 동료인 Mike Kim 선생님이 작성한 New SAT Reading and Writing 공략법이다.

▣ Reading

SAT 시험의 독해 부분은 총 6개의 지문^{Single Passage 4개와 Double Passage 1개}과 그에 따른 52개의 문제들로 구성되어 있다. 65분이라는 촉박한 시간 내에 만점을 노리는 것이 쉽지 않지만 그렇다고 전혀 불가능한 것도 아니다. 다음과 같이 지문의 유형을 6가지로 분석해보았다.

- ### Narrative Passage

  소설책의 특정한 부분을 지문으로 둔갑시킨 형식이라 보면 이해하기 쉽다. 소설 형식의 지문을 잘 이해하려면 당연히 Plot, Conflict, Resolution과 같은 구성법을 이해하면 되겠지만 SAT는 호락호락 쉬운 소설을 사용하지 않을뿐더러 resolution이 없는 경우도 많기 때문에 지문을 끝까지 정독하고도 이해하지 못하는 경우가 상당히 많다. 이런 어려움을 겪는 학생이라면 Character Analysis 위주로 지문을 읽어주는 것이 좋다. 또한 흥미로운 Narrative 지문을 읽을 때 간혹 내용에 심취해서 필요 이상의 상상력을 발휘하는 경우도 종종 있는데, 그건 오히려 문제 푸는 데 독이 될 수도 있다. 자기 논리적인 사고로 SAT Reading 문제를 푸는 것은 칼리지 보드가 의도한 속임수의 덫에 걸리는 것이다. 정답은 되도록 객관적이어야 하며 필히 Evidence를 찾도록 하자.

- ### Historical Passage

  History Passage에 자신 없는 학생들에게 전하고 싶은 첫 번째 얘기는 "쫄지 마."이다. US History를 중심으로 한 지문은 미국의 짧은 역사와 비례하기 때문에 다양한 내용이 나오지 않는다는 것을 알아야 한다. 몇 가지로 추려본다면 Democracy, Women's Rights, Independence, Slavery and Racial Inequality, International Relations 정도이다. 간혹 지문이 Informative이 아닌 Speech 형식으로 나오는 경우도 있는데 SAT 공부를 하면서 미국 역사를 대표하는 인물들에 대한 얕은 지식만이라도 쌓는다면 지문의 내용은 뻔하다.

• Scientific Passage

말 그대로 과학에 관련된 정보를 제공해주는 Informative 형식의 지문이다. 과학은 상당히 광범위한 과목인 만큼 지문의 주제도 그만큼 다양하다. 이과 성향의 학생들이 Narrative 지문을 싫어하는 만큼, 아니 그 이상으로, 문과 성향의 학생들은 Science Passage를 증오한다. "특별한 문맥 없이 메마른 정보를 머리에 주입시키려는 느낌"이라고 예전에 어떤 학생이 투덜거린 적이 있다. '특별한 문맥 없이'라는 점이 정답이다. 지문이 제공해주는 Fact에만 신경 써도 이미 문제의 반 이상은 눈감고도 맞출 수 있다.

• Social Science

사회학은 주제에 따라 지문의 난이도가 오르내릴 수 있는데, 이 또한 냉철하고 객관적인 방식의 독해능력으로 대처할 수 있다. 또 한 가지 당부하고 싶은 것은 위에도 언급했듯이 개인적으로 관심 있어 하는 주제기 나왔을 때 내용에 너무 빠지지 말자라는 것이다. 흥미로운 주제일수록 칼리지 보드는 문제를 내는 데 있어 더욱더 속임수에 신중을 기울 것이다. 때문에 지문은 완벽히 이해했지만 문제의 반 이상을 틀리는 경우도 있고 너무도 당연한 Answer Choice를 지문에서 확인하지 않고 놓치는 경우도 있다. 방심은 금물이다.

• Double Passage

Double Passage는 바로 앞에서 설명한 3가지 지문 형식[Historical Passage,

Scientific Passage, Social Science 중 한 가지를 두 개의 지문으로 나눠서 문제를 내고 최고의 집중력을 요구하는 SAT Reading Section의 꽃이라고 보면 된다. 지문에 접근하는 방식은 앞서 설명한 것과 같지만 문제는 시간이다. Double Passage는 두 개의 지문을 동시에 읽어야 하며 문제의 상당 부분이 양쪽 지문을 비교 분석하는 것을 요구하기 때문에 시간을 많이 잡아먹는다. 시간을 잘 안배하는 것이 관건이다.

▣ Writing

SAT 시험 중 유일하게 공부의 양만큼 점수가 오르는 영역이라고 생각한다. 그 이유는 Reading과 Math와는 다르게 이과 문과 성향의 학생 모두가 동일한 기준에서 공부를 할 수 있기 때문이다. 물론 New SAT Writing은 기존의 SAT Writing과는 다르게 지문형식으로 문제가 나오지만 그래도 문법은 문법일 뿐이다. 문장의 구조와 동사의 시제, 수식구절, 구두법, 전환어 transitional words 등 문법의 기본기를 배우고 나서 복습만 꾸준히 한다면 소리와 느낌만으로 문제를 푸는 금발에 파란 눈을 가진 친구들보다도 더 높은 점수를 받을 수 있다. 단, New SAT Writing은 문단의 흐름이나 문장의 위치, 용어선택 등 지문의 문맥을 활용해야 하는 문제들도 많이 나오기 때문에 꼭 지문을 처음부터 끝까지 읽으며 문제를 풀어야 한다. 참고로 New SAT Writing은 총 4개의 지문과 44개의 문제를 35분 내에 끝내야 한다.

▣ Essay

New SAT Essay는 기존의 SAT Essay와는 달리 선택해서 볼 수 있는 Optional Test이다. 그러나 미국의 중상위권 대학에 진학하고자 하는 학생의 경우에는 선택이 아닌 의무적인 시험이라고 볼 수 있다. 또한 New SAT Essay는 분석형 에세이 Analytical Essay 이기 때문에 학생이 분석해야 할 지문의 수사법 Rhetoric 을 이해해야만 고득점이 나올 수 있다. 그렇기 위해서는 당연히 수사장치/수사적 기교^{Rhetorical Device}를 습득해야 하고 더 나아가 Speaker, Occasion, Audience, Purpose, Subject, Tone^{일명 SOAPS tone} 형식으로 지문을 읽는 습관을 들이는 것이 좋다. 시험방식은 다른 저자의 의견이 담겨 있는 글을 읽고 그 저자가 어떠한 방법으로 논쟁을 벌이는지 분석을 하는 것이다. Essay 하단의 박스 안에 저자의 Thesis가 이미 주제와 기재되어 있으므로 50분이라는 시간이 주어짐과 동시에 바로 분석을 시작하면 된다. Essay 점수는 총 24점 만점이며, 2명의 채점자가 각각 12점씩을 줄 수 있으며, 그 2명의 합산점수가 최종점수가 된다.

바로 적용 가능한 TOEFL 학습법

여기서는 모든 유학시험의 기본인 TOEFL 학습법에 대하여 설명하겠다. 다음 글은 윤아빠가 운영하는 멘토스테이블에서 15년간 TOEFL 시험의 유형이 바뀌는 ^{PBT → CBT → IBT} 동안 모든 유형의 강의를 담당하신 선생님께서 준비한 것이다. 실제 강의를 하면서 학생들에게 전달하고 싶은 내용을 일목요연하게 정리하였으므로 꼼꼼히 읽고 실제 학습과정에 반영한다면 많은 도움이 될 것이다.

사립 고등학교 진학, 대학 진학, 대학원 진학에도 TOEFL은 영어를 모국어로 사용하지 않는 학생들의 영어평가시험으로 필요하다. 현재 시행되고 있는 시험 시스템인 IBT 점수 100점^{120점 만점}을 갖추고 있다는 것은 이후 어떠한 유형의 영어시험, 영어과정을 진행하는 데 있어 기본기가 만들어져 있다는 것을 증명한다. 가장 이상적인 것은 8학년이나 9학년에 100점의 TOEFL 성적을 가지고 있다면 우리가 할 수 있는 것들이 많아진다는 것을 의미하는 것이다.

TOEFL 시험이 CBT에서 통합형 IBT로 바뀐 이후로 Reading/Listening 영역의 문제 해결 능력이 고득점 획득의 중요한 요소로 떠오르고 있다. Reading의 경우 한 지문당 어휘문제가 3~4개 정도 출제되고 있으며, 모든 문제와 답은 Paraphrase되어 있으므로 동의어, 반의어 등 다양한 연관 어휘 습득이 병행되어야 한다. 결론적으로, Reading에 있어서는 어휘력 향상이 무엇보다도 중요하다. 어휘력 향상과 함께, 시험에 자주 출제되는 토픽^{topic}과 관련된 내용을 집중적으로 학습하는 것도 중요하다. 중요 토픽에 대한 반복적인 학습과 폭넓은 이해를 통해 실전에서 지문을 빠르고 정확하게 이해할 수 있다.

특히 과학이나 환경 등과 같이 익숙하지 않은 토픽의 경우는 관련 어휘를 따로 정리해두고 암기할 필요가 있다. 또한 각 지문의 마지막에 출제되는 summary 문제는 2점, category 문제에는 3~4점이 배점되므로 이 두 유형에 좀 더 많은 시간을 배분하여 문제를 풀어야 고득점을 받을 수 있다. 시간이 모자랄 때는 다소 난이도가 낮은 Vocabulary 문제, Reference 문제를 풀어놓고 다른 문제를 푸는 것이 유리하다.

Independent Essay에서 학생들이 갖추어야 할 가장 중요한 자세는 자신의 주장^{thesis}을 구체적인 근거와 자세한 예시를 들어 서술하는 것이다. 어떤 학생의 경우 예시^{example}를 한두 문장으로 마무리하여 완성되지 않은 느낌을 주곤 한다. 논리적인 흐름을 바탕으로 충분한 근거를 제시하여 내용의 완성도를 높여야 한다.

Integrated Essay는 Lecture-Based Essay이다. 제시된 지문의 내용에 대한 반론을 제기하는 Lecture를 듣고, 자세하게 요약하는 것이 중요하다. 이 과정에서 Reading과 Lecture의 의미관계를 정확히 파악하고, 설명할 수 있어야 한다. 이를 위해 다양한 동사, 접속사, 기본 문장을 암기하여 각 Paragraph에서 적절히 사용해야 한다.

Speaking은 6문제가 나오므로 학생들이 다소 부담스러워 한다. 1~2번^{independent speaking}의 경우, 많은 토픽을 평소에 브레인스토밍하는 것이 중요하다. 3~5번^{conversation 요약}의 경우, Note-Taking 요령도 중요하다. Male/ Female Speaker를 구분하여 Note-Taking해야 요약에 소요되는 시간을 단축할 수 있다.

Speaking은 짧은 시간 안에^{문제당 45초~1분} 마무리해야 하므로 Topic Sentence를 실수하지 않고 시작하는 것이 중요하다. 처음부터 실수하게 되면 시간의 압박감 때문에 중요한 정보를 제대로 전달하지 못하게 된다. 따라서 각 문제에 맞는 Topic Sentence 형식을 암기하는 것이 도움이 된다.

IBT에서는 Note-Taking 요령도 중요하다. 지문에 언급된 단어를 모두 적으려 하지 말고, 가능한 기호를 사용할 필요가 있다. 개인적으로 사용하는 기호를 다음과 같이 정리해둘 필요가 있다.

사용 기호 예시

=	Equal	+	Add	〈	Less than
〉	More than	↑	Increase	↓	Decrease
≠	Different	#	Number	/	Per
←	From, Cause	→	Result	@	At
w/t	With	w/o	Without	w/i	Within
b/t	Between	b/c	Because	ex	Example
gov't	Government	b/d	Building	b/f	Before
∵	Because	∴	Therefore		

학년별, 수준별 학습계획 짜기

▣ 예비 고등학생, 8학년이 여름방학에 해야 할 일

8학년을 끝내고 고등학교 신입생인 9학년이 되는 학생들을 위해 조언하고자 한다.

9학년이 된다는 것은 9학년부터의 자신의 학습 습관 하나하나가 대입 준비에 필요한 하나하나의 흔적으로 남는 것을 의미한다. 무슨 말이냐 하면, 미국 대학 입학사정의 가장 중요한 요소는 고등학교 4년간의 내신 성적^{GPA}이다. 그 첫 단추를 9학년에 시작하는 것이고, 9학년 성적은 전체 내신의 약 15%의 비중을 갖는다. 9학년 성적 자체의 비중은 높지 않지만, 9학년 성적의 기록은 다음 학년인 10학년에 선택하게 되는 과목에 변화를 주는 요인이되고, 또 10학년 성적은 11학년의 과목 구성에 얼마나 난이도가 있는 과목을 선택할 수 있는지를 결정하는 요소가 된다. 9학년 성적을 성실하게 관리한 학생이 다음 학년 성적을 성실하게 관리할 것이고, 내신 관리는 그야말로 이전 학년에 공부했던 흔적과 노력이 그대로 다음 학년에도 연결되는 것이다. 그렇기 때문에 내신의 비중은 적은 9학년 성적이지만 최선을 다해서 성적 관리를 하는 자세가 요구된다.

8학년이 여름방학에 해야 하는 것은 3가지이다.

첫 번째는 '독서'이다. 고등학생부터는 영어 수업 시간에 다루는 작품의 난이도가 높아지고, 숙제로 제출해야 하는 에세이, 리서치 페이퍼 등의 길이와 난이도도 높아진다. 방학 때 충분한 독서를 통하여 책 읽는 재미를 느끼기 바란다. 선행학습을 위해서 책을 읽는 것이 아니라 책 읽는 것 자체를 즐기는 자세가 필요하다. 어떠한 책을 읽을지는 부록의 학년별 권장 필독 도서목록^{234페이지}을 참고하기 바란다. 책을 읽고 난 후에는 스스로 영어 독후감을 작성해보길 권한다. 더불어 작성한 독후감을 영어선생님께 보여드리고 독후감에 대한 평가뿐 아니라 영어 글쓰기에 대한 조언을 듣는 것도 좋다.

권장 필독 도서를 읽고 영어 독후감을 작성한다면 무엇보다 훌륭한 영어 공부 방법이 될 것이다. 이밖에 완벽하게 이해되지 않은 작품은 다시 한번 읽어 확실히 이해하도록 하자.

두 번째는 수학이다. 9학년에 Geometry를 들어가는 학생이 있다면 별도의 선행학습은 권유하고 싶지 않지만, 그 다음 단계인 Algebra II를 배운다면 약 24시간 정도의 선행학습 수업을 권유한다. 미국 고등학교 수학의 딱 중간에 들어가 있으며 가장 중요한 수학의 영역 중 하나가 Algebra II이다. SAT Math의 시험 범위이기도 하고 추후 응시하게 되는 SAT II Math II C 시험도 여기서 배우게 되는 함수 등 가장 중요한 부분을 배우는 과목이다. Algebra II가 흔들리면 Pre Calculus도 흔들리게 된다. 수학은 머리가 기억하는 것이 아니라 손이 기억하는 과목이다. 최대한 많은 문제를 반복적으로 풀어 손이 기억하도록 하는 학습태도가 수학을 잘하는 방법이라고 말하고 싶다.

세 번째는 운동이다. 고등학교에서 통계적으로 보면 좋은 대학을 가는 학생은 운동을 잘하는 학생이 그 비율이 훨씬 높다고 한다. 운동을 잘한다는 것은 체력적으로 건강하다는 얘기고, 스트레스로부터 강한 정신력과 적극적인 성격을 키울 수 있어 고등학교의 전반적인 생활에 끼치게 되는 영향이 크다고 볼 수 있다. 특별한 종목의 운동을 방학 때 하는 것보다 전반적인 체력을 키우는 운동을 꼭 하기를 권유한다.

9학년은 고등학교 시작과 동시에 어떻게 보면 미국 대입 준비의 시작이라고 할 수 있다. 건강한 체력과 더불어 영어, 수학이 튼튼한 학생은 어떤 상황에서도 이겨낼 수 있을 것이다. 이번 여름은 육체적 · 학문적인 기초체력을 잘 다지는 것이 고등학교 신입생들이 해야 하는 일들이다.

■ 사례를 통한 9학년의 학습계획

많은 학생이 10학년부터 보여주는 성적과 활동 등의 기록으로 인하여 최상위권 대학을 갈 학생들과 중상위권 대학을 갈 학생들 그리고 평범한 대학에 진학해야 하는 학생들로 구분이 시작된다. 그렇기 때문에 10학년을 올라가는 학생들은 아직 2년 이상의 충분한 시간이 남아 있는 상황이니 시간이 많다고 안심할 것이 아니라 자신이 명문 대학을 고려하고 있다면, 부족한 부분이 어떤 부분인지를 파악하여 학문적인 성취도를 올리기 위한 노력을 게을리 하지 말아야 한다. 상위권 대학을 목표로 한다면 자신과의 비교의 대상은 교내의 또래의 친구들이 아니라 외부에 경쟁자가 있는 것이다. 항상 목표를 높게 잡고 자신을 채찍질하는 사람만이 추후 12학년 때 합격의 기쁨과 그에 따른 보상을 누릴 수 있을 것이다.

여기서는 두 명의 학생에 대한 실제 상담 사례를 중심으로 9학년의 학습계획을 조언해보고자 한다.

한 학생은 미국의 크리스천 사립학교로 유학을 간 학생으로 유학 전에 TOEFL, SSAT 등의 시험성적을 요구하지 않고 SLEP 성적만으로 유학을 갔기 때문에 TOEFL 성적도 없고 학교의 커리큘럼 또한 전반적으로 평균 정도의 수준을 유지하고 있는 학생이었다. 또 다른 한 학생은 고등학교 보딩스쿨 Boarding School 에 10학년으로 유학을 가는 학생으로 TOEFL 105점, SSAT 97%의 높은 성적을 가지고 있었다. 같은 9학년이지만 그 이전의 유학준비 사항과 유학시기 등을 비교해보면 영어 실력만 놓고 보았을 때 약 2년 정도의 수준차이를 보이고 있는 것이다.

먼저 크리스천 사립학교 10학년으로 진학하는 학생에게는 다음 같이 학습방향을 잡아주었다.

- 10학년에 주로 다루어지는 문학작품에 대한 분석과 사회과학 분야의 지문들을 가지고 여름에 영어공부

- TOEFL 학습 또는 기초 SAT 학습

- 다음 학년에 Pre Calculus를 들어가고 수학머리가 있는 아이라 여름방

학 때 Pre Cal+SAT II Math IIC를 진행하여, 올 가을에 SAT II Math IIC 응시

이 학생에게는 영어 실력 향상이 가장 중요한 문제였으며, 볼 수 있는 SAT II 과목은 가능하면 빨리 응시하도록 해서 고학년에 SAT 학습에 필요한 시간을 확보하도록 하는 것이 필요하였다.

고등학교 보딩스쿨 10학년에 진학하는 학생에게는 다음과 같이 학습방향을 잡아주었다.

- 이번 여름 3개월간 SAT를 집중하여 이번 가을에 SAT 시험을 끝낼 것[목]
  표점수는 1,550점

- 다음 학년에 과학을 AP Physics C와 Chemistry 2과목을 듣도록 조정하였으며, 9학년에 배운 과학이 Conceptual Physics로 다음 학년에 바로 AP Physics C로 들어가면 난이도 차이가 크기 때문에 여름방학 때 물리 전반적인 내용에 관한 복습과 예습을 병행할 것

- 다음 학년에 AP Calculus AB를 들어가는 학생으로 시험 시기를 놓쳐 6월에 SAT II Math IIC를 응시하지 못하므로, 10월에 SAT II Math IIC 시험 준비와 더불어 AP Calculus의 미분과 적분 초기 단계까지의 선행학습을 할 것

이 학생은 전형적인 이과 학생으로 대학에서 공학을 전공하고 최상위권 대학 진학을 목표로 하는 학생이다. 아직 전반적인 시험에 대한 계획이 만들어지지 않아, 전반적인 시험계획을 정리하여 10학년 내에 SAT I과 SAT II 2과목을 다 끝내도록 조언했으며, 지나치게 이과 성향의 과목집중도를 탈피하여 SAT II Chinese를 11학년 11월에 응시하도록 추가 계획을 작성하였다.

이처럼 같은 10학년에 진학하는 학생이지만 학생의 상황과 수준, 가야 할

방향에 따라서 학습계획이 많이 달라진다. 아직 영어 쪽이 부족한 학생이라면 SAT, TOEFL 등의 학습보다는 먼저 집중해야 하는 것이 '영어독서'이다. 많이 읽는 것은 매우 중요하다. 방학 동안 열심히 읽으면 최고 일주일에 한 권은 충분히 읽을 수 있다. 책을 읽고 분석하는 데 필요한 방향성을 지도해 주는 것이 중요하므로, 문학작품 지도에 경험이 많은 분과 약 2권 정도 지도를 받으며 읽으면, 어떻게 읽고 분석해야 하고 어떠한 형식의 에세이를 작성하도록 해야 하는지 감을 잡을 수 있을 것이다.

▣ 고등학교의 꽃, 현 10학년의 수준별 학습계획

10학년은 고등학교의 '꽃'이라고 할 수 있다. 10학년을 마무리하는 시점은 미국 고등학교의 가장 중간에 위치한 학년이며 대학교 원서마감까지 약 1년 6개월의 시간이 있는 시기인 것이다. 이제 11학년을 올라간다는 의미는 아직 대입을 준비할 시간이 있으며 남은 기간을 어떻게 보내느냐에 따라 생각보다 좋은 대학에 지원할 수도 있고, 본인이 희망했던 학교에 진학하면서 장학금도 받을 수 있는 여러 가지 가능성이 남아 있다는 것이다. 그동안 학교 성적 관리가 약간은 부실했던 학생이라면, 11학년 1년 동안 최선을 다해 내신 관리를 한다면 목표로 하는 대학에 조금 더 가까워질 수 있을 것이다. 대학에서 학생을 선발하는 여러 가지 요소 중에 가장 핵심요소는 학생의 고등학교 4년간의 GPA이다. 그중에서도 대입원서 마감 직전 학년인 11학년에 해당하는 내신은 전체 내신의 40~50% 비중을 차지하므로 11학년 내신 관리는 아무리 신경을 써도 부족하다고 할 수 있다. 반대로 10학년까지는 내신 관리를 잘 했으나, 11학년 내신 관리에서 무너진다면 본인이 희망했던 대학에서 '합격편지'를 받을 가능성이 그만큼 적어진다고 할 수 있다. 11학년은 그동안 준비했던 표준시험인 SAT 시험 응시, 각종 활동에서의 중요한 역할 수행, AP 시험 응시, College Summer Program 지원 등을 동시에 해야 하는 매우 바쁜 학년이다. 이렇게 비중 있는 각각의 역할을 수행해야 하는 시기에 다른 학생보다 상대적으로 난이도가 높은 학교 과목을 수강하면서 성적 관리를 잘 했다는 것은 단순히 공부만 잘하는 학생이 아니라 자신에게 주어진 다양한 역할을 하나도 놓치지 않고 전반적으로 잘 관리했다는 것을 대학의 입학사정관에게 알리는 것과 같다. 미국 대학은 학업적인 부분에서 탁월한 재능을 보여주는 '공붓벌레형' 보다는 '공부도 잘하면서 다양한 활동을 수행할 줄 아는 자기 관리가 능숙한 고등학생'을 제일 좋아한다. 그런 학생들이 대학 캠퍼스에 활력을 줄 수 있다고 확신하며 그러한 다양한 분야에서 재능 있고 활동력이 왕성한 각각의 학생들이 캠퍼스를 다채롭게 만들어주는 것을 목표로 한다. 모든 학생들이 동일한 스케줄로 11학년 진학 전의 방학을 보낼 수는 없다. 현재 학생의 준비된 학업, 활동 등을 고려하여 냉정하고 현실적인 계획을 세워야 한다. 여름방학은 가을부터 응시할 SAT I과 SAT Subject Test에 관한 준비도 중요하지만, 남은 1년 동안 내가 어떠한 테마^{Theme}를 가진 학생인지를 보여줘야 하는 계획을 잘 세워야 하는 시기이기도 하기 때문이다. 그럼 윤아빠가 제안하는 학생 수준별^{학업적인 기준에 따른} 여름계획을 알아보자.

▶ 학교 내신 성적 All A 또는 B 하나 정도에 SAT 영어 성적이 650점대

　이런 학생은 보통 SAT II Math IIC와 Chemistry까지 끝내고 여름을 시작하는 학생이다. SAT 영어점수는 약 650점 정도이고, SAT Math 성적도 기본 실력으로 모의시험을 보았을 때 약 750점 정도가 나오고 있을 것이다. 이런 경우는 이번 여름 동안 SAT 시험 준비를 마무리하고, 방학이 끝나가는 시점에 모의시험에서 1,540점 이상의 점수가 나온다면 주저 없이 10월 시험^{미국에서 응시할 경우 8월}에 바로 응시하여 시험을 마무리하는 것이 좋다. SAT 시험은 학습적인 실력도 중요하지만 시험에 대한 감각이 가장 최고조에 달했을 때 좋은 성적이 나오는 시험이다. 방학 동안 집중적인 훈련을 하였으므로 방학이 끝난 후 첫 시험인 10월^{미국에서 응시할 경우는 8월} 한 번의 시험으로 SAT 시험을 마무리하도록 계획을 잡는 것이 필요하다. 그 이유는 다음 해 여름^{11학년을}

^{끝낸}에 참여해야 할 유수 대학의 이름 있는 Summer Program 신청 시기가 12월~2월 초까지이며, 경우에 따라서 SAT 성적제출, 에세이 작성, 인터뷰 등을 겨울까지 수행해야 지원이 가능한 프로그램도 있기 때문이다. 기본적인 표준시험은 가을까지 마무리하도록 한다. 여름방학에 시험 준비와 더불어 해야 하는 것은 구체적인 목표 대학 리스트 작성과 전공에 따라 다음 해 여름방학에 어떤 기관 또는 어떤 대학 Summer Program에 지원할지를 알아보고 어느 정도 결정하는 것이다. 그리고 지원을 위해서 어떠한 준비를 해야 하는지도 미리 파악하여 방학 이후의 바쁜 11학년 시기에 자료를 조사하는 데 너무 많은 시간을 할애하지 않도록 한다. 이번 여름에 꼭 다음연도 여름에 참여해야 할 프로그램을 조사하고 가능한 준비까지 끝내놓도록 하자.

이와 같이 상위권 학생들은 11학년에 보통 AP 과목을 4개 정도 듣는 학생이 많으므로, 자신이 제일 부족하다고 판단되는 과목에 대한 개략적인 내용 파악과 선행도 어느 정도는 준비하는 것이 필요하다. 11학년은 무엇 하나 중간에 삐걱거리지 않도록 완벽한 준비와 더불어 한 달 한 달 최선을 다해서 보내는 자세가 필요하다.

▶ 학교 내신 성적이 B 2개 정도에 SAT 영어성적이 550점대

이런 학생은 보통 SAT II Math IIC는 끝냈을 가능성이 높고, 추가 과목을 이번 가을에 응시할 가능성이 높다. 그리고 11학년 교과목도 보통 AP 2과목 정도로 구성할 것이고 해당하는 과목은 AP Calculus와 AP Chemistry를 선택했을 가능성이 높다. 일반적인 유학생에서 가장 많은 수를 차지하고 있는 학생군으로 우선적으로 중요하게 생각해야 하는 것은 학교 내신에 관한 관리이다. 무리하게 11학년 과목 선정 시 AP 과목을 과다하게 늘리는 계획은 좋지 않고, 보통 2개에서 최고 3개까지 정도를 선택하여 해당 과목에서 최고 점수가 나오도록 관리하는 것이 필요하다. 이런 학생들은 대부분 10월에 SAT II Subject 추가 시험을 응시하므로, SAT I의 첫 시험은 12월에 응시하는 것이 좋다. 12월에 원하는 성적으로 시험이 끝나는 경우는 많지 않고, 여름방학 전 6월 또는 다음 해 가을 10월에 원하는 성적이 나올 가능성이 높다. 이 수준에서는 우선 여름방학에 SAT 영어성적을 650~700점까지로 목표를 잡는다. 그리고 11학년 교과목 내신 관리를 위한 철저한 준비가 필요하다. 조금이라도 부담이 되거나 부족하다고 판단되는 과목은 여름방학 때 별도의 시간을 투자하여 전반적인 개념 잡기를 병행할 것을 권하고 싶다. 중요한 점은 너무 SAT 학습 또는 교과목 학습에 편중되지 않도록 욕심을 버리고 두 분야의 학습적인 면을 골고루 달성할 수 있는 시간 안배이다. 아직 시간이 있으므로 너무 조급하게 생각하기보다는 미국 대학 진학의 기반이 되는 학업적인 측면, 표준화된 시험 준비를 잘 다지는 작업을 하도록 하는 것이 필요하다. 이 학생군은 11학년이 끝난 여름을 특별한 Summer Program에 참여하기보다는 방학기간에 국내에서 할 수 있는 연구 인턴십, 활동과 관련한 포트폴리오 구성, 리서치 페이퍼, 각종 저널에 글 또는 아트 작품 출품하기, 봉사활동 등 국내에 머물면서 SAT 학습, 대학원서 작성 등과 같이 할 수 있는 분야의 활동을 같이 수행하도록 계획을 잡는 것이 좋다. 그리고 이 학생군도 이번 여름에 구체적인 대학 리스트를 작성하여 작성한 목록 중 가장 상위권의 대학을 목표로 잡고 여름을 보내는 것이 바람직하다.

▶ 학교 내신 성적이 B와 C 정도에 SAT 처음 시작

이런 학생에게 현실적으로 추천하고 싶은 대학은 중위권 주립대학군이다. 그리고 가능하면 SAT Subject Test까지 욕심을 내는 것보다, SAT I과 TOEFL로 응시 가능한 대학을 선택하는 것이 바람직하다. 이 학생들 중에서 TOEFL이 85점 정도인 학생은 별도로 TOEFL 공부를 여름에 하는 것은 권하고 싶지 않다. 우선은 당장 11학년 1월부터 SAT 시험을 응시해야 하므로 SAT I에만 집중하는 것이 바람직하다. SAT I 학습과 더불어 신경 써야 하는 것은 11학년 교과목 내신에 관한 준비이다. 무리하게 11학년에 AP 과목을 듣는 것은 바람직하지 않고 Regular 과목에서 최고 성적이 나오도록 노력할 것을 권하고 싶다. 만약 지금 유학을 시작해야 하고 고등학교를 선택해야

하는 학생 중 영어 실력이 많이 부족하고 의지도 부족하다면, AP 과목이 많이 개설되어 있는 고등학교보다는 AP 과목이 5개 미만으로 개설되어 있거나 아예 없는 학교를 선택하는 것이 현실적인 선택이다. 고등학교에 AP 과목이 그만큼 개설되어 있다는 것은 그 학교를 다니는 학생들의 수준이 일정 수준은 된다는 사실이며, 학교를 다니며 AP 과목이 개설되어 있음에도 실력이 부족해서 수강을 못하는 것과 AP 과목이 개설되어 있지 않아 수강을 못하는 것은 대학에서 볼 때는 엄밀히 다르기 때문이다. 현재 영어 실력이 부족한 학생의 첫 유학이라면 차라리 AP 과목이 개설되어 있지 않은 학교에 지원하여 일반 과목에서 내신 관리를 잘 하는 것이 실보다 득이 큰 유학계획이라고 할 수 있다. 만약 TOEFL, SAT를 처음 해보는 학생이라면, 학년으로만 따지면 당연히 SAT 공부를 시작해야 하지만, TOEFL 모의시험 평가가 50점 미만일 경우 아쉽지만 이번 여름에는 TOEFL 하나만 최선을 다해서 끝내는 계획이 더 적합할 것이다. SAT는 기본적인 영어 실력을 토대로 학습해야 하는 쉽지 않은 시험이기 때문이다. 영어 실력이 없이 학원에 앉아 선생님의 수업을 듣고 열심히 공부하더라도, 투자한 시간에 비해 올라가는 점수의 폭은 크지 않을 것이다. 차라리 그 시간에 TOEFL 하나라도 일정 수준으로 점수를 만들어놓는 것이 좋은 방법일 것이다.

▣ 현 11학년의 상황별 학습계획

현 11학년은 아직 1년이라는 시간이 남아 있는 상황이므로 차분하게 앞으로 해야 할 일을 정리해보도록 하자.

▶ SAT I이 끝나고 SAT Subject Test가 1과목 또는 2과목이 남은 학생

Subject Test가 2과목이 남은 학생은 거의 없을 것이다. 대부분 SAT II Math IIC까지는 시험이 끝난 상황이기 때문에 주로 과학 또는 역사에서 나머지 한 과목만 남겨둔 학생이 대부분일 것이다. 가능하면 여름방학에 다시 시험공부를 하고 싶은 학생은 없을 것이므로 6월까지는 마지막 Subject Test를 끝내도록 하자. 왜냐하면 여름방학은 대학원서 작성도 해야 하고 부족한 활동 ^{대학 캠프 참여, 봉사활동 등}에도 시간을 투자해야 하므로 가능하면 6월까지 남은 Subject Test를 마무리를 하고 여름방학은 원서 작성과 활동에 집중하도록 하자. 이 유형에 해당하는 학생이라면 나름 입시준비를 차근차근 잘 해온 학생일 것이다. 남은 11학년 2학기도 내신을 잘 관리하고 Subject Test 중 한 과목을 잘 마무리하면 실질적인 입시준비는 거의 마무리가 된 셈이다. 그동안 열심히 해왔던 사항들을 원서상에서 내가 보여주고자 하는 인재상에 걸맞게 보여주기만 하면 된다. 미국 대학입시의 '꽃'이라고 할 수 있는 '대학원서 작성'에 많은 시간을 투자하여 완성도를 높이자. 대학 리스트도 신중하게 선정해야 하며, 특히 조기전형에 합격할 가능성이 높기 때문에 조기에 지원할 대학을 선정하는 것이 중요하다. 유학생들의 조기 합격이 점점 더 어려워지고 있다고 하지만 그래도 합격할 학생은 합격을 한다. 준비가 되었다고 판단한다면 하향 지원보다 소신 지원을 권유하고 싶다. 이런 경우에는 여름방학 계획 중의 하나로 지원하고자 하는 대학에서 운영하는 Pre College Program에 등록하여 그 대학에 많은 관심을 가지고 있고, 관련된 분야의 여름 프로그램 과목에서도 일정 수준 이상의 학업적인 능력을 갖추고 있다는 것을 보여주는 것이 중요하다. 요즘 미국의 중상위권 대학의 고민은 "뽑고 싶은 학생인데 이 학생을 뽑아놓으면 우리 학교에 올 것인가?"이다. 때문에 이러한 Pre College Program을 통하여 해당 대학에 관한 관심사와 열정을 보여주는 것은 의외의 결과를 가져올 수 있다는 것을 알아야 한다.

▶ SAT Subject 2과목을 끝내고 SAT I이 남아 있는 학생

이런 경우에는 고민을 많이 해야 한다. 3월 시험까지 시험에 응시해서 원하는 성적을 받을 수 있는 준비가 되어 있는 상태라면, 꼭 3월까지는 SAT I를 끝내는 것이 좋을 것이다. 하지만 SAT 영어 부분의 성적이 600점 초반에서 중반이고 희망하는 성적이 700점을 넘겨야 하는 수준이라면 여름방학 전에 시험을 끝내기는 어려울 것이다. 왜냐하면 SAT는 점수 상승폭이 점수대가 올라갈수록 크지 않기 때문이다. 그렇기 때문에 700점대를 목표로 한다면 여름방학에 다시 한번 SAT 학습계획을 잡는 것이 현실적인 계획이다. 더구나 11학년 2학기는 가장 중요한 학교 내신 관리와 더불어 5월에 실시될 AP 시험 준비 그리고 진행되고 있는 활동에의 시간투자 등도 동시에 이루어져야 하는 시기이므로 마음은 급하고 답답하겠지만 원하는 SAT 성적을 받는 시기를 여름 이후의 8월 시험 또는 10월 시험으로 응시시기를 조정하는 것이 필요하다. 미국에서 유학 중인 학생들은 2017년도에 처음 시행되는 8월 말 시험에 응시하는 것이 좋을 것이다. 12학년이 시작되어 학기 중에 10월 시험을 보는 것보다 여름에 학습을 집중하고 시험에 관한 감각이 최고조로 오른 8월 말에 시험에 응시하도록 스케줄을 작성하자. 이런 경우에는 여름방학 때 SAT 성적 올리기와 대학교 원서준비를 동시에 해야 하므로 추가적인 활동계획보다 기존에 해왔던 활동에 집중하고 더 높은 SAT 성적과 완성도 높은 원서 작성에 차분하게 시간을 투자할 것을 권유하고 싶다. 이 유형의 학생들에게도 여전히 조기전형은 중요하다. 하지만 대학 선정은 조금은 보수적으로 잡는 것이 필요하다.

▶ SAT I과 SAT Subject Test를 하나도 끝내지 못했거나 SAT II Math IIC 하나 정도만 끝낸 학생

현재 SAT II Math IIC 한 과목 정도만 끝내놓은 상태라면 이렇게 하자. 우선 6월까지는 Early 지원에 대비하여 무조건 SAT Subject Test는 2과목을 끝내놓아야 한다. 5월에 AP 시험에 응시하는 과목이 있다면 SAT Subject Test도 같은 과목을 선정하여 시험에 투자해야 하는 시간을 최소로 줄이는 전략이 현명하다. 그리고 여름방학에는 SAT I과 원서 작성에 대부분의 시간을 투자하여 SAT 영어 성적이 650점 이상은 받을 수 있도록 하자. 방학 이후 시험응시는 유학생은 8월과 10월, 국내 학생은 8월에 시험이 없으므로 10월 시험 1회만 남았다는 것을 명심하고 한 번 시험에 최고의 결과가 나올 수 있도록 해야 한다. 쓸데없이 활동에 시간을 투자하는 것은 금물이다. 윤아빠가 상담했던 학생 중에 전혀 해놓은 것이 없이 12학년에 올라가는 학생이 있었는데 컨설팅 기관에서 마지막 여름에 논문을 쓸 것을 권유받았다는 이야기를 했다. 윤아빠는 "제발 시간 낭비하지 말고 SAT 성적을 더 올려라. 그게 입시결과에 더 도움이 될 것이다."라고 조언해 주었다. 그동안 관련된 활동도 전혀 없는데 뜬금없는 논문 ^{더구나 남의 도움을 받아서 검증되지 않은 저널에 실리는} 은 전혀 입시에 도움도 되지 않을뿐더러 그 학생의 진정성마저 의심받을 수 있는 최악의 시나리오라고 하겠다. 미국 입시는 결과도 중요하지만 더 중요한 것은 그러한 결과에 도달하기까지의 연관된 활동과 히스토리가 있는지를 보여주는 것이다.

▶ SAT I만 응시할 학생

일반적으로 중위권 대학 지원을 목표로 하는 학생들로 상대적으로 유학연수가 짧아서 영어 수준도 높지 않은 경우가 많다. 이 경우에는 TOEFL 성적 100점과 SAT I 성적 1,400점 이상을 목표로 현실적인 계획을 수립하고 실행에 옮기는 것이 필요하다. 내신 성적도 그리 높지 않고 특별한 활동 기록도 부족하다면 무리해서 SAT Subject Test까지 보는 욕심을 부리기보다는 SAT I 성적만 요구하는 대학 위주로 대학 리스트를 작성하고 최대한 보수적인 학습계획을 세우는 것이 필요하다.

▣ 현 11학년의 SAT 영어점수별 학습계획 조언

▶ SAT 영어점수가 400점대인 경우

이 경우는 ACT 응시에 대한 심각한 고민을 해보는 것이 필요하다. 가끔 영어 400점대의 11학년 학생을 만나게 되는데, 이런 경우에는 방학 동안 최선을 다해도 가을시험에서 500점 중반을 넘기는 것도 어렵다고 본다. 현재 점수가 400점대라는 것은 기본적인 단어에 대한 충분한 학습도 되어 있지 않을뿐더러 Reading 지문에 관한 배경지식도 부족할 것이다. SAT에 출제되는 단어의 수가 보통 2,000~2,500개라는 것을 감안하여 단어는 정말 최선을 다해서 공부를 한다고 하더라도 Reading 파악에 필요한 배경지식은 절대 단기간에 좋아지지 않는다. 좋은 Reading 점수를 받는 데 있어 탄탄한 단어실력과 더불어 수반되어야 하는 것은 배경지식이다. 이런 학생은 과감히 ACT로 변경해야 하고, 아마 TOEFL도 대략 70점대에 머물고 있을 확률이 크다. 방학 동안 ACT와 TOEFL 점수를 확보하는 것이 발등에 떨어진 불을 끄는 방법이다. 이런 경우는 대학 원서를 작성하는 데 있어 전략을 필요로 하는 전문적인 컨설팅 서비스를 받는 것은 진심으로 권하고 싶지 않다. 가능하다면 스스로 대학 원서를 작성하고, 도움이 필요한 부분은 현재의 갖춰진 상황에 적합한 대학 리스트, Essay Brainstorming and Proof Reading 정도만 도움을 받는 것이 비용 대비 최선의 방법이다. 만약 대학교 원서도 누가 기입을 하고 작성을 해주기를 바란다면, 먼저 대학에 꼭 가야 하는가? 또는 비싼 비용을 들여서 대학에 갈 자격이 있는가를 곰곰이 생각해보기 바란다.

▶ SAT 영어 점수가 550점 이상인 경우

이 경우는 SAT로 밀어붙이는 것이 좋다. 550점 이상인 점수의 의미는 단어도 어느 정도 정리가 되어 있고, Short Passage Reading도 감을 잡아가고 있다는 것이다. 단지 Long Passage Reading도 천천히 시간을 들여서 정독하면 이해는 되지만 시간이 부족해서 문제를 다 풀지 못하는 것이다. 이런 경우는 방학 동안 SAT 지도 경험과 요령이 풍부하고 뛰어난 하드 트레이닝으로 꼼짝없이 붙잡고 관리시켜주는 수업 스타일이 도움이 될 것이다. 그리고 이 점수대가 학생의 노력 여하에 따라 점수가 올라갈 폭이 큰 유형이다. 정말 최선을 다한다면 600점대 후반까지도 끌어올릴 수 있다. 현실적인 목표점수는 영어 650점+Math 730~750점, 총점수대는 1,380~1,400이다. 충분히 UC 계열 대학을 포함해서 중상위권 주립대학과 사립대학을 목표로 할 수 있는 점수인 것이다. 이 정도 점수를 10월에 확보할 수 있다면,

Regular Application Dead Line인 12월 말까지 2회^{11월, 12월}의 SAT Subject Test 기회를 얻을 수 있으므로 막판 뒤집기도 가능할 수 있다. 제일 기대가 되는 점수대의 학생들이라고 봐도 된다. 그리고 전문적인 컨설팅 계획에 따라 입시지도를 했을 경우 의외의 결과가 나타날 수 있는 학생들이다. 단순한 원서작업에 대한 도움보다 세밀한 대입 계획이 필요하고 활동에 관한 포장 및 정리, 에세이도 어느 정도 공을 들일 필요가 있다.

▶ SAT 영어점수가 650점 이상 700점 초반인 경우

이 경우는 AP 3개 이상을 가지고 있고 SAT Subject도 2개 이상 끝낸 경우가 많다. 그리고 여름방학에 5~6주 정도의 특별한 Summer Program/연구소 인턴십/리서치 페이퍼 또는 그동안 공을 들여왔던 활동 마무리 등에 같이 시간을 투자해야 하는 학생들이라고 할 수 있다. 이미 SAT 영어점수가 600점대 후반인 학생은 시험의 구조에 대한 이해와 일정 수준 이상의 Reading 실력, 단어실력을 겸비하고 있는 학생들이다. 이런 학생에게 권유하고 싶은 SAT 학습방법은 자기학습시간을 충분히 확보하는 것이다. 그렇기 때문에 학원에서 그룹으로 진행되어 정해진 Syllabus에 따라 풀어본 문제 또 풀어보는 그런 수업형태보다, 자신이 계속 틀리는 문제유형에 관하여 그 부분만 짚어서 수업해줄 수 있는 개인수업 형태가 더 효과적이다. 불안한 마음에 그룹수업에 개인지도까지 너무 과하게 학습 스케줄을 짜는 것은 효율적이지 않다. 자신에게 적합한 개인수업 선생님과 수업을 하면서 오답정리를 해야 한다. 너무나 중요한 것은 오답노트의 작성이다. 많은 학생들이 점수대가 낮은 학생들에게도 오답노트가 중요하다고 착각을 하나 큰 오산이다. 오답노트 작성의 효과가 더 큰 학생은 바로 이 점수대의 학생이다. 오답노트 작성만으로 충분하지 않다. 많은 학생들이 오답노트를 작성해도 같은 유형을 반복해서 틀린다. 한 번 형성된 학습구조는 간단히 변하는 문제가 아니다. 머릿속으로 습득^{Input}이 되었어도 머리와 손으로 하나의 행동^{Action}으로 이루어지기 위해서는 직접 손으로 문제를 쓰고, 풀이를 달고 하는 전통적인 방법이 병행되어야 한다. 그냥 눈으로만 쓱 보고 머릿속으로 암기하는 방법은 시험장에서 전혀 실력발휘를 못한다. 손에 익을 때까지 쓰고 또 쓰고 또 써야 한다. 이 점수대의 학생들은 활동 구성도 좋은 학생들이 대부분이다. 어떤 테마^{Theme}로 자신의 대학 원서를 작성해야 하는지 심사숙고가 필요하다. 그리고 지원 에세이^{Application Essay}도 매우 중요하다. 잘못 작성된 에세이는 그동안 노력해온 학교 내신과 훌륭한 SAT 점수를 깎아내릴 수 있다. 입학사정관들의 5분간의 첫 번째 심사에서 다음 단계로 넘어가기 위해서는 잘 작성된 에세이와 내가 어떤 학생인가? 어떤 인격을 가지고 있는가? 어떤 경험을 겸비한 사람인가를 짧은 시간에 보여줄 테마를 뚜렷하게 작성해야 한다.

예비 대학수학능력평가, PSAT

2016년 3월^{미국령}, 5월^{한국}에서 새롭게 실시된 New SAT 시험에 대비하여, 2015년 가을부터 새로운 형식에 맞춘 예비 대학수학능력평가, PSAT^{Preliminary Scholastic Assessment Test}가 실시되었다. 2015년 10월 14일 전 세계적으로 치러진 새로운 시험형식의 PSAT에 대한 학생들의 평가는 다음과 같다.

- 2014년에 실시된 또는 기존의 SAT 시험에 비해 전반적으로 쉽다.

- 독해 부분의 어려운 단어의 출제빈도가 줄었다.

- 명확한 질문으로 답을 요구한다. 즉, 질문이 명확해졌다.

- Common Core 교과서 시스템을 반영한 시험으로 학교에서 배운 내용과 비슷한 내용으로 문제 구성이 되었다.

- 학교수업에 충실한 학생들에게 포커스가 맞춰졌다.

- 수학은 계산기를 사용할 수 없는 섹션이 나옴에 따라 부담이 늘었다. 따라서 암산능력을 필요로 한다.

그럼 PSAT 성적이 갖는 가치에 관해서 알아보자.

첫째, 실제 SAT 시험은 각 섹션이 800점 만점으로 계산되며, PSAT는 각 섹션이 760점 만점으로 계산된다. PSAT는 SAT보다 난이도가 쉽다는 의견에 따라 보수적으로 PSAT 만점을 760점으로 계산한 것으로 보이며, PSAT에서 나온 성적이 실제 SAT 예상 점수라고 볼 수 있을 것이다. 둘째, 각 대학은 각 학생의 PSAT 성적 데이터를 칼리지 보드에서 구입하여, 자신의 대학입학을 권장하고 싶은 학생들에게 홍보물을 보낸다. 실제로 점수가 최상위권 학생들에게는 개별적인 인터뷰를 권유하는 개별적인 접촉이 PSAT성적을 기준으로 해서 시작된다. 셋째, PSAT 성적은 다음 해 여름방학에 진행될

유수의 Summer Program ^{TASS, TASP, RSI, PROMIS, MITES}의 선발기준으로 작용한다. 좋은 Summer Program은 좋은 PSAT 성적을 갖춘 학생을 원한다. 넷째, NMS ^{National Merit Scholarship}의 선발기준으로 PSAT 성적을 사용한다. 각 주별로 선발기준점수 ^{컷오프}가 정해지는데, 그 점수 안에 들어가는 학생에게는 칼리지 보드에서 National Merit Semifinalist에 들어갔다고 통보가 간다. 별도로 신청할 필요는 없으며 자동으로 신청이 된다. PSAT에 응시한 전체 인원의 약 3%에 해당하는 학생을 우선 선발하여 그중의 약 2%에게는 두 번째 상인 National Merit Commended상이 주어지고, 최상위 1% 학생에게는 National Merit Semifinalist상이 주어진다. 보통 세미파이널리스트 컷오프는 240점 ^{Old SAT} 만점 기준으로 해서 225점이다. 각 섹션 ^{CR, Writing, Math}은 각각 75점이 넘어야 한다. PSAT 시험은 대학지원에 직접적인 영향은 없으나, 10학년 말 또는 11학년에 응시할 SAT 시험 형식을 가늠해보고 자신의 예상점수를 계산해볼 수 있는 가장 근접한 시험형태이다. 보통 11학년은 의무로 보고 10학년부터는 선택으로 보게 하는 것이 추세였으나 요즘은 10학년도 의무로 보게 하는 학교가 늘어나고 있다.

아카데믹 인덱스가 주는 교훈

이번에는 '아카데믹 인덱스^{Academic Index}'에 관한 이야기를 하고자 한다. 미국 대학은 학생들을 선발할 때 입학사정관제 시스템에 의해서 합격생을 가려낸다. 입학사정관제의 선발기준은 '정량평가'와 '정성평가' 영역으로 구분되며, 여기서 얘기하는 '정량평가'는 학생의 학업적인 수준을 '수치화'해서 보여줄 수 있는 학교 내신^{GPA}, SAT I 점수, SAT II Subject 점수이다. 그리고 '정성평가'는 수치화해서 보여주기 어려우나 입학사정관의 평가기준 중의 중요한 요소인 '활동'에 관한 부분이라고 보면 된다. 활동은 일반적으로 교내 클럽활동, 교내 외 수상기록, 인턴십, 리더십, 봉사활동, 추천서, 대학지원 에세이 등을 포함한다.

'아카데믹 인덱스'는 원래 미국의 상위권 대학인 아이비리그 대학에서 사용하는 기준이었으나 최근 들어 지원자 수가 급증하고 있는 주립대학군에서 한정된 입학사정관 인원으로 입학사정을 담당하기에 어렵다고 판단하여 수치화해서 1차적인 판단에 용이한 아카데믹 인덱스를 도입하고 있는 상황이다.

아카데믹 인덱스는 학생의 SAT 점수, SAT II Subject 점수, GPA 또는 학급석차를 기준으로 산출한다. 각각의 평가요소를 합산하여 240점 만점에서 몇 점을 받았는지를 평가하며, 230점 이상인 경우 아카데믹 인덱스 랭크 1~9까지의 기준 중 9점을 받는다. 일반적으로 아카데믹 인덱스 기준으로만 보았을 때 8점 또는 9점 정도의 성적이면 아이비리그를 포함하여 상위권 대학에 합격할 정도의 수준이 된다고 볼 수 있다.

그러나 아카데믹 인덱스는 '정량평가'만을 기준으로 했을 때 학생의 학업 수준이 어느 정도 인지를 파악할 수 있는 정도로 이해해야 하며, 아카데믹 인덱스가 대학 합격의 절대적인 기준은 아니라는 것을 알아야 한다. 아카데믹 인덱스 외에도 대학 지원 에세이의 진정성, 수준 등도 고려하고 인터뷰, 그 외 활동기록 등을 종합평가 하여 이 학생이 대학에 기여할 수 있는 부분이 있는지 등을 파악하여 합격, 불합격 판정을 내리게 된다.

한 가지 재미있는 사실은 수치상으로만 우선 계산되기 때문에 SAT II Subject 2 과목의 점수 숫자는 높을수록 유리하다. 타 국가의 학생들에 비해 Subject 성적이 우수한 한국 학생들에게는 유리한 평가방법이라고 할 수 있다.

▣ 아카데믹 인덱스 계산하기

현재 11학년인 학생들은 과연 내가 대학에 지원할 때 대학에서 계산한 나의 아카데믹 인덱스는 어떻게 계산되는지 궁금할 것이다. 다음 사이트를 방문하여 현재까지의 자신의 성적과 예상 성적을 기록하여 본인의 아카데믹 인덱스를 계산해보길 바란다. 아이비리그와 같은 명문 대학을 목표로 하고 있다가 실제로 계산된 나의 숫자를 만나는 순간 또 다른 깨달음이 있을 것이다.

- 사이트 : http://www.collegeconfidential.com/academic_index_calculator/

▣ 아카데믹 인덱스 실제

아래는 아카데믹 인덱스를 입력하는 화면이다.

아래 화면은 입력 후 산출된 아카데믹 인덱스 결과이다.

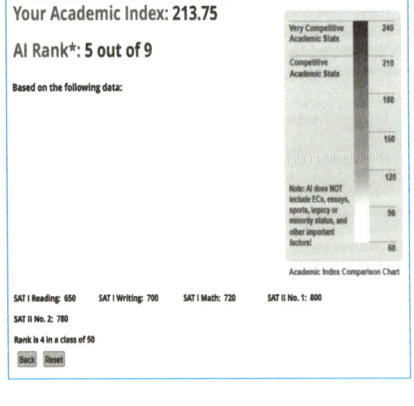

Academic Index Table

AI	AI Rank	Chance at Ivy League
>230	9	Excellent
225–229	8	Very Good
221–224	7	Good
216–220	6	Above Average
211–215	5	Average
203–210	4	Below Average
193–202	3	Low
181–192	2	Very Low
<180	1	Almost impossible

왼쪽은 아카데믹 인덱스 결과 평가표(샘플)이다.

나름 공부 좀 한다는 기준에서 겸손하게 숫자를 임의로 입력해보았는데, 5등급^{평균}을 받았다. 열심히 노력해야겠다는 생각이 들것이다.

아카데믹 인덱스가 합격의 절대적인 기준은 될 수 없으나, 가고자 했던 대학에 불합격의 요소로 작용할 수 있는 가능성은 매우 높다. 사이트에서 계산한 자신의 아카데믹 인덱스를 참고하여 새로운 계획을 수립하는 계기가 되기를 바란다.

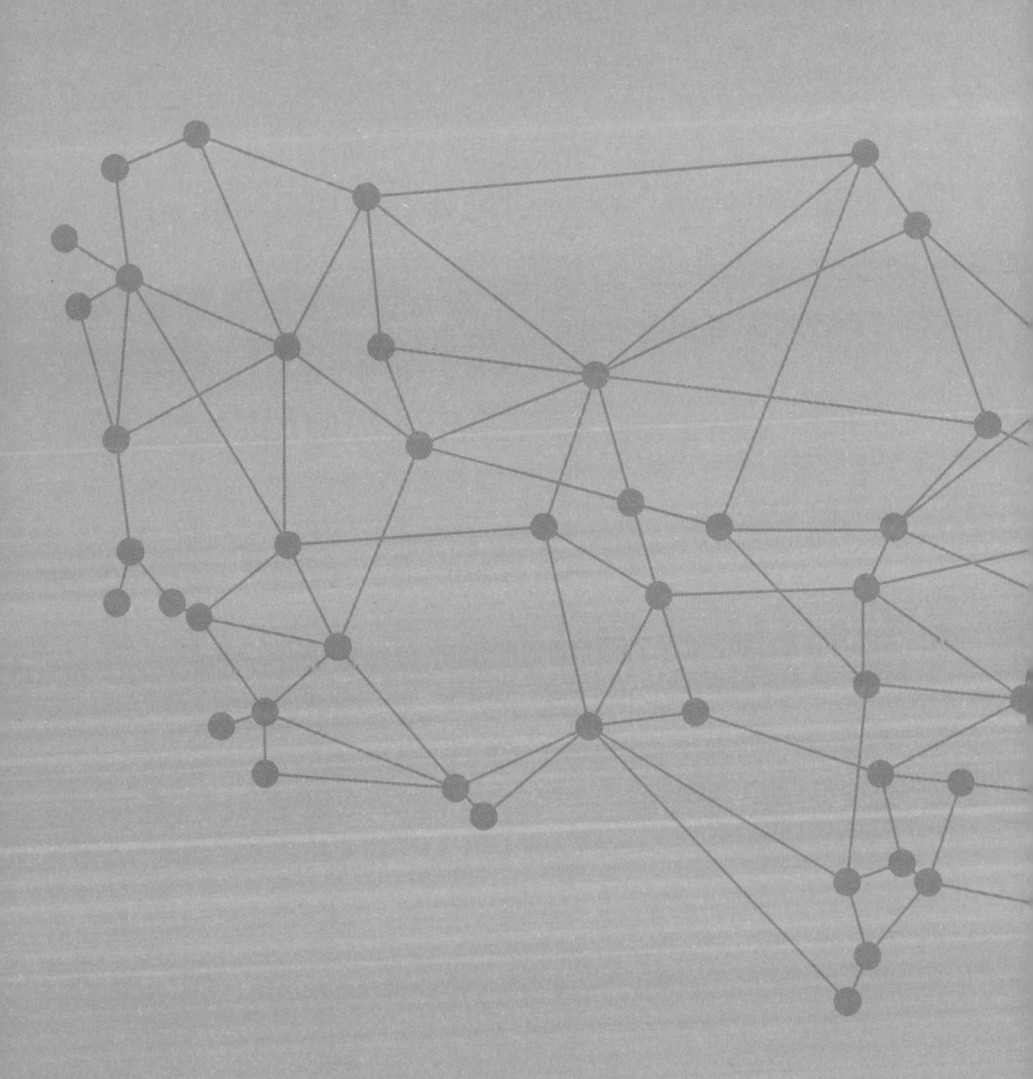

미국 대학 준비 – 활동 편

"요즘 미국 대학 진학의 화두는 '활동'이다. 다양한 스타일의 학생들이 모여 대학문화를 만들기 바라는 대학의 입장에서는 이에 적합한 학생을 선발하기 위해 '활동' 점수가 높은 학생을 찾는다."

이 장에서는 미국 대학 진학에 도움이 되는 다양한 활동과 대회를 사례를 통해 제시함으로써 활동을 준비하는 학생들에게 알짜 정보를 제공한다.

미국 대학 준비
-활동 편

자신에게 맞는 테마를 찾아라

　요즘 미국 대학 진학의 화두는 '활동'이다. 규모가 큰 주립대학이나 중위권 수준의 대학들은 주로 내신 성적^{GPA}과 SAT 성적을 합산하여 산출한 아카데믹 인덱스$^{AI, Academic Index}$를 기준으로 학생을 선발한다. 하지만 상위 20위권 대학들은 기본적인 아카데믹 인덱스로 학생들을 1차 선발한 후, 진학에세이, 선생님 추천서, 활동 기록, 대회 또는 특별한 프로그램에 참여한 경험과 순위, 논문 또는 일반적인 리서치 페이퍼, 스포츠 또는 음악적인 역량, 클럽활동 등의 비정량적인 부분을 고려하여 최종 합격생을 선발한다.

　상위 20위권 대학 진학을 목표로 하는 학생들은 좋은 내신과 높은 SAT 성적을 가지고 있다. 그런데 이것은 합격을 위한 기본요소일 뿐이다. 이러한 기본요소 외에 학생의 색깔과 인성, 리더십, 협동심 등을 통해 다양한 스타일의 학생들이 모여 대학문화를 만들기 바라는 대학의 입장에서는 이에 적합한 학생을 선발하기 위해 '활동' 점수가 높은 학생을 찾게 된다.

윤아빠가 운영하는 학원에서는 이러한 활동의 범주에 속하는 모든 것들을 '테마 Theme'라는 프로젝트로 이름 짓고 학생들을 지도한다. 테마에는 정형화된 틀이나 대학을 잘 들어가기 위한 '정답 테마'도 없다. 가장 중요한 것은 '자신에게 맞는 옷'을 찾아내는 것이다.

학생에게 맞는 옷은 '리더십형 테마'가 될 수도 있고, '연구형 테마'가 될 수도 있고, 학문적인 성취도가 매우 뛰어난 '아카데믹형 테마'가 될 수도 있고 창의적인 글을 기막히게 잘 쓰는 '작가형 테마'가 될 수도 있다. 너무나 다양한 테마를 도출해낼 수 있기 때문에 이 중에서 성격, 취향, 목표, 하고 싶은 일 등을 적절한 커뮤니케이션을 통해 찾아내 맞는 테마를 선정해야만 한다.

유학 업무에 종사한 20년 동안 1년 평균 500명이 넘는 학생과 상담을 하게 된다. 10,000번이 넘는 상담을 하며 느낀 것은 '유학상담'에 정답이 없다는 것이다.

정말 공식도 정답도 없다. 가장 최적화된 솔루션을 찾아주는 것이 윤아빠 같은 일을 하는 사람의 역할이다. 어떠한 유형의 조언과 계획이 한 학생에게 잘 맞을 수 있지만 다른 학생에게는 독이 될 수 있다. 서로의 처한 상황과 수준, 기타 등등이 너무 다르기 때문이다. 그래서 공식적이고 획일화된 조언은 아예 조언을 하지 않는 것보다 못하다. 예전에는 같은 학교의 명문 대학을 들어간 선배가 했던 활동, 시험과목, 교과목 선정 등을 그대로 따라 하는 현상이 두드러졌는데, 특히 미국 학교보다 국내 학교에서 자녀를 교육시키는 학부모가 더 심했다. 그러나 이제는 타인의 경험을 그대로 받아들여 대입을 준비하는 현상이 많이 줄어들고 있어 다행스럽게 생각한다.

과연 어떤 주제를 선택하고 어떤 테마라는 '옷'을 입혀줄 것인가? 이 '옷'에 대한 준비는 최소한 10학년부터는 시작해야 한다. 조언이 필요한 분들은 Student Resume를 작성하여 윤아빠의 이메일로 보내주기 바란다. 윤아빠가 테마에 관한 큰 그림을 그려줄 것이다.

대입에 좋은 활동 vs 영향력이 부족한 활동

미국의 명문 대학은 학생을 평가할 때 학창시절에 교내 외에서 참가했던 다양한 활동을 매우 중요한 심사요소로 고려한다. 미국 대학의 입학위원회는 운영진, 교수, 코치, 학생회 관련 담당자 등으로 구성되며, 각 입학위원회의 담당자별로 뽑고자 하는 학생도 다르다. 운영진의 경우 학교에 기부가 가능하고, 사회적으로 이슈가 될 수 있는 학생을 희망하지만, 교수진은 학업적인 성취도가 뛰어난 학생과 다른 학생이 희망하지 않는 인기 없는 전공을 공부하고자 하는 학생을 선호한다. 반면 코치는 뛰어난 실력의 운동선수를 원하며, 학생회는 다양한 행사, 클럽 등에 열심히 참여하고자 하는 학생을 원한다. 즉, 미국의 명문 대학 입학위원회는 다양한 성격과 문화적인 배경으로 학교를 활기차게 이끌어 나갈 수 있는 학생을 원한다. 이런 부분을 표현할 수 있는 중요 요소로는 활동을 참고한다.

이번엔 대입에 좋은 활동은 무엇이고 반대로 영향력이 부족한 활동은 무엇인가를 살펴보겠다.

▌영향력이 부족한 활동

Community Service, Vacation 봉사(개인 비용으로 방학 때 캄보디아 등을 방문하여 하는 기획 봉사), Volunteer, Rock Band, Internship(대학생도 구하기 힘든 인턴십을 고등학생이 했다는 것은, 보통 부모님 회사나 부모의 추천으로 들어갈 수 있는 회사에서 간단한 일을 했다는 사실을 입학위원회는 이미 알고 있다)

▌나쁘지는 않지만 좋게 평가하지도 않는 활동

Work Experience, Theater, MUN(모의유엔), Music, Journalism, Business

▌입학위원회 담당자에게 어필할 수 있는 좋은 활동

Sports, Writing/Art Clubs, Political Activism(Amnesty, STAND), Research, Math/Science Competitions, Computer Programming

활동에 대한 준비를 시작하는 시기는 9학년이 좋으며, 본격적인 활동에 대한 기록은 10학년과 11학년에 만들어야 입학위원회에 어필할 수 있다. 미국의 상위권 명문 대학 입학을 원한다면, 훌륭한 GPA ^{11학년까지 최소 3개 이상의 AP credits 포함}와 1,540점을 상회하는 SAT I 점수, 2~3개의 770~800점의 SAT II Subject 시험점수 그리고 자신의 개성 혹은 테마^{주제}를 확실하게 입학위원회에 보여줄 수 있는 활동이 필수적이다.

지금 10학년이라면 자신에게 적합한 테마가 무엇인가를 고민하고 바로 시작해야 하며, 9학년이라면 1년 동안 자신이 만들어가야 할 테마에 대한 기초 훈련과 준비를 시작해야 할 때다. 좋은 그리고 멋있는 그리고 눈에 띄는 활동이 바로 자신의 테마이고 자신이 어떤 사람인지를 보여주는 도구이다.

틀에 맞춘 활동 No 나만의 스토리가 있는 활동 Ok

윤아빠 네이버 카페 http://café.naver.com/yoonabba 의 '알렉스 강 미국 대학이야기'에 연재되고 있는 'Inside the College Admissions Office' 동영상은 미국 대학을 준비하는 학생들에게 매우 중요한 대학 관계자의 목소리를 들려주고 있다. 최근 학부모님들과 대화를 하다 보면 학교 내신 성적 관리에 더 신경을 써야 하는 아이가 학교 성적 관리는 등한시한 채 논문을 제출하기 위해 많은 시간을 투자하고 있거나, 검증되지 않은 기관에서 주관하는 대회를 준비하고 있는 소식 등 다양한 이야기를 듣게 된다.

대학의 입학사정관들은 한결같이 "고등학생의 기본은 우선적으로 학교 내신 성적 관리를 잘 하는 것"이라고 얘기한다. 그리고 더불어 미국 대학 진학에 필수적으로 준비해야 하는 표준시험들을 적절한 계획을 세워 차근차근 준비하는 것이다. 물론 미국의 중상위권 대학은 GPA, SAT/ ACT 등의 표준시험 외에 어떠한 열정을 갖고 '자신이 성취감과 가치를 부여하는 활동'을 얼마나 열심히 했느냐를 중요한 항목의 하나로 평가하며 또 그러한 과정을 통하여 대학의 학생상에 걸맞은 인물인지를 구분하는 기준으로 사용한다. 대부분의 대학 입학사정관들은 이상적이고 균형 잡힌 그리고 열린 사고를 가지고 있는 학생을 선발하기 위해서 날카로운 매의 눈으로 입학원서를 꼼꼼히 살펴본다. 우리가 간과하지 말아야 하는 것은 소위 대학관계자들이 얘기하는 '활동'이라는 것에 관한 정의이다. '활동'은 우선적으로 교내에서 이루어지는 '활동'이 기본이 되어야 한다. 개수만 많은 활동보다 2개의 활동을 하더라도 깊이 있고 일정 기간 최소 2년간 정성을 기울인 흔적이 있는 활동 기록을 눈여겨보기 때문이다. 교내의 활동에 전혀 참여하지 않은 학생이 검증되지 않은 외부 활동에만 치중했던 모습에서 과연 진정성 있는 활동가로서의 자질을 찾을 수 있을까? 그렇기 때문에 우선은 교내의 활동에 충실한 것만으로도 충분하다. 그래도 더 욕심이 나고 걱정이 된다면 확실하게 인증된 기관에서 주관하는 활동 인증된 저널, 캠프, 경시 등 에 투자하는 것이 바람직하다.

연구과제의 기록을 반드시 지원하는 대학에 보여주고 싶다면, 실제 학생이 연구했던 기록을 블로그에 날짜별로 기록하여 보여주거나, 예를 들어 'Johns Hopkins Award Program' 정도의 검증된 교육기관의 프로그램에 참여하는 것이 좋다(특히 이 프로그램에 참여하고 있는 대부분의 학생이 자신의 연구 블로그를 운영하고 있다). 또 한 가지 중요한 사실은 블로그는 감춰져 있으면 안 된다. 블로그는 나의 고민과 노력의 흔적들을 사람들에게 표현하고자 만드는 것이다. 가능하다면 관심 있는 친구들이 방문한 흔적이 남겨져 있는 블로그가 살아 있는 블로그이며, 또 그러한 흔적은 대학에서 실제 블로그를 방문했을 때 훨씬 신뢰성이 높다고 평가받을 것이다.

일부 유학컨설팅회사의 설명회에 참석하면 최상위권 명문 대학에 합격한 학생들의 스토리를 부각시켜 보여줄 것이다. 이러한 학교에 가려면 이러이러한 준비를 해야 하며, 마치 틀에 짠듯한 스펙을 만들어야 한다고 주장한다. 정말 그럴까? 정말 틀에 짠듯한 그런 준비로 소위 최상위의 천재 같은 학생들이 진학하는 그런 대학에 갈 수 있다고 생각하는가? 우리는 우리만의 스토리를 만들어야 한다. 수학 천재, 과학 천재가 아니더라도 스토리가 강한 학생은 얼마든지 원하는 대학에 들어갈 수 있다. 최근 특별한 에세이를 작성하여 당당히 최상위 명문 대학들에게 러브콜을 받은 학생의 사례에서 보듯이 대단한 스펙으로 무장하지 않아도 독특한 자신만의 스토리가 살아 있다면 충분히 승산이 있다. 미국의 최상위 대학을 여기서도 본 것 같고 저기서도 본 듯한 틀에 짜인 스펙으로 도전할 것인가? 이미 옆 반 친구도 같은 스펙을 만들고 있지는 않을까?

우선 자신의 GPA 관리가 잘 되고 있는지부터 스스로에게 물어보기 바란다. 기본기를 탄탄하게 하라는 얘기인 것이다. 기본기가 탄탄하다면 어떠한 활동을 하더라도 자신감이 있을 것이고 자신이 검증하여 선택한 활동에 뒤돌아보지 말고 최선을 다해서 많은 시간을 쏟아야 할 것이다. 만약 자신이 대학의 입학사정관이라면 자신을 뽑아줄 것인지, 자신의 모습이 그 사람들에게 어떻게 보일지를 생각해보기 바란다. 이러한 고민에서 자신의 스토리가 만들어질 것이고, 또 그러한 스토리가 진정성 있는 자신의 역사가 될 것이다. 절대 자신의 활동 주제를 '틀'에 찍어서 나오는 상품으로 만들지 말자. 즉 스토리를 정해놓고 자신을 그 틀에 맞추지 말라는 말이다.

"누구나 나만의 스토리가 있다." 자신만의 스토리를 시작하시기 바란다!

윤아빠 한마디!

- 기본기에 충실할 것(내신 관리 잘 하라는 얘기!)
- Who Am I? 자신이 진정으로 좋아하는 활동 2가지 찾고 중단하지 않는 왕성한 활동가가 될 것
- 마지막으로 균형(밸런스)을 잘 맞추어 완성도 높은 대학 원서를 작성할 것

교내에 클럽 새로 만들기

윤아빠는 많은 학생들에게 자신이 관심 있는 분야에 관한 클럽을 만들고 주도적으로 운영해보길 권한다. 사실 클럽 만들기보다 더 중요한 것은 클럽을 만들고 난 후 어떻게 운영하고 활성화해나가야 하는지다. 국제학교에 재학 중인 학생들이 클럽 만들기를 시도하고 있지만, 정작 클럽이 만들어지고 난 후 "무엇을 해야 하나요?"라는 질문을 많이 한다.

다음과 같은 사전조사와 고민 후에 클럽을 만든다면 대학 스펙에 필요한 활동뿐만 아니라 진정성 있는 커뮤니티를 교내에 운영하였다는 성취감 또한 함께 얻을 수 있을 것이다.

▣ 클럽의 목적 이해하기

우선 교내에서 운영되는 클럽의 종류에 관해 이해해야 하는 데 교내에 운영되는 클럽은 보통 목적에 따라 서비스 클럽 ^{봉사활동 클럽}, 아카데믹 클럽 ^{특정 분야의 학문에 관련된 학습 클럽}, 액티비티 클럽, 스포츠 클럽으로 나누어진다. 각 클럽의 종류에 따라 무엇을 보여줄 수 있는지를 알아보자.

• 서비스 클럽

사회적 약자를 위한 봉사정신과 인간미를 보여줄 수 있다. 미국 대학은 봉사활동을 합격의 수요 카테고리 중의 하나로 고려하고 있으므로 봉사활동에 관한 학생의 열정적인 관심을 보여주는 것은 매우 중요하다고 할 수 있다. 서비스 클럽을 운영할 때 중요한 점은 연속성과 정기성이다. 어떠한 행사를 기획하고 운영할 때 한 번만 '반짝'하고 끝내는 것이 아니라 정기적으로 지속적인 활동을 통하여 지역사회의 약자에게 꾸준한 관심을 갖고 활동했다는 사실을 보여줄 필요가 있다.

- 아카데믹 클럽

　아카데믹 클럽의 주제는 가능하면 '내가 자신 있는 분야' 그리고 '대학에서 전공과 관련된 분야'에서 선정하는 것이 좋다. 그리고 특정 학문 분야에 관해 공통의 관심사를 가진 학생들이 모이게 되므로 공동연구 프로젝트나 논문 또는 리서치 페이퍼 등의 결과물이 도출되도록 운영하는 것이 필요하다. 아카데믹 클럽을 학교의 특정 과목을 보완하는 목적보다는 학교의 수업범위를 뛰어넘은 수준으로 유지하는 것이 더 보람 있을 것이다.

- 액티비티 클럽

　매우 다양한 주제를 도출할 수 있는 클럽이다. 예를 들어 인권에 관한 관심사를 가지고 이벤트를 하여 더욱 많은 사람들에게 핍박받는 인권사례를 널리 전파하는 Amnesty와 같은 주제를 택할 수도 있고, 국가 간의 관계를 이해하고 조율하는 MUN 같은 형태를 택할 수도 있으며, 교내 소식지를 창간하여 교내에서 발생하고 있는 일들과 문제점, 그 해결점을 찾아가는 역할을 해나가는 활동을 택할 수도 있다. 또 지역사회의 특정 산업에 관한 문제점을 조명하고 그 해결점을 지역유관단체와 연결하여 찾아가는 형태로도 발전시킬 수 있다. 가장 다양한 주제를 도출할 수 있는 것이 '액티비티' 클럽이며 또 가장 재미있게 할 수 있는 클럽이기도 하다.

- 스포츠 클럽

대부분 교내에서 수업과정의 하나로 운영이 되기 때문에 설명을 생략한다.

▣ 클럽 만들기 절차

　우선 클럽을 만들기 전에 교내에 이와 유사한 클럽이 있는지부터 조사해야 한다. 유사한 클럽이 이미 존재하고 있다면 학교의 허락을 받기가 어려울 것이다. 내가 계획하고자 하는 클럽과 유사한 클럽이 이미 존재한다면 기존 클럽의 리더를 찾아가서 연합클럽과 같은 형태로 발전시킬 수 있는지를 의논하는 것도 한 방법이다.

한편 교내 클럽을 만드는 규정도 살펴본다. 신규 클럽을 언제 신청해야 하는지? 신청하기 위한 조건이 어떻게 되는지? 몇 명의 회원 수를 확보해야 되는지? 등의 세부 사항을 확인하기 바란다.

클럽 개설에 앞서 내가 만들고자 하는 클럽에 관심 있는 친구들을 미리 확보한다. 우선은 가까운 친구 중 마음이 맞는 친구 1~2명과 공동 창설도 적극적으로 고려해볼 필요가 있다.

꼭 나 혼자 하겠다는 생각보다 공동 창설자가 있다면 그만큼 시간을 절약할 수 있고 업무도 나눠서 할 수 있으므로 더 효율적인 클럽 운영이 가능하다. 그리고 공동 창설자와 함께 클럽 회원을 모은다면 훨씬 수월하게 시작할 수 있다.

다음으로는 어드바이저 선생님을 찾는다. 내가 운영하고자 하는 클럽과 관련 있는 과목 또는 전공을 하신 분 중에서 학생들과 커뮤니케이션이 좋고, 열정이 있는 선생님을 찾는 것이 중요하다.

공동 창설자와 함께 학교에 제출할 '클럽창설제안서'를 작성한다. 제안서에는 클럽의 소개, 목적, 어떻게 학생을 모을 것인가? 예산에 관한 계획 등이 들어가야 되며, 제안서가 완성되면 어드바이저 선생님께 보여드려 검토를 받는다. 최종 완성된 제안서를 학교에 제출한다. 제출하는 기간이 정해져 있으니 사전에 확인이 필요하다.

학교의 허락이 떨어지면 홍보를 시작해야 한다. 클럽 데이 등의 행사를 기획하여 홍보를 할 수도 있고, 맨투맨^{Man to Man} 전략을 사용하여 사전에 개별적인 모집을 할 수도 있다. 처음 시작하는 클럽의 멤버 수는 최소 15명 정도가 적절하다.

클럽의 멤버 구성이 완료되면, 클럽이 운영되기 위해서 해야 하는 업무를 담당할 임원을 선출 또는 배정한다. 가능하면 각자가 해야 하는 역할과 책임의 한계 등을 문서로 작성한 '업무분장리스트^{Job Description}'를 만들고 회의하기 바란다. 클럽의 목표를 정할 때 연간 목표, 학기별 목표, 월별 목표를 정하여 클럽 회원들과 공유하여 클럽 활동을 시작하면 된다.

클럽은 작은 회사를 운영하는 것과 똑같다. 그렇기 때문에 미국 대학은 클럽을 창설하고 잘 운영해온 사례를 통하여 학생의 '리더십'을 확인한다.

비단 대학 진학을 위한 스펙의 용도뿐만 아니라 기획력과 운영능력 그리고 리더십은 살아가는 데 있어 매우 중요한 부분이라고 생각한다.

학교에 따라 여름방학이 시작되기 전 또는 새로운 학년이 시작되자마자 신규클럽신청서를 받으니 도전할 학생은 시기를 놓치지 말고 미리 준비하는 것이 좋다.

미국 수학경시대회

이과 전공 특기로 많은 학생들이 관심을 갖고 있는 미국 수학경시대회^{AMC,} ^{American Math Competition}에 대해서 알아보자. AMC는 미국 중·고등학교 학생들을 위한 가장 일반적이고 공신력 높은 수학경시대회이다. 국내의 경우 SIS, KIS 등의 외국인학교 학생들이 많이 응시하고 있고, 미국의 사립학교에 재학 중인 한국 학생들도 많이 응시하고 있다. AMC는 수준별로 AMC 8, 10, 12로 구분이 되며, 고등학생은 10이나 12를 응시하게 된다. 자신의 학년을 포함한 높은 등급의 대회에 응시할 수 있으며, 그 아래 등급은 참여할 수 없다.

각각의 대회는 한 단계를 통과^{pass}할 때마다 다음과 같은 순서로 더 높은 대회가 기다리고 있다.

AMC10/12 → AIME → USAMO → MOSP → IMO

일반적으로 대입 원서에 기록하기 위해서는 AIME 대회까지 진출한 기록이 필요하다. 물론 대학 원서에 AMC 10이나 12 점수를 기록할 수는 있지만, 대학에서 수학 특기의 능력으로 인정받기 위해서는 AIME까지 진출한 기록을 보여주는 것이 중요하다. AIME에 진출하기 위한 조건은 다음과 같다.

- 25questions, total 150, 75 minutes
- AMC10 : top 2.5% or above 120, median : 72, passing score : 108
- AMC12 : top 5% or above 100, median : 66, passing score : 88.5

그럼 왜 AMC 성적이 중요한지를 알아보자. 고등학생의 수학평가를 위한 공식시험인 SAT Math, SAT Math IIC는 한국 학생들이 고득점을 쉽게 받는 시험으로 수학적인 차별화를 보여주기에는 변별력이 약하다. AMC는 이와 같은 시험보다 고급 난이도의 문제를 다루고 있어, 상위 5%만 통과할 수 있어 확실한 수학 특기를 보여줄 수 있다. 수학 성적이 상위권이라면 대입평가에서 매우 유리한 고지를 차지할 수 있는 시험이다. 상위 20위권 대학을 목표로 하는 이과 계열 학생들은 필수적으로 준비하기를 권한다.

AMC 10은 Algebra II까지가 시험 범위고, AMC 12는 Pre Calculus까지가 시험 범위다. 시험은 2월에 있으며 A형과 B형으로 2회 실시된다. 두 개를 다 봐도 되고, 둘 중에 하나만 봐도 된다. 윤아빠는 가급적이면 두 개를 다 보기를 권유한다. 시험 기록에 대한 부담이 없고 경험을 통해 다음 해에 제대로 준비해서 응시하기 위한 훈련으로 좋다고 본다. 시험신청은 개인이 할 수는 없고 학교의 수학 선생님을 통해야만 가능하다.

역사 관련 공신력 있는 대회 – NHD

NHD ^{National History Day} 는 역사 관련 대회 중 가장 공신력 있는 대회이다. 수년 전 한국의 외국인학교에서도 이 대회를 준비하는 과정이 도입되어 SIS, 판교 KIS 같은 외국인 학교에서도 적지 않은 학생들이 NHD 대회를 준비한다.

6학년부터 12학년까지 참여 가능하며, 대회는 6~8학년 그리고 고등학생인 9~12학년으로 구분되어 진행된다. 일반적으로 이과 계통의 대회는 AMC를 비롯해 종류도 다양하고 정보도 많이 알려져 있지만, 문과 관련 재능을 보여줄 수 있는 대회는 정보가 많이 알려져 있지 않다. 그렇기 때문에 NHD는 문과, 그중에서 역사나 국제관계학, 지역학 등의 학문에 관심이 있다면 한번 도전해볼 만한 대회이고, 지역 대회에서 입상까지 할 수 있다면 상위권 대학에 진학하는 데 중요한 활동으로 평가될 수 있다.

NHD는 해마다 주제가 정해지는데, 그 주제에 맞춰 웹사이트를 만들거나, 리서치 페이퍼를 쓰거나, 전시를 기획하거나, 공연으로 보여주는 등의 5가지 형식이 정해져 있으며, 대회는 학교^{School} → 지역^{Regional} → 전국^{National} 순으로 열린다.

10개의 주제가 해마다 변경되어 출제가 되는데, 최근 10년 동안의 주제는 다음과 같았다.

▌최근 10년 동안의 NHD 주제

2016년 Migration & Movement
2015년 Exploration, Encounter, Exchange
2014년 Rights and Responsibilities
2013년 Turning Points
2012년 Revolution, Reaction, Reform
2011년 Debate & Diplomacy
2010년 Innovation
2009년 The Individual
2008년 Conflict & Compromise
2007년 Triumph & Tragedy
2006년 Taking a Stand

5개의 참여하는 형식은 정해져 있으나 세부적인 규정은 특별한 것이 없기 때문에 주제에 따라 마음껏 상상력을 발휘할 수 있다. 일반적으로 한국 학생들은 전시나 공연 등의 형식보다 '리서치 페이퍼' 형식을 선호한다. 단기간에 준비할 수 있는 대회가 아니기 때문에 최소 6개월 정도의 준비기간을 갖는 것이 좋다. 기획단계에서 충분한 시간을 투자하여 가장 관심을 끌 수 있고 어필할 수 있는 기획물을 준비하도록 하자. 경험상 기획단계는 최소 한 달 정도는 고려해야 한다.

NHD는 학교에서 클럽으로 운영될 수도 있고, 학교 교과목의 하나로 운영되기도 한다. 현재 재학하고 있는 학교에서 NHD가 오픈되어 있는지 확인해보자. 없다면 직접 클럽을 만들도록 제안서를 작성해보는 것도 좋을 것이다.

사회과학 분야의 최고 프로그램 – TASP

미국 이민가정의 우수한 학생이나 유학생 중에서 최상위권 학생들이 희망하는 프로그램 중 사회과학 분야 관련 최고의 프로그램으로 TASP^{Telluride Association Summer Program}가 있다. TASP는 11학년을 끝낸 학생에게 참가자격이 주어지며, 이 중에서 11학년 가을에 응시한 PSAT 또는 SAT 최상위권 학생 또는 교장 선생님이 추천한 학생만 지원할 자격이 주어진다.

이 프로그램은 코넬 대학교^{Cornell University}와 미시건 대학교^{University of Michigan}의 캠퍼스에서 진행되며 참가비용은 무료이다. 지원할 자격이 주어지면, 이 프로그램에 지원하는 과정 자체가 아이비리그^{Ivy League}급의 학교에 지원하는 절차와 거의 유사하게 진행이 된다. 신청서/ 추천서/ 에세이/ 인터뷰의 절차를 거쳐 참가자가 결정된다. 매년 1,000여 명의 학생에게 지원 자격이 주어지고 그중에서 약 130여 명을 선발한 뒤 다시 인터뷰 과정을 거쳐서 60~70명을 최종 선발한다. 이 프로그램에 선발된 학생은 Top 5의 최상위권 대학에 무난히 합격하는 수준이다. 특히 하버드 대학교^{Harvard University}에 합격하는 학생들의 스펙을 보면 TASP 출신자들이 적지 않다. 프로그램은 총 6주간 진행되며 저명한 교수님들과 한 팀이 되어 인문사회과학 분야의 깊이 있는 강의와 토론으로 프로그램이 진행된다. 주어진 과제의 단순한 이해와 습득보다는 대학교 3학년 수준의 강의를 듣게 되며, 매일 많은 양의 작문 숙제를 해내야 하는 매우 수준 높은 프로그램이다.

130여 명의 서류전형 합격자의 카테고리에 들어가기 위해서는 '매우 우수한 지원 에세이^{Application Essay}'가 작성되어야 하며, 이때 작성하는 지원 에세이는 실제로 대학입학원서에 사용할 정도의 공들인 수준의 에세이를 작성해야 한다. 매년 3월 중순에 인터뷰 대상자가 발표가 되며, 최종 선발은 5월 초에 발표된다.

TASP는 HYP 대학교^{Harvard, Yale, Princeton}를 지원하는 데 있어 매우 특별한 여름 프로그램으로 명문 대학을 지원하는 요소와 비슷하게 우수한 학교 성적,

높은 SAT I & II 성적, 다양한 활동과 우수한 리더십, 특별한 추천서, 뛰어난 작문 실력을 드러내는 에세이 및 인터뷰 등이 기본요소라고 할 수 있다.

기본적으로 TASP는 11학년을 끝내는 6월까지 대입 진학에 필요한 모든 것이 다 마무리된 학생에게 적합한 프로그램이며, 6주간은 TASP에 참여하고 남은 기간에 대학교 지원 원서를 준비하는 시간으로 활용하는 것이 좋은 전략이다.

TASP와 선발 과정이 유사하고 10학년을 대상으로 하는 프로그램으로 TASS[Telluride Association Sophomore Seminars]라는 프로그램도 있다.

특별한 '여름 프로그램[Summer Program]'이란 바로 이런 것이다. 신청비를 내고 누구나 참석 가능한 프로그램은 실제로 그 대학의 프로그램이 아니라 대학에서 외부 기관에 외주를 주고 대학교수 강사진이 아닌 파견강사진이 프로그램을 진행하는 것들도 많이 있으니 사전에 꼼꼼히 확인 후 신청하는 것이 필요하다.

그리고 MIT의 과학, 기술, 공학 수학 분야 최고의 여름 프로그램인 RSI[Research Science Institute]는 명문대 합격을 보장하는 수준 높은 프로그램으로 한국에서는 매년 1~2명 정도가 합격한다.

RSI에 관한 자세한 정보는 관련 사이트[www.cee.org]를 참고하기 바란다.

고교생 대상 역사 논문 저널 - The Concord Review

콩코드 리뷰^{The Concord Review}는 수학, 화학, 철학, 물리 올림피아드 등과 같은 전 세계 고교생 대상 최고의 경시대회와 동등한 권위를 인정받고 있는 고교생 대상 역사 논문지이다. 전 세계 38개국에서 1년에 4번 발간되고 있다. 현재까지 1천여 편의 전 세계 고등학생의 역사 논문이 실렸다.

역사를 주제로 한 논문이라고 하면, 오직 인문계 전공과 역사 전공을 희망하는 학생만을 위한 것이라고 오해할 수 있으나 지난 20여 년간 콩코드 리뷰에 자신의 글을 올린 고등학생은 어떤 전공을 택하든지 최고 수준의 대학에서 학업을 이행하고 탁월한 리서치 페이퍼를 쓸 수 있는 학문적인 자질이 매우 뛰어난 학생으로 평가받는다. 그래서 콩코드 리뷰는 단순한 시험 점수로 가려낼 수 없는 높은 수준의 학문 탐구능력을 가진 젊은 인재를 발굴해내기 위한 실질적인 자료로 사용되고 있으며, 그 과정 자체의 독창성과 학문적 깊이를 인정하는 전 세계 유일의 고등학생 대상의 역사논문경시대회라고 볼 수 있다.

콩코드 리뷰에 논문 제출을 위한 조건은 다음과 같다.

- 고교 졸업 전에 완성된 논문이어야 함
- 한 명의 학생에 의해 작성되어야 함
- 외부 학술지에 실리지 않았어야 함(교내 학술지는 상관없음)
- 6,000자 미만의 단어로 작성되어야 함
- 어떠한 역사적 주제도 상관없음(전 세계 어떤 나라도 상관없음)

인문사회계열의 전공을 희망하고, 상위권 대학을 목표로 한다면 콩코드 리뷰는 정말 추천하고 싶은 저널이다.

비즈니스 전공 관련 공신력 있는 프로그램 – DECA

마케팅, 금융, 경영, 창업 등의 활동에 관심이 있는 학생을 위한 공신력 있는 프로그램으로 DECA The Distributive Education Clubs of America 프로그램이 있다. 60년의 역사를 지닌 프로그램으로 고등학생과 대학생들 중에서 경영, 금융, 마케팅 분야의 기업가정신을 배우고 리더십을 표현할 수 있는 좋은 활동이라고 할 수 있다. 고등학생의 경우 9학년부터 참여가 가능하다. 대학에서 비즈니스 전공 관련을 희망하는 학생이라면 미리 기업가정신을 배워볼 수 있는 좋은 계기가 될 수 있다.

DECA 프로그램은 학교 → 지역 → 전국 대회 순으로 진행된다. 2017년 지역 대회는 2월 26일부터 28일까지 워싱턴 D.C.에서 열렸다. 대회는 6개의 분야 Business Management+Administration, Entrepreneurship, Marketing, Finance, Hospitality+Tourism, Personal Financial Literacy 로 나뉘며, 각 분야는 적게는 3개에서 많게는 20여 개의 특정 주제로 나뉜 세부대회로 구성된다. 그리고 개인이 출전할 수 있는 대회와 팀 2~3명 으로 출전할 수 있는 대회로 구분이 되므로 DECA 대회를 준비하는 학생이라면 우선 분야를 정하고, 그다음에는 특정 주제를 정한 뒤 개인 대회로 진출할지 팀 대회로 진출할지를 결정하고 준비해야 한다.

대학에서 비즈니스 관련 전공을 희망하는 학생은 DECA에 한번 관심을 가져보기를 권한다.

우선 학교의 클럽에 DECA가 있는지 확인해보자. 만약 없다면 공식 사이트 www.deca.org 에 접속해 조사한 뒤 학교에 클럽개설제안서를 제출해보자. 클럽 설립자가 될 수 있는 좋은 기회 아닌가? 바로 도전하자! 좋은 경험이 될 것이다.

다음은 DECA USA에서 2017년 1월 말에 발표한 자료이다. 대부분 미국에서 진행되는 대회 중 서류로 1차 지원을 받는 경우 2차는 프레젠테이션 presentation 으로 선발이 진행이 된다. 많은 학생들은 이러한 경험이 없기 때문에 서류 작성 과정이나 발표할 때 핵심을 짚지 못하고 덤벙대다 탈락하는 실수를 많이 하곤 한다. 다음을 읽고 어떠한 부분을 주의해야 하는지를 미리 알고 준비하면 도움이 될 것이다.

5 Ways to Improve Your Written Event

January 31, 2017
by DECA Direct Online Social Media Correspondent

Written events can be difficult to master. What does a winning project look like? What kind of before–hand preparation is required?
These are questions that any written event competitor wants to know. In order to help solve some of these problems, here are some tips to help you out:

1. Make Sure Your Paper Is Easy to Follow
No judge is desperate to read a large number of 30–page papers. When your paper is complicated, it makes them less interested in your project, affecting how they view your project overall.

2. Have A Good Executive Summary
The executive summary is probably the most crucial part to the paper. If a judge doesn't have the time or simply doesn't want to read the papers, they are going to focus on your executive summary. Make sure it has all the important information, but is also pleasant to view and easy to read.

3. Look at the Winning Papers to See What They Did Right
The people who won the event last year obviously knew what they were doing. Check out their paper to see what you can do to make sure your project is on the same level. Make sure to not steal their ideas, but use it to compare and see if you need to take your project up a notch or if you're doing just fine. The papers are available to order from the DECA Images website.

4. Every Team Member Must Know Everything About the Project
When it comes to question time, you want to make sure that, if you're on a team with multiple members, every partner answers a question. That means that every partner must be ready to answer a question about anything in the project, from proposed plan to budget.

5. Have an Organized Presentation

The benefit of a written event is that nearly everything can be prepared ahead of time. When it comes to the presentation, make sure that you and your partners are well organized. Know when one person is going to finish talking and when the other person is going to start talking. This will help to leave a good impression with your judge.

청소년 문학예술잡지 – The Claremont Review

이번엔 문과와 예술 재능을 보여줄 수 있는 테마를 구성하는 매우 특별한 잡지를 소개한다. 현재 고등학생을 대상으로 하여, 학생들의 뛰어난 작품을 게재할 수 있는 잡지는 미국 내에서 약 20여 개가 있고 캐나다에서는 가장 독보적인 영향력을 발휘하는 잡지로 클레어몬트 리뷰^{The Claremont Review}가 있다. 캐나다 정부에서 후원하여 운영되는 잡지로 독창적인 글을 쓰거나 뛰어난 예술적인 재능이 있는 학생들의 작품을 게재함으로써 신진작가를 발굴하고 고등학생의 글쓰기를 후원하는 역할을 하고 있다.

클레어몬트 리뷰는 매년 창작글쓰기^{Creative Writing} 영역에 해당하는 시, 산문 등의 수준 있는 작품과 감각 있고 수준 높은 예술작품을 만들어낼 수 있는 고등학생 인재를 찾고 있다. 클레어몬트 리뷰에 작품이 실리면 상위권 대학을 진학하는 데 있어 매우 수준 높은 활동 중의 하나로 인정받을 수 있다.

이곳에 학생의 작품을 보내기 위해서는 Claremont Review Application, 자기소개서, 작품이 준비되어야 하며, 접수 후 약 3개월 동안의 심사를 거쳐 괜찮다고 판단이 되면 부족한 부분에 대한 보완요청을 받게 된다. 일반적으로 작품을 보완하는 데 약 1~2개월의 시간이 주어진다고 보면 된다. 특히 창작글쓰기 영역은 스토리보다 아름답고 감각 있는 단어로 구성된 수준 있는 작품을 만드는 것이 중요하다. 그러니까 일반적인 에세이 형식의 글과는 다른 것이다

클레어몬트 리뷰는 매년 봄, 가을 2회 출간이 되고, 학생의 학년과 국적에 상관없이 전 세계의 고등학생 누구나 지원할 수 있으므로 저학년부터 수준 있는 글쓰기가 가능한 학생은 지속적으로 도전해보는 것이 좋다. 최근 윤아빠가 지도한 학생의 글이 2013년 가을 판과 2014년 봄 판에 두 번이나 연달아 게재되는 영광을 누리기도 하였다. 공식 사이트^{www.theclaremontreview.ca}에 방문하여 게재된 학생들의 작품을 읽어보고 글쓰기에 재능이 있는 학생이라면 바로 한번 도전해보자!

검증된 글쓰기 대회들

계속하여 '글쓰기'에 관한 내용을 이야기하고자 한다. 일반적으로 '글쓰기 능력'은 전공불문하고 미국에서 대학 교육을 고려하고 있다면 매우 중요한 요소임이 분명하다. 2016년 봄에 학생들과 방문했던 MIT 대학 투어^{college tour}에서도 입학담당관은 MIT가 얼마나 인문학 과정을 중요하게 생각하고 있는지 강조하며, 별도로 인문학관을 만들어서 투어에 참가한 학생들에게 소개를 해주었던 기억이 난다.

어떤 전공으로 대학에 지원하든 지원 에세이, SAT 에세이, ACT 에세이, TOEFL 에세이처럼 시험을 통해서도 글쓰기 능력을 검증해야 하며 또 다양한 글쓰기 대회를 통해서도 재능을 보여줄 수 있다.

다음은 최근에 조사한 '글쓰기 대회' 자료들이다. 재미있는 것은 각 분야별로 글쓰기 대회가 있다는 사실이다. 그러니까 내가 지원하고자 하는 전공과 관련하여 글쓰기 재능을 보여주는 도구로 활용 가능하다는 것이다.

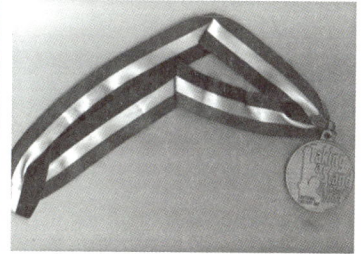

글쓰기 대회 리스트

* Ocean Awareness Student Contest

The theme is "Making Meaning out of Ocean Pollution," and it challenges you to research, explore, interpret, and say something meaningful about the connections between human activities and the health of our oceans. Prizes range from $100–$1,500.

- Grades : Middle school – High school
- Deadline : June

* Rattle Young Poets Anthology

This is an anthology to look back on the past and view your younger work with pride. The author of the poem must have been age 15 or younger when the poem was written, and 18 or younger when submitted.

- Ages : 18 or younger
- Number of submissions : "Thousands" are submitted, 50 are chosen.
- Deadline : June

* Creative Minds Poetry Contest

There is no theme or topic for this competition. Free verse and formal poems are welcome. Poems must not exceed 30 lines and must be titled. Entrants may submit up to three poems. The first–place winner in each category will be published in the September/October 2016 issue of Imagine. Second–and third–place winners will be considered for publication in print or online. All winners will receive copies of the issue in which their work appears.

- Ages : 18 or younger
- Deadline : July

* Princeton University Poetry Contest for High School Students

The Princeton University Poetry Contest recognizes outstanding work by student writers in the 11th grade. Prizes: First Prize – $500, Second Prize – $250, Third Prize – $100.

- Grades : 11
- Deadline : Fall

* The Bennington Young Writers Awards

Students in the 10th, 11th, and 12th grades enter in one of the following categories: poetry (a group of three poems), fiction (a short story or one–act play), or nonfiction (a personal or academic essay). First–place winners in each category are awarded a prize of $500; second–place winners receive $250.

- Grades : 10–12
- Deadline : Fall

* Canvas Literary Journal

Teen literary magazine published quarterly.
Seeking writers ages 13–18 to submit fiction, novel excerpts, poetry, plays, nonfiction, new media, and cross–genre.

- Ages : 13–18
- Deadline : Fall

* The New Voices One–Act Competition for Young Playwrights

Submit your best one–act play (one per playwright!) to the New Voices competition and you can potentially win cash, software from fabulous sponsors Final Draft and Great Dialogue, and even publication!

- Ages : 19 or younger
- Submission period : Fall

* Princeton University 10 Minute Play Contest

Eligibility for this annual playwriting contest is limited to students in the eleventh grade. Prizes: First Prize – $500, Second Prize – $250, Third Prize – $100. The jury consists of members of the Princeton University Program in Theater faculty.

- Grades : 11
- Deadline : Fall

* Jet Fuel Review

Through Lewis University, Jet Fuel Review is run entirely by students under the supervision of faculty advisers Dr. Simone Muench and Dr. Jackie White. Jet Fuel Review is looking for quality in writing, whether it be in poetry, prose, non–fiction, or artwork.

- Submission periods : August to October; January to March

* Scholastic Art & Writing Awards

Since 1923, the Scholastic Art & Writing Awards have recognized the vision, ingenuity, and talent of our nation's youth. Through the Awards, students receive opportunities for recognition, exhibition, publication, and scholarships.

Students across America submitted nearly 320,000 original works during our 2016 program year across 29 different categories of art and writing.

- Grades : 7–12
- Submissions period : September to December

* One Teen Story

One Teen Story is an award–winning literary magazine for readers and writers of young adult literature. Subscribers receive one curated and edited work of short fiction each month in the mail or on their digital devices.

- Ages : 13–19
- Submission period : September to May

* The Claremont Review

The editors of the Claremont Review publish the best poetry, short stories, short plays, visual art, and photography by young adults. We publish work in many styles that range from traditional to modern.

We prefer pieces that explore real characters and reveal authentic emotion.

- Ages : 13–19
- Submission period : September to April

* Nancy Thorp Poetry Contest

Sponsored by Hollins University, the Nancy Thorp Poetry Contest is in its fifty–second year. The contest awards prizes for the best poems submitted by young women who are sophomores or juniors in high school or preparatory school. Prizes up to $5,000 are awarded to winners. Winners are chosen by students and faculty members in the creative writing program at Hollins.

- Grades : 11–12
- Deadline : October

* VSA Playwright Discovery Competition

Each year, young writers with and without disabilities, in U.S. grades 6–12 (or equivalents) or ages 11–18 for non–U.S. students, are asked to explore the disability experience through the art of script writing for stage or screen.

Writers may craft scripts from their own experiences and observations, create fictional characters and settings, or choose to write metaphorically or abstractly about the disability experience. Winners in these divisions will receive $500 for arts programs at their schools.

- Grades : 6–12 OR Ages : 11–18
- Deadline : October

* YoungArts

The National YoungArts Foundation identifies and nurtures the most accomplished young artists in the visual, literary, design and performing arts and assists them at critical junctures in their educational and professional development.

Additionally, YoungArts Winners are eligible for nomination as a U.S. Presidential Scholar in the Arts, one of the nation's highest honors for high school students who exemplify academic and artistic excellence.

- Ages : 15–18 OR Grades : 10–12
- Deadline : October

* The Critical Junior Poet's Award Contest

The Critical Pass Review is now accepting submissions online for its Critical Junior Poet's Award Contest, an editor's choice award for exceptional promise in the art of poetry. Applicants between the ages of 13 and 18 can enter for free. The winner will receive a $100 cash prize, a $20 iTunes card, a CD of master poets reading their poetry, publication of his/her winning work in The Critical Pass Review's Summer 2016 issue, and more.

- Ages : 13–18
- Submissions period : November to March

* The Patricia Grodd Poetry Prize for Young Writers

The Patricia Grodd Poetry Prize for Young Writers recognizes outstanding young poets and is open to high school sophomores and juniors throughout the world. The contest winner receives a full scholarship to the Kenyon

Review Young Writers workshop.
- Grades : 10–11
- Deadline : November

 * Santa Fe University of Arts & Design High School Creative Writing Competition
The Glazner Creative Writing Contest is an opportunity for high school juniors and seniors to compete for a chance at publication in Santa Fe University of Art and Design's online journal, Jackalope Magazine. To enter, students must submit up to 10 pages of work in any genre to our contest email address (contest@santafeuniversity.edu).
- Grades : 11–12
- Deadline : November to December

 * Young Authors Writing Competition(Columbia College Chicago)
The Young Authors Writing Competition is a national competition for high school writers of fiction, creative nonfiction and poetry. It began as a local contest in 1995, and since then has expanded into a national competition that has received tens of thousands of submissions from students across the country. 1st Place : $300, 2nd Place : $150, and 3rd Place : $50.
- Grades : 9–12
- Submission period : November to January

 * Odyssey Con
The OddContest is an annual competition for speculative (science fiction, fantasy, or horror) stories or prose poems no longer than 500 words. Prizes : $50 to first place; Odyssey Con membership and free books to top 3.
- Ages : 10 or younger
- Deadline : January

 * Young Playwrights INC.
Selected writers will be invited to New York, expenses paid, for our Young Playwrights Conference to work with some of this country's most exciting professional theater artists, and to hear their plays read in our Off–Broadway Readings Series.
- Ages : 18 or younger
- Deadline : January

* University of Iowa – Hemingway Festival High School Writing Contest

Accepting Fiction, Creative Non-Fiction, Poetry, and Essays.

Winners and Finalists will be recognized at the 7th Annual University of Idaho Hemingway Festival, and cash prizes will be awarded in each category. Winners will also be considered for publication in an online University of Idaho publication. There will be one winner and one Finalist in each category with one Overall Grand Prize Winner. Cash prizes up to $500.

- Grades : 11–12
- Deadline : January

* Interlochen Review

Interlochen Arts Academy is a high school boarding school and summer camp. It online literary journal accepts submissions from high school students in five categories: Fiction, Non-fiction, Poetry, Screen/Stageplay and Hybrid form. Up to 6 pieces total.

- Grades : 9–12
- Submissions Period : February to March

* Aerie International Journal

Aerie International was born of a desire to offer outstanding young writers and artists an opportunity to share, edit, and publish their work internationally. What makes this journal unique is that it is designed, edited and published entirely by high school students. Students whose work is selected received $100 in addition to a copy of the magazine.

- Grades : 9–12
- Deadline : February

* Chapman Art and Writing Holocaust Contest

Focusing on themes central both to the Holocaust and to ethical decision making in our world today, the contest gives students from public, private and parochial schools the opportunity to share their creative works in response to survivors' oral testimonies.

Participating schools may submit a total of three entries from three individual students in the following categories : art, film, prose, and/or poetry.

- Grades : 9–12
- Deadline : February

*Writopia Lab Worldwide Plays Festival

The festival includes plays written in workshops at Writopia's labs across the country and plays submitted to our competition from playwrights around the world from playwrights in 1st through 12th grade (ages 6 to 18). Plays are professionally produced in New York.

- Grades : 1—12 OR Ages : 6—18
- Deadline : February

*The Blank Theater's Young Playwrights Festival

Since 1993, 12 plays are chosen by a panel of theatre professionals from submissions across America. Winning playwrights are provided careful mentoring and direction from industry professionals to help prepare their work for public performance and hone their skills, talent and confidence. Nowhere else in the nation can young playwrights receive the prize of seeing their vision come to life on stage in a professional production featuring known actors from film, television and theatre. The plays are crafted by seasoned professional directors and each is given several public performances in a month—long Festival.

- Ages : 9—19
- Deadline : March

*Austin International Poetry Festival(AIPF)

Each year the Austin International Poetry Festival (AIPF) recognizes youth poets by publishing their work together in a truly diverse anthology. We welcome international poets from kindergarten through high school grade level or age to submit up to three poems.

- Grades : K—12
- Deadline : March

*Winter Tangerine

Winter Tangerine is a literary journal dedicated to the electric. To the salt. The sugar. We want bitter honey, expired sweets. We want catalysts. Accepting submissions of poetry, prose, drama, visual art, and short film.

- Ages : All
- Submission period : April to October

*The Adroit Prizes for Poetry and Prose

The Adroit Journal, published at the University of Pennsylvania is open to all writers. The Adroit Prizes for Poetry and Prose are awarded annually to two students of secondary or undergraduate status whose written work "inspires the masses to believe beyond feeling the work." In other words, we strive to receive the absolute best work from emerging young writers in high school and college, and the best of the best will receive these two lovely awards.

- Grades : 9+
- Submission Period : To be announced

*Hanging Loose Magazine

Hanging Loose Magazine is a professional magazine that welcomes high school submissions. Payment plus 2 copies. Send 3 to 6 poems, or 1 to 3 short stories, or an equivalent combination of poetry and prose to High School Editor, Hanging Loose, 231 Wyckoff Street, Brooklyn, NY 11217. Identify yourself as a high school age writer.

- Grades : 9–12
- Deadline : Open Year–round

*Hypernova Lit

Any and all types of writing are welcome. Long short stories, short short stories, prose poetry, traditional poetry, blackout poetry, creative accounts of your life and experiences, essays about yourself, essays about what you love, plays, scripts, letters, lists, rants, lyrics, journal writing.

- Ages : All
- Deadline : Open Year–round

저학년부터 참여 가능한 글쓰기 대회

제주도에서 윤아빠 수업을 끝낸 후 표선해변에서 산책을 하고 있는데, 수업에 참석했던 학부모에게서 전화가 걸려왔다. 아직 저학년인데 글쓰기 관련해서 어떠한 대회가 있는지에 관한 문의였다. 보통 대학교 입학에 필요한 활동은 고등학교가 시작되는 9학년 이후부터 시작하면 되지만 고등학교에서 글쓰기 대회 진출을 원한다면 저학년부터 관심이 있는 학생은 한두 개씩 참여를 하는 것도 좋은 글쓰기 목표가 되겠다는 생각이 들었다. 왜냐하면 이과 분야와 다르게 좋은 글쓰기 훈련을 위하여 모두들 독서를 많이 하라고 하지만 뚜렷한 목적 없이 독서만 하는 것은 '독서' 자체를 즐기는 학생이 아닌 경우 자칫 '작심삼일'이 될 수도 있다고 생각하기 때문이다. 그래서 저학년부터 참여 가능한 글쓰기 대회를 소개해드리고자 한다. 간단한 대회명과 함께 공식 사이트를 적어두었으니 글쓰기에 관한 목표의식을 가지고 도전할 학생들은 각각 조사를 통하여 어떠한 대회가 적절한지를 판단하는 자료로 사용하기 바란다. 함께 적혀있는 날짜는 지원마감일이다.

명칭	지원마감일	해당 학년	공식 사이트
The Claremont Review	3월 15일	13~19세	www.theclaremontreview.ca
Scholastic Art and Writing	12월 중순	7~12학년	www.artandwriting.org/the-awards/
DuPont Challenge Science	2월 초	9~12학년	http://thechallenge.dupont.com
Ayn Rand Essay (Anthem)	3월 20일	8~10학년	www.aynrand.org/students/essay-contests
Ayn Rand Essay (The Fountainhead)	4월 중순	11~12학년	www.aynrand.org/students/essay-contests
Young Naturalist Awards	3월 초	7~12학년	www.amnh.org/learn-teach/young-naturalist-awards
Signet Classics Scholarship	4월 중순	11~12학년	www.penguin.com/services-academic/essayhome/

National History Day	지역 4월 전국 6월	6~12학년	www.nhd.org/contest-affiliates/
Joseph S. Rumbaugh Oration	6월 초	9~12학년	www.sar.org/Youth/Oration_Contest
Torrance Creative Writing	8월 초	2~12학년	www.centerforgifted.org/torrance.html
Ayn Rand Essay Contest (Atlas Shrugged)	9월 17일	12학년	www.aynrand.org/students/essay-contests
Knight Essay Contest	12월 31일	9~12학년	www.sar.org/Youth/Knight_Essay
Quill and Scroll	2월 초	중고교생	quillandscroll.org/contests/writing-photo-contest
Concord Review / Emerson Prize	연중 마감	9~12학년	www.tcr.org/tcr/index.htm

인정하는 모범생 멤버십 - NHS

얼마 전 펜실베이니아 주에서 공부하고 있는 K학생이 카톡으로 "선생님, 저 NHS 합격했어요!"라는 글과 함께 전교 학생이 지켜보는 가운데 학교 강당에 수상자로서 당당히 서 있는 사진을 보내왔다.

NHS^{National Honor Society}는 단순한 우등생 개념을 뛰어넘어 리더십이 있고 봉사정신이 투철한 학생, 즉 어느 누구나 인정할 수 있는 '모범생'에게 주어지는 멤버십이라고 할 수 있다.

NHS 활동에 관한 정확한 이해는 다음을 참고하기 바란다.

NHS의 활동 및 로고

The National Honor Society (NHS) is the nation's premier organization established to recognize outstanding high school students. More than just an honor roll, NHS serves to honor those students who have demonstrated excellence in there as of Scholarship, Leadership, Service, and Character. These characteristics have been associated with membership in the organization since its beginnings in 1921.

현재 NHS는 미국 50개 주와 더불어 캐나다 그리고 아시아 지역의 국제학교도 멤버 가입을 받고 있으며, 이미 미국 대하에서도 검증된 기관으로 NHS를 인정하고 있다. NHS의 멤버로 학생을 선발하는 기준과 목표는 Scholarship, Leadership, Service, Character로 정해놓고 있다. 대부분의 학교에서는 학생을 선발하는 1차 기준을 성적으로 정하는데, 그 기준은 학교마다 차이가 있으나 보통 GPA 3.5 이상 또는 3.8 이상으로 하며, 1차 선발된 학생들에게 신청양식을 전달하여 신청서를 작성하게 한 후 추가적으로 선생님 추천서와 개별 에세이, 지금까지의 봉사활동이나 리더십에 관한 기록을 정리하여 제출하면 최종 선발하여 발표한다.

NHS 조직이 있는 학교는 교내 홈페이지에 별도의 NHS 섹션을 만들어 활동을 하고 있는 학생들의 명단을 공개하고 있으며, 해마다 NHS에서 진행되었던 일을 다음 같이 공개하고 있다.

N***** Public Schools

NHS Advisors
Susan Camiel (Room 320):scamiel@******.***
Jill Conroy (Room 214): jiconroy@******.***

Senior Board
President: Kelsey Walak:kewalak@students.*******.***
Vice President: Amanda Cho:amcho@students.******.***
Secretary: Chloe Felopulos:chfelopulos@students.*******.***
Publicity Manager: Haley Wynn:hawynn@students.******.***

Junior Representatives
Project Manager: TBD
Attendance Manager: TBD

If you ever have any questions, please feel free to contact any one of us!

Lead Projects

Ben Daley
On Monday October 17th Natick Pegasus recorded the Natick High School Band Concert. I was in charge of directing the production and coordinating between volunteers. The project was a little bit understaffed because many were unavailable to film on that day. Besides having a lack of people, the project went swimmingly. There were no technical failures and the filming went without error.

Mia Barr & Anna Rausch
For my lead project, which I co-lead with Anna Rausch, I helped plan and facilitate the Natick Days Cake Walk. The Cake Walk is an annual event that is the one and only fundraiser for the Natick chapter of National Honor Society. As part of the lead, Anna and I requested help from all members of national honor society, baked cakes, organized the cakes once people had made them, set up the booth at the beginning of the event, and cleaned up the booth at end of the event. We were able to raise nearly $700, which will be used to cut the costs of the stoles we wear at graduation. Overall, the event went really well, but by the end we had too many cakes left so we were basically giving them out to anyone who would give us four tickets.

Kiara Killelea

For my lead I (along with my co—captains) conducted a volleyball clinic for incoming freshman, new players, and returning players. The clinic ran once a week for 6weeks during the summer. It was held in the gym and each session was three hours long. For the first hour we had Beth Gifford (yoga instructor) lead us through a yoga session specifically designed for athletes. This clinic was a fundraiser for the girls volleyball program. Along the way I had to learn how to manage the money for the program because we had to pay for gym time and the yoga instructor. The goal for the clinic was to raise money for the program as well as getting the girls ready for tryouts. It was a successful project that raised over $2000 for the program.

NHS에 관한 자세한 정보는 공식 사이트(https://www.nhs.us/?S-SO=true)를 방문해보기 바란다. 국내 국제학교를 다니고 있는데, 이 조직이 없어서 못한다면 더욱 잘 되었다! 빨리 NHS 공식 사이트에서 자료를 조사해 제안서를 작성하여 상담선생님과 상의해보자. 남들이 하지 않는 일은 하는 사람이 진정한 '리더'다!

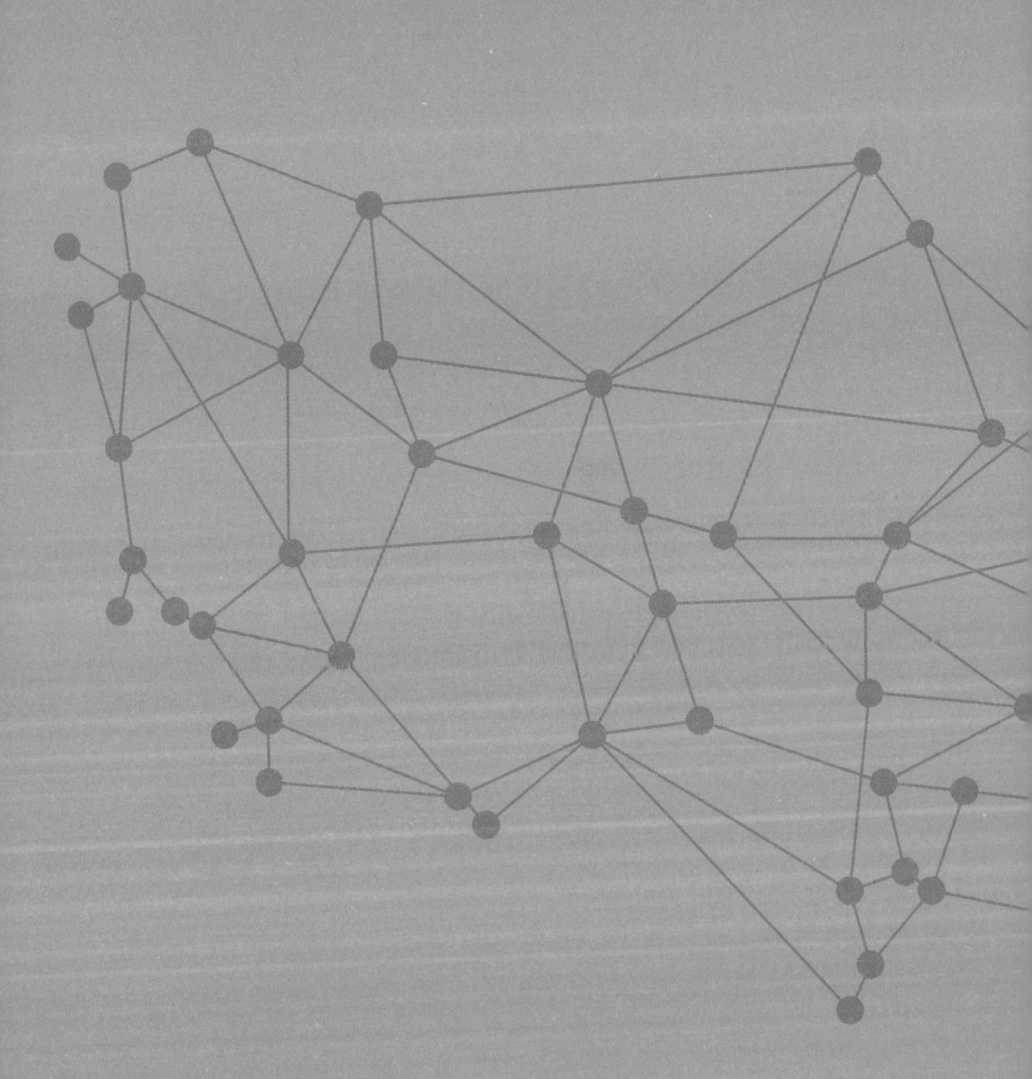

윤아빠의
유학 이야기

"인생에서 '대학'이 중요하기는 하지만 세상에는 그것보다 더 중요한 일들이 많이 있으며, 좋은 대학이 반드시 장래를 보장하는 것도 아니다. 윤아빠의 제자들 중에 미국의 중위권 대학에서 학점관리를 잘 하고 인턴십 경험을 잘 쌓고 50% 정도의 장학금 혜택도 받으면서 경제적인 미국 유학을 마치고 국내의 중견기업에서 직장생활을 잘 하고 있는 친구들이 있다."

이 장에서는 유학 전반에 관한 윤아빠의 경험에서 우러난 현실적인 조언과 풍부한 사례를 만날 수 있다.

윤아빠의
유학 이야기

우리 아이의 멘토가 있는가?

윤아빠는 2000년 초부터 유학 관련된 학원에서 일을 시작했다. 우연히 아는 분의 추천으로 시작한 것인데, 현재는 삼성동과 압구정동에 있는 '프린스턴 리뷰'라는 곳이었다. 그 당시 서울에서 SAT를 가르치는 곳은 3곳뿐이었다. 미국 대학 진학과 관련된 시험 정보도 많이 부족했고, 대학교 원서를 작성하는 데 있어 어떠한 내용으로 어떻게 정리해야 하는지 막막한 때였다. 학부모의 입장에서는 허허벌판에 서 있는 느낌이었을 것이다. 어떤 정보라도 필요한 절박한 상황이었다. 보통 여름방학 프로그램 관련 세미나를 하면 부모님들이 최소 100명에서 넓은 장소는 300명까지 모였고, 세미나가 끝나고도 한두 시간 남아서 하나라도 도움이 되는 정보를 얻기 위해 애를 쓰셨다.

SAT, TOEFL 시험에 관한 정보만 말씀드려도 좋아하시던 학부모님들의 모습이 아직도 눈에 선하다.

프린스턴 리뷰를 거쳐 카플란이란 곳에서 소장직을 맡아 좀 더 규모가 큰 세미나를 하였다. 카플란은 그 당시 중앙일보에서 운영하던 학원이라 신문에 작은 기획기사 하나라도 실리면 정말 많은 분들이 세미나에 참석해 정보를 얻어갔다. 여름방학 SAT 특강 등록을 2월 말부터 받았는데, 등록이 시작되는 날이면 출근길에 새벽부터 등록을 위해 학원 정문에서 길게 줄을 서 계시던 학부모님과 마주치던 그런 시절이 있었다. 어머님께서 직접 오신 분, 기사가 대신 줄을 서 있던 분, 아버님이 자전거를 타고 오시던 분 등…. 단 하루 만에 여름 SAT 특강은 마감되었다.

2000년 초에는 정보가 너무 부족했고 얻기도 어려웠다면, 지금은 정보가 넘쳐나는 게 문제라는 생각이 든다. SAT를 가르치는 학원도 너무 많아졌고, 대입 진학과 관련하여 컨설팅을 해주는 회사도 많아졌다. 너무 많아지다 보니 과잉경쟁으로 SAT 문제 유출이나 시차를 이용해서 대리시험을 보는 등 부작용도 생기는 것 같다. 최소한 교육문제만큼은 그러한 부정과 왜곡 없이 순수한 실력으로 승부하는 문화가 자리 잡아야 하는데….

넘쳐나는 정보만큼 새로운 문제들도 생겨났다. 정작 필요로 하는 선별된 정보는 찾기가 어렵다는 것이다. 이제는 네이버, 다음, 구글 같은 사이트에서 'SAT'라고 검색하면 수많은 기획기사, 학원 홈페이지, 개인 블로그의 글이 100개 이상 뜬다. 들어가 보면 그 내용이 그 내용이고 이미 상식적으로 알고 있는 내용이 대부분이다. 개인적인 생각으로는 정보의 부재도 문제지만 정작 나에게 필요한 정보를 수많은 정보의 바닷속에서 찾아내는 일이 더 고민스러운 사항이 되어버린 것 같다.

유학상담을 하다 보면 공식이라는 것은 있을 수 없다. 학교 커리큘럼을 어떻게 운영하고, 다양한 대입시험을 언제까지 응시하고 대학교 원서 준비를 어떻게 한다는 기본적인 내용을 안내해줄 수는 있어도 그러한 정보를 아는 것과 적합한 정보를 선별하여 계획을 작성하는 것은 너무나 다른 일이기 때문이다.

　윤아빠는 새로 온 학생을 상담할 때 2시간의 시간을 잡는다. 1시간은 학생에 관한 히스토리와 성적, 성격에 관한 기본적인 내용을 토대로 그 학생이 현실적으로 운영 가능한 기본 계획표를 만드는 데 사용한다. 그리고 나머지 1시간은 기본적인 계획표를 토대로 비학문적인 영역인 활동, 테마와 같은 부분에 대하여 상담하고 조언하는 시간을 갖는다. 기본적으로 작성된 '대입진학계획'은 언제든지 수정이 가능해야 한다. 그렇기 때문에 유동성 있게 계획을 작성해야 하고 예정했던 그 시기에 계획과 다르게 일이 진행이 되었다면 미리 그러한 상황을 예측하여 작성해놓은 두 번째 계획으로 바로 넘어가 시간의 손실이 없도록 관리하는 것이 매우 중요하다. 학생을 관리하는 데 가장 중요한 것은 정보, 공식, 경험보다 학생과 선생님 간의 '커뮤니케이션'이다. 요즘은 각종 스마트기기의 어플리케이션이 발달해서 미국에 있는 학생과 화상대화, 카카오톡, 이메일을 통하여 대화를 나누고 고민의 실마리를 풀어주고 다음 단계로 다시 나가도록 조언해주는 것이 수월해졌다.

　유학교육상담을 하면서 가장 중요한 일은 '그 아이에게 맞는 정보를 주는 일'이다. 머릿속에 암기된 지식을 전달하는 것이 아니라, 경험을 전달하고 마음을 전달하는 일이 바로 상담이며 컨설팅이라고 할 수 있다.

　요즘 시대에 우리 아이를 위해 필요한 것은 SAT 점수를 기출문제를 이용하여 기막히게 올려주는 선생님도, 공식화된 컨설팅기법으로 바로 애로사항을 해결해주는 달변가도, 학원선전을 기막히게 잘하는 마케팅 능력이 뛰어난 학원 원장님도 아닌 아이들의 고민과 미래를 위해 같이 아이들의 얘기를 들어주고 의논해주는 진정한 '멘토'이다.

　우리 아이의 멘토가 있는가?

유학, 언제 보내는 것이 가장 좋을까?

유학 관련하여 처음 고민을 시작한 학부모와 상담할 때면 항상 나오는 질문이 "언제 유학을 가는 것이 제일 좋을까요?"이다. 미국의 중·고등학교로 유학을 가는 목적의 대부분은 고등학교 졸업 후, 미국의 대학으로 진학하고자 하는 부분임을 고려할 때 언제 유학을 가서 미국에서 공부를 시작하는 것이 미국의 대학을 진학하는 데 가장 좋을까를 고민하면 답을 얻을 수 있다.

약 10년 전 미국의 기숙사립학교에 유학을 보내는 것이 한창 붐이었을 때는 한국의 중학교 3학년 2학기에 미국의 9학년 1학기로 유학을 가는 것이 공식처럼 정해졌었다. 그리고 이때는 TOEFL 100점 이상, SSAT 95% 이상의 실력을 갖고 있는 학생들이 미국의 명문 보딩스쿨^{Boarding School} 로 진학하여 훌륭한 대입 결과를 만들어내기도 했었다.

지금은 그 당시와는 트렌드도 많이 바뀌었고, 이제는 미국 사립학교 유학의 형태도 다양화되었다. 즉, 다양한 수요에 의해 미국 중·고등학교 유학이 진행된다.

현재의 유학형태를 정리해보면 다음과 같다.

- 미국의 보딩스쿨로 9학년에 진학하기 : 아직도 이 수요는 꾸준히 있으며 준비가 잘 된 학생들의 일반적인 유학형태로 자리 잡고 있다.

- 데이스쿨+홈스테이 유학 : 상대적으로 정보가 많은 학부모들이 선택하고 있으며, 직접 학교를 선택하고 홈스테이를 선별하여 유학하는 형태이다.

- 데이스쿨+관리형 유학 : 기숙사 형태의 집을 한국인 현지 관리인이 운영하며 10여 명 미만의 한국 유학생을 모아서 같이 기숙하면서 인근의 데이스쿨^{Day School} 을 보내는 형태이다. 장점도 많지만 문제점 또한 많은 형태이다.

• 교환학생+사립학교 : 교환학생으로 유학을 가서 1년을 채우고, 사립학교의 다음 학년으로 연결해서 유학을 하는 형태이며, 사립학교는 보딩스쿨로 가는 경우와 데이스쿨로 가는 경우로 구분이 된다. 단, 처음에 교환학생을 준비하면서 1년 이후의 계획에 대하여 미리 의논하고 준비하는 것이 매우 중요하다. 많은 학생들이 원래 1년만 계획하고 유학을 떠났다가 미국의 학교생활에 적응하고 다양한 경험을 할 수 있는 학교 문화에 빠지게 되면서 1년이 다 끝나가는 시점에 새로운 학교를 찾으려 허둥지둥하는 경우를 많이 보기 때문이다.

이러한 유학형태 중에서 어떤 것이 가장 효과적일까? 정답은 없지만 윤아빠의 지금까지 컨설팅 경험으로 볼 때 가장 효과적인 유학시기는 한국에서 중학교 2학년 2학기에 떠나 미국의 8학년 1학기에 입학하는 것이라고 생각한다. 미국 대입조건에서 가장 중요한 영역을 차지하는 학교 내신^{GPA}은 9학년 성적부터 포함이 된다. 그렇기 때문에 유학가서 첫 1년 정도는 학교생활에 대한 적응, 미국 공부에 대한 적응, 영어에 대한 적응을 고려하여 대입 내신과 무관한 8학년에 유학을 가서 적응기간을 갖는 것이 좋을 것이다. 1년 정도의 적응기간을 통해 좀 더 강해지고 학교 성적 관리하는 방법도 배우는 과정을 통해서 9학년부터 본격적인 대입 준비를 시작하는 힘을 키우는 것이 중요하기 때문이다.

보통 8학년부터 가는 경우에 한국에서 중학교 1학년까지 끝내고, 6개월 동안 유학준비를 해서 8학년 1학기로 가는 경우도 있고, 비자 등의 문제가 걱정이 된다면 중학교 2학년 1학기까지 다니고 가을에 8학년 1학기로 가는 경우가 있다.

유학 전에 강하게 준비해야 하는 부분은 영어실력이다. 영어가 되어야 수학도 되고 과학도 되고 역사도 된다. 최소한 읽고 쓰고 말하고 듣고 하는 기본적인 능력은 바로 미국 8학년 교실에 들어가도 수업을 따라갈 정도는 되어야 한다.

국내 고등학교 졸업 후 미국 대학 진학

한국의 일반 고등학교를 졸업하고 미국 대학을 고려하는 학생들 중 다음과 같은 경우가 있다.

- 처음부터 미국 대학을 고려해서 2~3년 동안 미국 입시를 준비한 경우
- 국내 대학 수능 준비 후 국내 대학 입시에서 실패하고 갑자기 미국 대학을 고려하는 경우

처음부터 미국 입시를 준비한 경우에는 미국 입시에 관해서 사전에 정보를 입수하고 그에 따라 차근차근 준비하는 경우가 많으나 국내 입시에서 만족할 만한 결과가 나오지 않아 미국 입시를 고려하는 경우에는 몇 가지 조언을 해주고 싶다. 국내 입시가 마무리되는 1월 중순에서 2월 초에 이러한 상담이 많이 들어오는데, 국내 입시를 위하여 3년간 최선을 다해서 공부를 하였으나 만족할 만한 결과가 나오지 않은 학생들이 미국 입시 쪽으로 방향을 선회하는 경우가 대부분이다. 서울의 경쟁력 있는 주요 대학의 경우 워낙 입시전형의 종류도 다양하고 예전보다 합격률이 현저히 낮아지고 있으며, 국내 대학 졸업 후 취업에 대한 향방도 그리 긍정적이지 않은 시대이니만큼, 미국 입시를 고려하는 것도 긍정적인 면을 기대하여 볼 수 있다. 그러나 이같은 경우에는 다음과 같은 경우의 수를 고려하여 준비를 하였으면 한다. 매우 현실적인 조언을 적어보도록 하겠다.

미국 대학 진학을 생각하면서 고려해야 하는 두 가지가 있는데, 그중 하나는 '돈_{유학경비}'이고, 나머지 하나는 '전공과 대학의 수준'이다.

국내 대학 입시 후 갑자기 미국 대학 진학 상담이 오는 경우 거의 10명 중 9명은 미국 입시의 가장 필수적인 시험인 TOEFL 성적이 아직 준비되지 않은 학생이다. 수시전형이라 할 수 있는 Rolling Admission _{정원이 채워질 때까지 계}

속하는 입학사정하는 방식의 수시전형으로 입시가 마무리된 시점에서도 학생을 받고 합격이 가능한 4년제 미국 대학의 경우, 흔히 우리에게 많이 알려지지 않은 중위권 또는 중하위권 대학이다. 이러한 대학들조차 TOEFL 성적 85점 정도가 있어야 지원이 가능하다. 만약 TOEFL 성적이 없어도 조건부 입학으로 ESL 과정 수료 후 입학할 수 있거나 입학 후 일정 수준 이상의 TOEFL 성적을 제출해야 본과과정으로 진학하는 프로그램은 말리고 싶다. 꼭 4년제 대학 입학을 고려한다면, 그래도 TOEFL 성적 85점 정도를 요구하는 대학에 지원하는 것이 좋을 것이고, 추후 3학년 때 편입을 고려한다면 2년제 대학^{Community College}도 좋은 대안이라 판단된다. 더구나 2년제 대학은 학비도 저렴하기 때문에 비용 대비 효율적인 대학교 1, 2학년을 수료할 수 있고, 추후 주립대학의 3학년으로 편입을 고려한다면 그 기회는 매우 긍정적이기 때문이다. 주립대학의 경우 같은 주의 2년제 대학을 졸업한 학생의 일정 부분을 받아들여야 주정부의 보조금을 받을 수 있기 때문에 4년제 대학을 다니다가 다른 4년제 대학으로 편입하는 경우보다 더 효율적으로 진학계획을 실행하는 데 도움이 된다.

그러나 2년제 대학에 대한 선입견은 여전히 존재하며 학문적인 성취도보다 취업에 관련되고, 현재 취업 중인 사람들과 대학생활을 같이해야 하기 때문에 자기관리가 잘 되는 학생에게 적합하다고 할 수 있다. 원서를 제출할 수 있는 시기는 4~5월이므로, 2017년 2월에 고등학교를 졸업하는 학생 중 2017년 가을학기 미국 대학 입학을 고려하고 있지만 TOEFL 성적을 준비 못한 학생이라면, 2년제 대학을 우선 이번 가을학기에 진학하여 2년간 학점 관리를 충실히 한 후에, 중상위권의 주립대학 3학년으로 편입하는 방법도 비용 대비 효과적인 유학 방법임을 고려해볼 수 있다.

어떤 대학을 들어가느냐가 학생들의 인생의 목표는 아니지만, 어떤 대학에서 어떤 동문들과 공부를 했는지는 평생을 따라다니는 중요한 기록이므로 좀 더 진중하게 그리고 장기적인 안목에서의 입시계획이 필요하다.

한계가 분명한 교환학생 유학

미국 조기유학을 선택하는 방법은 크게 사립학교 유학과 공립학교 유학으로 나눌 수 있으며, 일반적으로 정식유학이라 함은 미국의 사립 중·고등학교로 유학을 가는 것을 말한다. 한국 국적을 가지고 미국의 공립학교로 유학을 가는 것은 원칙적으로 불가능하다. 공립학교로 유학 갈 수 있는 유일한 방법이 이번에 얘기하고자 하는 '교환학생' 제도이다. 사실 말도 많고 탈도 많은 유학 시스템 중에 하나가 '교환학생 유학'이다. 사전준비가 철저한 정식유학에 비해 교환학생 유학은 1년 ^{정확하게 얘기하면 10개월}이라는 시간이 정해져 있고, 유학 후 한국을 다시 돌아온다는 가정하에 진행되는 유학이어서, 정식유학에 비해 준비할 사항이 적은 것이 사실이다. 지역과 학교도 선택할 수 없고 홈스테이도 선택할 수 없이 배정된 대로 가야 하는 것이 교환학생 제도이기 때문에, 사전에 지원할 학교를 선정하고 필요한 자격요건을 갖추기 위한 각종 시험 ^{TOEFL, SSAT, ISEE}을 준비해야 하는 정식유학보다 사전에 준비할 사항이 적은 것이다.

공립교환학생 프로그램이 시작된 배경에는 '유학'이라는 측면보다 '미국의 문화체험'이라는 부분을 바탕에 깔고 있으며, 출국비자도 유학생비자가 아닌 '문화교류비자인 'J-1'이라는 것을 받게 된다. 미국 국무성에서 주관하는 프로그램으로 학생 모집을 위하여 미국의 몇 개 재단에 유학생 모집업무를 이관하였고, 미국의 재단 ^{아유사 같은 재단}에서 각국의 유학원을 통하여 이 프로그램에 참여하고자 하는 학생을 모집하는 형태이다. 학비도 들지 않고 홈스테이 비용도 들지 않는, 말 그대로 무료 프로그램이다. 중간에 유학원과 재단의 업무 추진비라는 형식의 비용이 이 프로그램을 위하여 지불해야 하는 유학비용인 것이다. 한국의 유학원은 학생을 보내는 업무를 담당하며 학교 선정과 홈스테이 배정은 전적으로 미국의 재단 측에서 진행하기 때문에 학생의 요청사항, 지역, 학교의 수준을 선택할 수 없고 말 그대로 배정된 대로 가야 하는 선택의 권한이 철저하게 미국의 재단 측에 있다.

학생들의 진학상담을 진행하면서 교환학생 프로그램으로 유학을 떠난 후 1년 후 부랴부랴 사립학교를 알아보고 유학을 연장하게 된 학생들을 만나게 되는데, 교환학생 기간을 통하여 겪었던 어려움에 대한 얘기를 많이 듣게 된다. 비용이 저렴한 부분도 있지만, 중요한 학창시절의 1년을 보내야 하는 시기의 학생들에게 '교환학생 프로그램'을 통하여 무엇을 얻을 것인가와 이 기간 후의 명확한 계획이 있는가 하는 것은 너무나도 중요한 주제라고 생각한다. 적지 않은 학생들이 교환학생을 떠나면서 1년 후에 다시 돌아올 것을 예상하고 미국 학교생활을 시작하게 되지만, 미국 학교의 분위기와 환경 그리고 다양한 활동경험 등을 겪으면서 유학 연장을 희망하게 된다. 아무래도 한국의 빡빡한 교육방식보다는 자율적이고 학생에게 권한이 많이 주어지는 미국의 교육문화는 겪어보면 당연히 긍정적인 반응을 갖기 때문이다. 문제는 대부분의 좋은 사립 기숙학교는 1월 중순까지 지원 마감을 하였고, 또 TOEFL과 SSAT^{Boarding School}나 ISEE^{Day School}를 요구한다. 교환학생 프로그램이 끝나기 2~3개월 전에 이런 결정을 하였어도 다음 학년으로 유학을 연장하기 위해서 새로운 학교로 진학하는 것부터 문제가 발생하는 것이다.

교환학생으로 가는 경우 가기 전에 미리 1년 후 계속 미국에 남아서 공부하게 될 가능성을 진지하게 고민해보는 것이 좋다. 혹시 남아 있는 쪽으로 비중이 기운다면 유학을 떠나기 전, 미리 1년 후 옮겨가야 할 학교에 대한 조사와 더불어 언제까지 지원을 하고 언제 인터뷰를 하고 또 준비해야 하는 시험은 어떠한 것들이 있는지와 언제까지 시험성적이 나와야 되는지를 조사한 뒤 그에 맞는 계획을 세워야 한다. 가끔 보면 상당히 우수한 학생임에도 불구하고 학생의 수준에 미달하는 사립학교를 다니고 있는 경우를 만나게 된다. 이러한 경우가 사전 조사 없이 교환학생을 갔다가 새로운 학교를 찾는 과정에서 때를 놓쳐서 지원서만 제출하면 입학하게 되는 학교로 전학을 하게 된 경우이다. 문제는 학교의 수준이 높지 않을 경우 동기 부여가 적을 수 있고, AP 과목 등 난이도가 있는 과목이 부족해서 대입 진학에 챙길 수 있는 것이 부족하다는 것이다. 교환학생으로 가는 것도 중요하지만 그 이후에 발생할 수 있는 상황을 대비하는 사전 점검도 참으로 중요하다고 할 수 있다. 그리고 1년 후 학교를 옮겨가는 것도 고려해야 하지만 고등학교 졸업 후 미국 대학 진학까지 계획에 있다면 그러한 부분까지 계획을 세운 뒤 비로소 유학 첫 걸음을 자신 있게 내딛도록 하자.

교환학생 프로그램의 경우 자원봉사하는 미국인 홈스테이 가정에 학생들이 머물게 되는데, 경제여파로 인해 자원봉사하는 가정들이 줄어들고 있다. 한 예로 유학원을 통하여 프로그램에 지원한 학생들이 홈스테이 가정을 구하지 못해 유학을 가지 못하게 된 사례도 있었다.

결론적으로 최소 2년 이상의 조기유학은 정식으로 준비하여 사립유학을 보내는 것을 추천한다. 비용이 문제라면 교환학생 프로그램에 드는 비용만큼만 더 지출하면 갈 수 있는 가톨릭 또는 기독교 재단의 사립학교 유학을 더 추천한다. 그래도 가야 한다면 1년 후의 일에 대하여 100시간 이상 고민하고 알아보고 결정한다.

편입으로 미국 대학 가기

최근에 국내 고등학교를 졸업했으나 국내 대학 진학에서 쓴잔을 마시고, 미국 대학 입학으로 선회한 경우를 상담하였다. 이 학생은 가을학기 미국 대학 입학을 목표로 하나, 준비된 것은 아무것도 없는 상황이었다. 학생과 대화를 해본 결과 고등학교 때부터 조기유학을 희망하였으나 이런저런 사정으로 그냥 국내 일반 고등학교를 졸업하였고, 뒤늦게 미국 대학 진학을 준비해야 하는 상황인 것이다.

미국 입시의 기본인 TOEFL 공부 경험도 없고, 그냥 수능공부만 해왔다고 한다. 우선 TOEFL 모의시험을 통하여 학생의 수준을 점검해본 결과, 다행이 65점이라는 점수가 나왔다. 이 정도면 3월 말까지 80점 정도를 만들어서 이번 가을학기 입학 가능한 4년제 대학에 지원하고, 내후년 가을학기에 2학년으로 조금 상위권 대학으로 편입이 가능하리란 계획을 세웠다. 그리고 가을에 응시할 SAT 시험계획까지 구상하였으나 문제가 생겼다. 학생의 고등학생 전 학년 성적이 너무 형편없었기 때문이다. 평균 C, D에 심지어는 F도 있는 성적표를 받아보고 심각한 고민에 빠졌다.

내년 가을학기 2학년 편입을 위해서는 분명히 고등학교 성적도 중요한 요소로 작용할 터인데 현재의 성적으로는 2학년 편입은 불가능하다는 결론이 났다. 그래서 가을에 진학하는 학교에서 2학년까지 최선을 다해서 GPA 관리를 한 후에 중위권의 4년제 대학의 3학년에 편입하는 쪽으로 계획을 다시 조정하였다.

미국 대학의 편입은 매우 열려 있다. 중위권 주립대학의 경우에는 특히 물론 최상위권 사립대학은 매우 까다롭다. 3학년으로 편입해도 SAT 성적을 다시 요구한다. 우선적으로 중위권 주립대학 편입을 고려할 때 가장 중요한 것은 두 가지이다. 하나는 최근 학교에서의 GPA이고 하나는 TOEFL 성적이다. SAT는 옵션으로 되어 있는 학교들이 많으므로, 우선은 최소 85점에서 최고 100점 정도의 TOEFL 점수를 확보하는 것이 중요하다.

현재 대학에 입학하기 전의 학생으로 2년 후 3학년 편입을 고려한다면, 지금부터 알아봐야 하는 것이 내가 편입으로 지원하고자 하는 대학의 편입 정책이다. 어떤 지원요소들이 있는지, 내가 1학년과 2학년에 몇 학점을 들어야 하는지 그리고 편입했을 때 인정해주는 학점구성은 어떻게 해야 하는지 등등을 살펴봐야 한다. 평균적으로 60학점 정도면 편입을 하는 데 있어 무난하다고 볼 수 있고, 때에 따라서 너무 많은 학점을 갖고 있는 학생의 경우 편입이 거부되는 경우도 있다.

미국 대학의 편입은 많이 열려 있지만, 내가 지원하고자 하는 대학의 편입 정책을 정확하고 자세하게 파악하는 것이 그 무엇보다도 중요하다. 그냥 적당한 과목을 선택하고, TOEFL 시험을 보면 되겠지 하는 안일한 생각보다, 가고자 하는 대학에 대해 정확하게 조사한 후에 치밀하게 준비하는 것이 엄청난 학비를 내야 하는 미국 대학에서 살아남고 승리할 수 있는 길이다.

한국의 고등학교 성적이 경쟁력이 있고 영어 실력도 된다면 2학년 편입을 고려해볼 만하고, 고등학교 성적이 부족한 상황이라면 편입전형 시 기존에 다녔던 대학의 GPA를 더 집중할 수 있게 2년을 다닌 다음 3학년 편입이 전략적으로 가능성이 높다고 하겠다.

60~70위권의 주립대학 편입과 저렴한 유학 경비를 고려한다면, 1학년과 2학년은 2년제 대학에서 보내고, 같은 주의 주립대학으로 편입하는 현실적인 계획이 가장 좋다고 할 수 있다.

1년에 $15,000~20,000 정도의 합리적인 학비 시스템을 가지고 있는 학교들이 많고 규모가 작은 학급구성으로 개인적인 관리가 가능하며 교수진과 직접 교류할 수 있는 등 강점이 많기 때문이다.

학교 및 홈스테이 선정

미국으로의 유학을 생각하면서 먼저 알아야 하는 것이 미국 중·고등학교에 대한 정확한 이해이다. 미국의 학교는 크게 사립학교 Private School 와 공립학교 Public School 로 구분되며, 유학생이 갈 수 있는 학교는 사립학교이다.

다시 사립학교는 학교 내에서 생활과 숙식을 하는 보딩스쿨과 통학을 하는 데이스쿨로 나뉜다. 대부분의 보딩스쿨은 기숙생 Boarding Student 과 통학생 Day Student 으로 구성이 되며, 순수한 데이스쿨은 100% 통학생으로 구성이 된다. 보딩스쿨을 선택할 때 고려해야 하는 사항은 보딩 Boarding 과 데이 Day 의 비율이다. 최소한 보딩 비율이 50% 이상은 되는 곳을 선택하는 것이 좋다. 이유는 보딩 비율이 너무 낮은 학교는 데이 위주로 운영되는 학교이므로 학교에 기숙하는 학생들에 대한 시설이 열악하고 학생 관리가 잘 되지 않는 등의 문제를 가지고 있을 수 있다.

공립학교는 일반적인 유학생의 자격으로는 유학이 안 되며, 미국 국무성 주관으로 이루어지는 '교환학생' 제도를 통해서 진학이 가능한데, 최장 1년만 다닐 수 있기에 교환학생 기간이 끝나면, 다시 한국으로 들어오거나 다른 사립학교로 전학해야 한다.

소위 명문학교로 알려져 있는 Milton, Choate, Andover, Groton, Saint Paul 등등의 학교는 엄청난 경쟁률과 더불어, 정말 뛰어난 학생들이 모이므로 합격이 되었다 하더라도 과연 이 학교에서 학교 내신 GPA 관리와 더불어 대입시험 준비, 활동 등이 가능할지를 냉정하게 고민해야 한다.

학교생활에서는 공부도 중요하지만, 새로운 교우관계를 만들고 다양한 활동을 통하여 새로운 경험을 하는 등의 여유도 필요하다. 그래야 행복한 학창시절을 보낼 수 있기 때문에 조금은 여유가 있는 학교생활을 할 수 있는 곳을 선택하는 것이 중요한 문제라고 생각한다. 예전에 주니어 보딩스쿨 Junior Boarding 에서 전교 1등을 하던 여학생이 있었는데, 미국의 상위 5위권에 들어가는 고등학교 진학을 선택했으나 엄청난 공부량과 아무리 노력해도 천재 같은 학생들과의 상대평가에서 성적이 만족할 만큼 나오지 않아 결국은 생각지도 않던 50위권의 대학으로 진학했던 기억이 난다.

요즘은 거의 한국 10년 전에 미국 조기유학생이 차고 넘칠 때처럼, 중국에서 수많은 학생들이 미국으로 쏟아져 들어오고 있다. 작년 가을에 방문한 필라델피아 인근의 한 학교도 중국학생의 분포가 3년 전에 비해서 거의 3배로 그 숫자가 늘어난 것을 비교할 때 미국의 많은 고등학교가 중국 유학생으로 매년 새로운 인원을 채워가고 있다. 중상위권 학교의 경우 어느 정도 검증된 학생들이 입학하기 때문에 별 문제가 없으나, 하위권 학교의 경우 영어 자체가 되지 않는 중국 유학생들도 같은 학급에서 공부를 하고 있는 실정이다. 이런 부분은 학급분위기에도 적지 않은 영향을 끼치기 때문에 학교 선정의 고려사항이 되어야 한다.

많은 학생들이 기숙학교가 적합한지 아니면 통학하는 학교를 다니면서 홈스테이를 하는 것이 적합한지를 놓고 고민을 한다. 서로 장단점이 있을 수 있다. 기숙학교의 경우, 학교 내에서 모든 관리를 해준다는 부분과 같은 상황에 있는 아이들끼리 생활하기 때문에 유학생활 초기에 적응이 쉬울 수 있다는 장점이 있는 반면에, 학업적인 도움이 필요한 경우 충분한 도움을 받지 못할 수 있고 다양한 활동을 할 수 있는 기회가 제한적이라고 할 수 있다. 통학하는 학교의 경우, 의외로 숨겨져 있는 한국 부모들이 잘 모르는 보물 같은 학교들이 있기 때문에 한국 유학생이 적은 학교를 희망하는 학생에게 좋은 대안이 될 수 있다고 생각한다. 단, 통학학교의 경우 아이를 돌보고 관리해주는 홈스테이를 잘 선택하는 일이 매우 중요하다. 모든 미국의 한국인 이민자 가정이 그렇지는 않으나 상식 이하의 처신을 하는 홈스테이 부모도 있고, 너무 돈만 얘기하는 가정도 있다. 윤아빠의 경험에 비추어볼 때 다음과 같은 기준으로 홈스테이를 선택하면 실수가 적을 것이다.

- 유학생 홈스테이를 해본 경험이 있는 곳, 그리고 그 학생들이 인근의 중상위권 학교를 다녔던 곳으로 선택한다.

- 홈스테이 부모 중 한 명은 온종일 ^{full time} 집에서 아이를 돌보는 역할을 담당해야 한다.

- 라이드 문제로 스트레스를 주지 않아야 한다.

- 돈에 너무 쪼들리는 가정은 피해야 하고, 홈스테이 가정 아빠의 직업이 안정적이어야 한다. 직접 물어보기 어려운 부분이며 홈스테이 가정을 직접 방문해보고 판단!

- 홈스테이 가정의 자녀가 20세 이상의 성인인 것이 좋다. 아이를 키운 경험이 있기 때문에 고등학교 때 해야 하는 부모의 역할을 잘할 수 있다. 그리고 현재 고등학생의 자녀가 있는 곳은 피하는 것이 좋다. 감수성이 예민한 시기의 우리 자녀가 비교 당한다는 오해가 발생할 수 있고, 아무래도 본인 자녀의 교육만큼 우리 아이를 관리해줄지는 미지수라 생각한다.

- 홈스테이 비용은 인근의 다른 홈스테이보다 조금 더 낸다는 생각을 갖는다. 대신에 요구할 것을 당당히 요구하도록 하자.

홈스테이를 3번이나 바꿔가며 몸으로 부딪혀 얻은 경험으로 이러한 기준에 부합한다면 어느 정도 믿음을 가져도 좋다. 가장 중요한 것은 홈스테이 부모의 인격적인 부분인데, 이 부분은 유학을 결정했다면 인근에서 최소 2주 정도 지내면서 홈스테이 부모와 여러 번 만난 후에 결정을 하는 것이 좋다.

미국 Private Day School 입학하기

미국에는 순수한 통학생으로만 구성이 되는 보석 같은 학교들이 있다. 윤아빠의 딸아이가 재학 중인 필라델피아 인근 지역의 학교들을 예로 들어서 설명한다. 프로그램이 훌륭한 데이스쿨로 여학교인 Baldwin School이 있고 이 학교의 파트너 학교 격이면서 남학교인 Harverford School 그리고 Shipley School, Germantown Academy, Germantown Friends Academy 같은 학교를 손꼽을 수 있다.

해당 학교에 관한 자세한 소개는 니치닷컴^{Niche.com} 사이트를 참고하기 바란다. 니치닷컴은 매년 미국 내의 사립학교에 관한 분석을 통해서 연도별로 순위를 선정하여 발표한다. 사이트에 들어가면 의외로 우리가 일반적으로 알고 있는 보딩스쿨보다 데이스쿨이 순위가 더 높은 것을 발견하게 된다.

- 사이트 : https://k12.niche.com/rankings/private-high-schools/best-overall/s/pennsylvania/

고등학생이 시작되는 9학년 입학을 위해서는 유학생의 경우 기본적으로 TOEFL, ISEE ^{SSAT upper level score로 대체 가능} 성적을 요구하며, 그 외 기본적인 입

학절차는 다음과 같다(7학년과 8학년의 경우 가끔 인터뷰와 수업참관 과정을 통하여 TOEFL, SSAT middle level score가 없더라도 우수한 학생은 입학을 허가해주기도 한다).

▣ 입학절차

① 지원서 제출하기 : 학교 홈페이지에서 지원서 양식을 내려 받아 이메일로 제출이 가능하다. 보통 1월 말까지가 원서마감이나, 원서마감 후라도 학교에 연락하여 지원서 제출이 가능한지를 확인 후 추가 제출할 수 있다.

② 인터뷰 및 학교 자체시험 응시 : 가급적이면 부모가 동반한 인터뷰를 원하며, 학교 방문 시 학교를 안내하는 학생과 함께 학교 투어 후 인터뷰를 실시한다. 교과목 실력 측정보다는 학생의 성격과 취향, 적성 그리고 학교의 문화에 적합한 학생인지를 파악하는 정도이다. 그리고 영어와 수학, 두 과목의 학교 자체 시험을 치른다. 영어는 리딩과 에세이 실력을 평가하는 테스트이고, 수학은 현재 학생이 학교에서 배우는 범위 안에서 문제가 출제된다. 테스트는 영어 1시간, 수학 1시간 정도가 소요된다.

③ 위스크 테스트 _{WISC, Wechsler Intelligence Scale for Children} 참여 : 필라델피아 인근의 학교는 별도의 IQ Test격인 위스크 테스트에 참여해야 한다. 위스크 테스트는 학교에서 실시하는 것이 아니라, 자격이 있는 선생님이나 교수의 가정이나 사무실을 방문하여 실시한다. 최소 실시 3일 전 전화로 예약을 해야 하며, 약 2시간 정도가 걸리는 테스트이다. 테스트 실시 후 실시자는 학생에 관한 결과와 의견을 작성하여 학교로 보낸다. 학교에서는 위스크 테스트를 통하여 인지능력과 IQ 그리고 인성 등을 평가하는 자료로 활용한다.

윤아빠
한마디!

위스크 테스트에 관한 안내를 학교에서 받을 때, 어떤 교수님이 좀 더 긍정적인 평가를
잘 써주는지를 물어보면 특별히 추천해주는 분이 있을 것이다. 그런 분에게 테스트 신
청하는 것이 좋다.

전반적인 테스트 분위기 등도 배려해주고 아이가 편안한 상태에서 시험을 보게 해주기
때문에 좀 더 긍정적인 결과를 기대할 수 있다.

④ 학교수업 참여하기 : 7학년과 8학년은 2교시, 9학년은 전 교시 수업에
하루 동안 참여해야 한다. 같은 학년의 수업에 참관을 하게 되면, 실제
수업과정에서 담당 선생님이 학생을 평가하여 입학 후 실제 수업과정
을 따라갈 수 있는지 등을 평가한다.

이와 같은 과정이 끝나면 '학생입학사정 위원회'를 통하여 최종 합격 여부
를 판단하게 된다.

위에 언급한 학교들은 순수한 유학생이 전교생에서 10명 미만의 학교들
이므로 정통 미국 사립학교의 문화와 교육을 습득하기에 좋다. 그리고 학교
의 규모가 그리 크지 않기에 적절한 방과 후 활동이 보장되고, 남을 배려하
는 경쟁의 참 의미도 배울 수 있는 등 강점이 많은 학교라 할 수 있다.

한눈에 보는 유학생의 1년

유학생의 1년은 국내 학교에 재학 중인 학생과는 사뭇 다르게 흘러간다. 미국의 학교는 8월 말이나 9월부터 신학기가 시작되니 이때부터 1년이 어떻게 흘러가는지를 입시준비를 중심으로 정리해본다.

- 9월 : 신학기가 시작되고 새로운 학년이 시작되어 조금은 긴장을 하고 생활을 하는 시기이다. 새로운 과목이 시작되고 또 새로 만나게 되는 선생님들과도 좋은 관계를 맺어야 하는 시기이다. 10학년 또는 11학년의 경우, 10월 초에 있을 SAT II ^{주로 맨 먼저 보는 시험이 Math IIC이다} 시험에 대비하여 문제집도 많이 풀고 마무리 정리를 해야 하는 시기이다. 11학년의 경우 10월에 SAT II Chemistry 시험에 응시하기도 한다. 그리고 12학년의 경우 조기전형 ^{Early application} 이 마감되는 11월 1일 이전의 마지막 시험인 10월 SAT에 응시해야 하기 때문에 여름방학 동안 열심히 공부하고 9월 한 달 동안 마무리를 잘 하여야 하는 중요한 시기이다.

- 10월 : 첫째 주 토요일에 SAT I이나 SAT II 시험이 있다. 신학기에 처음 실시되는 첫 시험인 만큼 한 번에 시험을 끝내도록 하는 것이 중요하고, 특히 12학년은 매우 중요한 SAT 시험에 제대로 실력을 발휘해야 하는 시기이다. 조기전형은 10월 시험까지 대입원서에 포함되므로 여름 동안 공부한 실력을 실수 없이 발휘해야 한다. 그리고 10월은 11월에 있을 또 다른 SAT 시험 준비를 해야 하는 시기이기도 하다. 조기전형을 지원하지 않는 학생의 경우, 11월과 12월에 응시한 시험성적도 대입원서에 포함되므로, 11월과 12월에 마지막으로 치를 시험 준비를 해야 하는 시기이다.

- 11월 : 첫째 주 토요일에 SAT I이나 SAT II 시험이 있다. 11월까지 모든 시험을 끝낸다면, 12월 말에 끝나는 일반전형 ^{Regular Application} 입시일정에

맞춰 대학교 원서를 꼼꼼히 작성하고 에세이 등도 손질을 해야 하는 시기이다. 무엇보다 자신에게 적합한 대학 리스트가 중요하므로, 추가해야 하는 학교는 없는지 등을 점검해서 실수가 없도록 한다. 그리고 11월은 추수감사절이 있는 시기이다. _{Boarding School의 경우 9박 10일의 방학기간이 주어진다} 12월 초에 마지막으로 치러야 하는 시험이 있다면, 이 기간을 이용하여 마지막으로 정리하는 것이 필요하다. 요즘은 많은 한국이 학원들이 보스턴, 뉴욕의 호텔에서 숙식을 같이하며, 12월 시험에 대비하는 단기 SAT 특강을 운영한다. 필요한 경우 이러한 프로그램의 도움을 받는 것도 좋다. 하지만 이러한 프로그램은 오는 날, 가는 날을 제외하면 약 8일 동안의 단기 특강이므로 학기 중에 공부를 충분히 해놓고, 이런 특강기간에 마지막으로 충분한 문제풀이로 감각을 최대한 키워서 가는 정도로 의미를 두는 것이 좋다. 전혀 공부를 하지 않은 상태에서 단기 특강에서 고득점을 기대하는 자세는 금물이다.

- 12월 : 첫째 주 토요일에 그 해의 마지막 SAT I이나 SAT II 시험이 있다. 12학년의 경우 공식적인 모든 시험이 끝나는 시기이고, 12월 말에 일반 전형도 끝나는 시기이므로, 첫째 주에 시험을 보고 마지막 남은 대학의 원서 정리를 차분히 해야 하는 시기이다. 그리고 원서와 같이 제출해야 하는 에세이도 다시 한번 점검하고 마무리 정리를 깔끔하게 해야 한다. 12월 중순부터 1월 초순까지 겨울방학^{2주}이 있다. 11학년의 경우, 1월에 미국에서 치러야 하는 SAT I 첫 시험에 대한 준비를 하거나, 부족한 학교공부를 보충해야 하는 시기로 이용할 수 있다.

- 1월 : 다른 달과 다르게 셋째 주 토요일에 SAT I이나 SAT II 시험이 있다. 11학년의 경우에는 겨울방학을 끝내고 보통 첫 SAT 시험을 보는 학생들이 많으며, 10학년의 경우는 미리 준비한 SAT II 시험에도 응시해야 하는 시기이다. 단, 모든 10학년 학생들이 시험을 보는 것이 아니라 수학은 최소 Pre Calculus를 배우고 있거나, Algebra II Honor Class까

지 끝내어 Math IIC 시험 준비가 어느 정도 된 학생들이 응시할 수 있음을 알아야 한다. 그 외 과학 과목이나 역사 과목은 10학년의 경우 볼만한 과목이 이 시기에는 없다.

- 2월 : 수학에 자신 있는 학생의 경우 미국 수학경시대회인 AMC가 있다. 2월에 치러지는 AMC 시험은 AMC 10과 AMC 12가 있으며, 각각의 시험은 A형과 B형으로 나뉘어 2회 실시된다. 둘 중에 하나만 봐도 되고 두 개를 다 봐도 된다.

- 3월 : 3월은 미국령에서만 SAT I 시험만 실시되고, 미국령을 제외한 아시아권에서는 시험이 실시되지 않는다. 그리고 미국령에서도 SAT II 시험은 실시되지 않는다. 이 시기에는 현재 학교에서 AP Course를 수강하고 있는 학생이라면, 봄방학 기간을 이용하여 5월에 실시될 AP 시험에 대비하여 문제집도 풀고 대비를 해야 하는 시기이다.

- 4월 : 5월에 있을 AP 시험 준비에 신경 써야 하는 달이다.

- 5월 : 모든 AP 시험이 실시되며, 5월 말 또는 6월 초에 있을 학교 기말고사 마무리를 해야 하는 시기이다.

- 6~8월 : 여름방학시기이다. 여름방학은 부족한 학업 보충과 더불어 SAT 시험도 해야 하고 다양한 활동에도 시간을 투자해야 하는 시기이다.

유학생의 1년은 정말 빨리 지나간다. 계획 없는 1년은 더 빨리 지나간다. 9월부터 5월 말까지의 철저한 학습 계획을 세우는 것이 중요하고, 원래 세웠던 계획대로 진행되지 않을 경우에 대비한 2차 학습계획 또한 필요하다.

철저한 미국 대입 준비는 '시간관리Time Management'와의 싸움이다. 공부할 것도, 준비해야 하는 시험도, 해야 하는 활동도 많다. 주어진 시간은 같고, 그 시간을 어떻게 활용해야 하는지는 자신의 몫이다.

유학생의 학교 옮기기

유학 관련 교육기관을 운영하다 보면, 1년에 약 10건 정도는 학교를 옮기는 것에 대한 상담이 있다.

특히 보딩스쿨에 재학 중인 학생보다 데이스쿨에 재학 중인 학생의 전학 건수가 많은 편이다.

▣ 학교를 옮기는 이유

학교를 옮기고자하는 이유는 학교의 커리큘럼이 맘에 안 들어서, 학교가 대학 진학에 대하여 신경을 써주지 않아서, 홈스테이와의 불화로 아예 지역을 옮기고 싶어서 또는 관리형 유학의 경우 학교의 문제보다는 관리 주체를 바꾸고 싶어서 등 다양한 이유가 존재한다. 특히나 관리형 유학의 경우, 학생 관리의 주체인 미국 현지 관리를 담당하는 회사에서 내세우는 조건을 사전에 꼼꼼하게 점검할 필요가 있다. 유학을 처음 준비하는 경우 미국 학교 시스템이나 현지의 상황에 대한 경험이 부족하기 때문에 전적으로 처음 의뢰한 회사에 의존함과 더불어 많은 부분에 대한 믿음을 갖게 된다.

관리형 유학의 경우 관리회사의 문제점도 있지만, 한집에서 한국 학생들이 10여 명씩 함께 지내다 보니 학생끼리의 좋지 못한 문제도 분명 존재한다.

가장 좋은 방법은 처음 학교를 선택할 때 신중하게 하라는 것이다. 교육기관을 운영하는 윤이빠 역시 딸을 유학 보내면서 같은 실수를 저질렀고, 비교적 짧은 기간인 2개월 만에 아이가 만족하는 학교로 전학을 시킨 경험이 있다. 불가피하게 학교를 옮겨야 하는 경우에는 다음과 같이 준비하자.

▣ 학교를 옮길 때 알아두어야 할 것

- **마음이 아무리 급하더라도 서두르지 말자**

  급하게 학교를 선택하고 옮기면 또 학교를 옮기는 불상사가 발생할 수 있다. 데이스쿨의 경우 워낙 많은 학교가 존재하고 한국에서 인터넷으로는 자세한 학교 정보를 파악하기 어렵기 때문에, 옮기고자 하는 지역을 먼저 선정한 다음, 그 지역에 살고 있는 한인 홈스테이나 한인 교회 관계자의 조언을 참고하자. 해당 지역에 살고 있는 분들은 이미 자녀 교육을 시키고 있거나 끝낸 분들이기 때문에 공통적인 학교 정보를 가지고 있다. 윤아빠의 경우 아는 분이 있어서 도움을 받았지만 해당 지역에 아는 분이 없는 경우에는 인터넷상에서 그 지역 홈스테이를 하는 분들이나 한인 교회, 한인회 등을 찾을 수 있으므로, 통화를 하면서 학교 정보를 얻을 수 있다.

• 목표 학교의 커리큘럼을 확인하자

가고자 하는 학교를 2~3개 정도로 선별한 후, 학교 홈페이지를 통하여 운영되고 있는 학교 커리큘럼을 확인하자. 최소한 상위 과목인 AP Class가 10개 이상 운영되고 있는지, 다양한 방과 후 클럽이 개설되어 있는지를 확인하자.

미국의 학교는 학비 대비 학교의 수준이 결정된다고 봐도 된다. 특히나 데이스쿨 중에서 학비가 $30,000 이상인 곳은 학생 관리, 교사의 수준, 대학 입시에 관한 관심도 등에서 최고의 학교라고 할 수 있다. 크리스천 학교의 경우 운영취지나 문화는 좋을 수 있으나, 사립학교에 비해서 대학 진학에 관한 지원이 조금은 부족하다.

• 학교를 직접 방문해보자

시간과 비용이 허락된다면 학교를 직접 방문하여 교사진과 학교를 안내하는 학생들과 인터뷰를 통해 학교의 문화, 유학생에 관한 학교의 정책, 운영되고 있는 활동, 대학 진학률 등을 직접 확인하는 것이 최선이며, 불가피하다면 인근의 지인이라도 방문해 궁금한 사항을 직접 파악하고 결정하도록 한다. 이것마저 어려운 상황이면 학교에 이메일을 보내, 학교의 입학처 Admission Department 에 근무하는 선생님에게 이메일과 스카이프 Skype 등을 통해 최대한 궁금한 부분을 해결하도록 한다.

• 옮기는 시기를 유의하자

특별한 사유가 없다면, 학기 중에 학교를 옮기는 것보다 새로운 학기가 시작되는 신학기에 옮기는 것이 바람직하다. 윤아빠의 딸은 아직 10개월이나 학기를 남겨놓은 상황이었기 때문에 바로 학교를 옮기는 조치를 취했으며, 이전 학교의 학비 보험 Tuition Refund Plan 에 따라 학비도 되돌려 받을 수 있었다.

처음 유학을 보내는 경우 첫 1년간은 적응이 쉬운 조금은 수준이 낮은 학교로의 유학을 시도한다. 직접 경험을 해본 의견으로는 처음부터 계속 다닐 수 있는 학교를 선택하여 가는 것이 제일 이상적인 방법이라 생각한다. 아직 어린 사춘기 학생들은 환경에 쉽게 적응한다. 처음부터 수준이 낮은 학교라도 자신의 수준을 거기에 맞추는 경향이 있다. 그리고 미국 땅에서 처음 만나는 교우관계도 중요하다.

이런 부분을 고려해볼 때 유학생의 첫 학교는 너무나 중요하고 신중하게 결정해야 한다.

짧은 봄방학 어떻게 보내는 것이 좋을까?

3월부터 약 2주 정도 유학생들의 봄방학이 시작된다. 보딩스쿨의 경우 보통 2주 정도 방학 기간을 갖게 되며, 데이스쿨의 경우 약 10일 정도 휴식시간을 갖게 된다. 1년에 4회 있는 방학 ^{여름, 추수감사절, 겨울, 봄} 중에서 봄방학은 제일 흐지부지하게 시간을 보내버릴 수 있다. 짧은 기간이지만 계획을 잘 세워 효과적으로 보낼 수 있도록 하는 것이 중요하다.

11학년의 경우 학교에서 AP 과목 수업을 2~3개 정도 공부하는 학생들이 많다. 그렇기 때문에 봄방학이 끝나고 5월 첫째 주와 둘째 주에 걸쳐 AP 시험을 보게 된다. 학교 AP 과정에서의 내신 성적도 중요하지만, 전국적으로 응시하게 되는 5월 AP 시험도 잘 준비해야 한다. 학교의 AP 과정을 성실하게 학습한 학생이라면 5월 AP 시험은 크게 어려운 시험이 아닐 것이다. 11학년 봄방학은 이러한 AP 시험에 관한 부담감이 얼마 정도이냐에 따라 계획이 달라질 수 있다. 5월에 응시할 시험 준비에 대한 부담감이 큰 상황이라면 2주의 기간 동안 AP 시험 관련한 문제 ^{객관식+주관식}를 학습하며 문제 유형에 익숙해지도록 하는 것이 필요할 것이다. AP 시험에 큰 부담감이 없는 상황이라면 대학 투어 ^{college tour}를 적극적으로 권유하고 싶다. 8월이면 Common Application이 발표되고 본격적으로 원서준비를 시작해야 한다. 평소에 관심이 있었던 대학이라면 봄방학 기간을 이용하여 꼭 학교 방문을 해보기 바란다. 그리고 학교 방문계획이 잡혔다면 학교에서 직접 재학생이 나와서 운영하는 투어 프로그램 ^{tour program}을 정식으로 신청하는 것이 중요하다. 그냥 방문해서 캠퍼스 건물만 둘러보는 것은 아무런 의미가 없으며, 정식으로 학생 이름으로 신청해서 참여해야 한다. 그래야 나중에 인터뷰를 통해서도 내가 이 대학에 관심이 많아서 직접 투어 프로그램에도 참여를 했으며, 그러한 과정을 통해서 이러한 것을 배우고 느꼈다, 그래서 이 대학에 오고 싶다는 스토리가 나올 수 있을 것이다. 그리고 이러한 부분 외에도 관심 있는 대학 방문을 통하여 여름에 대학 원서를 쓸 때 자신이 준비하고 있는 이 대학지원서 작성과정에서 방문해본 대학의 캠퍼스 분위기와 선배들의 얘기를 떠올려 가며 대학 원서를 준비한다면 훨씬 정성스럽고 현실감 있는 준비과정이 될 것이다. 재학 중인 고등학교 인근의 관심 대학들은 연휴기간을 통하여 방문 이 가능하므로 봄방학 기간을 이용해서는 거리적으로 좀 떨어져 있는 대학 을 방문해볼 것을 권한다.

9학년과 10학년의 경우에는 5월에 AP 과목을 보지 않거나 1개 과목 정도 응시하는 학생들이 대부분이므로, 봄방학 전까지 학교공부에서 특히 어려웠던 과목이 있었다면 이런 과목 보충을 하는 것이 좋을 것이다. 그리고 10학년의 경우 5월 또는 6월에 SAT II Math IIC 시험을 응시하는 경우가 많 으므로 봄방학 기간에 시험 관련한 문제들을 많이 다루어보는 것이 중요하 다. 최근 시험부터 SAT II Math IIC 문제유형이 조금씩 변경되고 있는 상황 이므로 다양한 문제들을 다루어보는 것이 중요할 것이다.

보딩스쿨을 다니는 대부분의 학생들은 봄방학 기간에 한국을 방문하는 경 우가 많고, 데이스쿨을 다니는 경우는 기간도 짧기 때문에 미국의 홈스테이 가정에 머무는 경우가 많다. 봄방학 기간에 너무 풀어져버리면 학교생활이 힘들어질 수 있으니, 데이스쿨을 다니는 학생의 경우에는 부족했던 독서를 하거나 수학 또는 과학 과목을 보충하는 시간으로 활용하는 것이 적절할 것 이다.

효율적인 겨울방학 스케줄 짜기

12월 중순이 되면 짧게는 2주에서 길게는 3주 동안 유학생과 국제학교 학생들의 겨울방학이 시작된다. 유학생의 경우에는 1년에 4번의 방학을 갖는데, 일반적으로 여름방학과 겨울방학은 한국으로 돌아오고, 상대적으로 짧은 추수감사절 방학과 봄방학은 미국에서 보내게 된다. 여름방학은 새로운 학년을 준비하고 학기 중 신경 쓰지 못했던 시험 준비^{SAT, ACT 등}와 더불어 다양한 캠프나 봉사활동, 인턴십, 리서치활동 등으로 시간을 보내는 반면에 짧은 겨울방학은 어떻게 보내는 것이 효율적인지 정리해보겠다.

이 글은 기본적으로 겨울방학 동안 충분한 휴식을 취해야겠다고 계획을 잡고 있는 학생들에게는 해당되지 않고 짧은 기간 동안 효율적인 학습계획에 관심이 있는 학생들을 위해 학년별로 작성하였다.

▣ 현 12학년 학생

12월 초까지 대학응시에 필요한 시험들^{SAT, ACT, SAT Subject}은 다 마무리가 되었을 것이다. 여전히 남겨놓은 시험이 있다면 우선은 그동안 준비했던 성적으로 12월 말로 정시원서마감이 되는 학교들에 지원을 해야 할 것이며, 순위가 좀 떨어지는 학교는 1월 시험까지 받고 원서마감이 되므로 마지막 겨울방학 동안 SAT나 ACT 시험을 마무리하는 학생들도 더러는 있을 것이다. 사실 12학년 겨울방학까지 이러한 시험공부를 하고 있는 것은 바람직하지 않다. 당연히 그 전에 이러한 시험들을 마무리하고 12월 말 정시원서제출을 위하여 최종적인 원서 마무리를 해서 12월 20일~24일 사이에는 'SEND' 버튼을 누르고 지원절차를 마무리하는 것이 바람직하다고 하겠다. 대부분의 미국 학교는 원서마감이 되는 시점까지 대학 원서를 제출할 수 있으나, 몇몇 국내의 외국인학교 또는 국제학교는 대학 원서마감 한 달 전에 자체적으로 학교의 입시 카운슬러가 마감일을 지정하는 경우도 있으니 학교의 규정을 확인하고 그에 맞춘 원서 작성계획을 세우도록 해야 한다. 겨울방학 초반에 원서지원까지 마무리했다면 휴식을 취하면서 12학년 2학기 교과과정 중 현재 성적이 나오지 않거나 어려움이 있는 과목이 있다면 해당 과목 보충 정도가 적절한 겨울방학 계획이라고 하겠다. 이미 알고 있겠지만 미국 대학 입시에서 고3^{12학년}은 없다. 12학년이 되면 그동안 9학년부터 진행해왔던 내신, 표준시험성적, 활동 등을 잘 정리하여 Application Form에 정리하여 대학에 제출하면 1차적인 입시는 마무리가 된다. 하지만 12학년 2학기 성적까지 대학 측에 제출해야 하므로 방심하지 말고 마지막까지 학교 내신 관리에 신경을 쓰도록 해야 한다. 적지 않은 수의 학생들이 대학에서 합격증을 받고도 내신 관리 소홀이나 교내의 규칙위반 등의 사유로 대학입학이 취소되는 경우도 있으니 현재 12학년 학생들은 "떨어지는 낙엽도 조심해라!"라는 군대 말년 병의 얘기처럼 졸업식장에 서는 그날까지 자기 관리를 철저히 해야 한다.

▣ 현 11학년 학생

대부분의 상위권 학생들은 새 학기가 시작되고 10월에 여름 동안 열심히 공부했던 SAT 첫 번째 시험에 응시하였을 것이다. 약 20% 정도는 원하는 성적을 받았을 것이고 나머지 학생은 원하는 성적을 받지 못했을 것이다. 11월 또는 12월에 연달아서 시험을 본 학생도 있을 것이고 아니면 생각보다 원하는 성적과의 차이가 커서 겨울방학에 마무리 정리를 좀 더하고 1월에 시험을 응시하는 계획으로 수정한 학생도 있을 것이다. 보통 10월에 원하는 성적이 나오지 않은 학생은 12월에 그 다음 시험을 보는 학생이 50% 정도되고, 나머지 50% 학생은 1월에 두 번째 시험을 응시하게 될 것이다. 1월 시험은 다른 달의 SAT 응시날짜와는 다르게 3번째 주에 시험을 치른다. 겨울방학이 12월 중순부터 1월 초까지 실시되므로 이 기간에 좀 더 시험감각을 끌어올리고 학교로 돌아가서 약 2.5주 뒤에 1월 시험에 응시하게 된다. 여름방학 동안 거의 목표 점수까지 모의시험 성적이 나왔던 학생이라면 늦어도 11학년 1월까지는 SAT 시험을 마무리하는 것이 좋다. 그 이유는 3월과 5월 그리고 6월에도 시험은 있지만, 우선 5월에는 중요한 AP 시험이 실시되기 때문에 3월부터는 본격적인 AP 시험에 대비한 준비를 시작해야 한다. 학교의 성적에 비해서 생각보다 AP 시험 성적이 잘 나오지 않아 성적표를 받고 당황하는 상황과 대면할 수도 있으니 3월부터는 철저하게 AP 시험 준비를 해야만 한다. 그리고 6월은 여름방학이 시작되는 시기이다. 5월 말부터 6월 초까지 학년말 시험이 있으니 가급적이면 이 기간에 SAT 시험계획을 잡는 것은 바람직하지 않다. SAT는 그 이후에도 시험을 볼 수 있지만, 학교 기말시험은 딱 한 번의 기회이다. 학교 내신을 기본 베이스로 하는 미국 입시에서 기말고사를 망치는 것은 너무나도 큰 악영향을 끼친다. 6월은 1년 동안 열심히 공부해온 학교 내신을 마무리하기 위하여 기말시험에 올인 하자.

■ 현 10학년 학생

약 20%의 학생들은 이미 가을에 SAT II Math IIC를 응시하였을 것이고, 약 30%의 학생들은 1월에 첫 번째 미국 입시시험의 하나인 SAT II Math IIC 응시계획을 세워놓았을 것이다. 1월에 SAT II Science에 응시하거나 SAT I에 응시하는 10학년 학생의 수는 그리 많지 않을 것이다. 혹시나 준비가 되지 않은 상태에서 시험 삼아 1월에 SAT I 응시계획을 세운 학생이 있다면 신중을 기하기 바란다. 상위권 대학을 고려하고 있다면 한번 한번의 SAT I 시험이 너무나 중요하다. 그리고 과다한 시험 응시기록이 남는 것도 신경써야 할 사항이다. 그리고 1월에 SAT II Science 응시계획을 세운 학생이 있다면 이 또한 바람직한 계획은 아니라고 생각한다. 대부분 10학년에 배우고 있는 과학 과목을 응시한다고 계획을 잡았다면 빠르면 10학년이 끝나는 5월 또는 6월에 학교에서 배운 내용을 기본으로 하여 시험에 응시하면 되는 시험을 1월에 미리 선행학습을 통하여 치르는 것은 큰 이득이 없어 보인다. 차라리 부족한 학교 교과목 보충을 하거나 충분한 휴식을 취하도록 하는 것이 더 바람직하다고 본다. 1월은 SAT II Math IIC 정도의 시험응시계획을 세워놓고 잘 마무리하는 정도의 계획이 적당하다고 하겠다. 혹시나 1월에 시험계획이 없다면 과다하게 선행학습을 하여 억지로 시험 응시계획을 잡을 필요는 없고 이론 위주의 기초를 잘 다지는 학습 위주로 겨울방학을 보내고 5월 정도에 천천히 준비해서 응시를 하는 계획이 적절한 것이다. 특히나 10학년은 미국 대학 전반입시에서 매우 중요한 시작 학년이므로, 1학기 동안 내가 수행하고자 했던 활동성과를 놓고 냉정히 판단해서 부족한 부분에 관한 보완계획과 더불어 2학기부터 새롭게 수행해야 하는 구체적인 계획을 수립하는 일들로 겨울방학을 보내기 바란다. 10학년이 끝난 여름방학에 주요한 Summer Program에 참가하고 싶으면 대부분의 여름프로그램 지원마감이 1월 말까지이므로 겨울방학 기간에는 학생이 지원하고자 하는 여름프로그램을 조사하고 지원하는 데 필요한 사항들이 무엇인지를 점검해야 한다.

▣ 현 9학년 학생

현 9학년 학생이 처음으로 맞는 겨울방학은 우선은 적절한 휴식을 취하기를 바란다. 9학년 학생은 한 가지만 하면 된다. 약 4개월 정도 '고등학생으로서' 시간을 보내보았으므로, 겨울방학은 구체적인 대학 이야기를 해보기에 적절한 시기라고 할 수 있다. 이 시기에 대입진학계획이나 목표대학 또는 희망전공 등에 관한 이야기를 한다면 좀 더 현실감 있는 대화를 하게 될 것이다. 9학년 학생은 진반적인 대입진학계획을 수립해보는 시간을 갖기를 적극 추천한다. 아마도 9학년 진학 전에 이런 이야기를 했었다면 분명 좀 더 발전적인 계획을 수립하는 시간이 될 것이다.

▣ 현 8학년 학생

8학년 학생은 현재 재학 중인 학교를 계속 다닐 학생과 9학년부터 다른 학교로 전학 또는 유학을 계획하고 있는 경우에 따라 서로 다른 계획을 수립하는 것이 적절하다. 다른 학교로 전학계획을 잡는 학생은 고등학교 지원이 마무리가 되는 시기이므로 이 부분에 집중하는 것이 바람직하며 혹시 SSAT 시험을 끝내지 못했다면 1월에 실시될 시험에 마무리 응시준비를 하는 것이 좋을 것이다. 그 외의 학생은 겨울 동안 '구조적 리딩 분석과 글쓰기' 학습을 권유한다. 모든 공부의 기본은 영어이다. 특히 영어에서도 '분석적인 리딩과 글쓰기'가 가장 중요하다. 나중에 고등학교에 들어가서 공부하게 될 SAT나 ACT도 결국은 '리딩과 글쓰기'에서 승부가 갈린다. 하지만 단기간에 학습하기에 어려운 항목이다. 짧은 방학이지만 틈틈이 보완을 해놓는다면 분명히 도움이 될 것이다. 이과 과목은 단기간에 어느 정도 업그레이드가 가능하지만 영어는 시간이 걸린다. 전체 입시계획에서도 영어실력이 높은 학생은 다른 학생에 비해서 상대적으로 유리한 '대입진학계획'을 수립할 수 있다. 그리고 남는 시간에 다양한 활동에도 투자할 수 있다.

　미국 입시는 쌓이는 입시이다. 절대로 단기간에 벼락치기로 승부를 볼 수 없는 입시이다. 그렇기 때문에 미국 대학 입시는 50년 전이나 지금이나 기본 틀이 변하지 않고 그대로 유지가 되고 있는 것이다. 좋은 계획은 대학교 입시를 준비하는 데 있어 절대 무리수를 두지 않게 한다. 그게 좋은 계획이다. 다른 친구의 입시계획은 전혀 도움이 되지 않는다. 나에게 잘 맞는 옷과 같은 좋은 계획을 세우기 위하여 항상 연구하고 고민해야 할 것이다.

성과 있는 대학 투어를 위해

고등학생 자녀를 둔 학부모와의 상담에서 자주 나오는 질문 중 하나는 "언제 미국 대학을 방문하는 것이 적절합니까?"이다. 미국 대학을 방문하는 이유는 홈페이지나 주변 지인을 통해서 알고 있는 대학과 자녀가 직접 방문하여 대학 캠퍼스를 걸어보며 느끼게 되는 감성의 차이가 크기 때문일 것이다. 학교의 장학금 정보, 캠퍼스 또는 캠퍼스 라이프에 관한 정보, 이름 있는 전공에 관한 정보야 인터넷을 통하여 얼마든지 파악이 가능하며 그러한 단편적인 정보에서 느낄 수 없는 '감성'을 느끼는 데 그 목적이 있다고 할 수 있다.

다른 표현으로 '동기부여'라고 얘기하기도 하는데, 감성이든 동기부여든 직접 대학 캠퍼스를 방문해보고 가까운 미래의 자신의 모습을 대비시켜 보는 경험은 참으로 중요하다고 생각한다.

▣ 대학 투어의 시기는 언제가 좋을까?

언제 대학 투어를 하는 것이 적합한가에 대한 윤아빠의 생각은 다음과 같다. 우선 고등학생 때가 적절하다고 판단하지만, 9학년은 아직 고등학교 신입생으로 본격적인 대입준비가 시작되기 전이며 대학에 관한 관심과 열정이 조금은 부족한 시기이기 때문에 이르다고 생각한다. 그렇다면 미국 입시를 본격적으로 준비하고 있는 11학년은 어떨까? 감성과 동기부여의 효과까지 고려한다면 11학년은 조금 늦다는 생각이 든다. 또한 학교 내신 관리와 각종 시험과 활동 등으로 본격적인 대입 준비에 돌입한 학생이라면 대학 투어를 위한 5~7일간의 시간이 부담스러울 것이다. 윤아빠의 경험상 가장 적합한 대학 투어 시기는 10학년 봄방학이라 생각한다. 왜냐하면 10학년은 우선은 학교 내신에 관한 압박감이 심하지 않으며 대부분의 10학년은 5월에 응시해야 하는 AP 과목에 대한 부담감이 없을 시기이다. AP에 관한 부담이 있더라도 10학년은 잘 해야 AP World History 또는 AP European History

중 한 과목이 될 가능성이 크다. 그렇기 때문에 10학년의 경우 봄방학 기간은 특별한 프로젝트나 활동이 없다면 온전히 그 기간을 대학 투어에 투자를 해도 되는 시기라 생각한다. 10학년 봄방학이라면 미국 대학 지원 마감까지는 여전히 1년 10개월이라는 충분한 시간이 남아 있기 때문에 대학 투어를 통하여 새로운 각오를 다지기도 하고 대학 방문을 통하여 느낌이 팍 오는 그런 대학을 선정하게 되기도 한다. 그리고 그 대학에 가기 위해서 엄청난 괴력을 발휘하게 되기도 할 것이다.

▣ 대학 투어 스케줄

다음은 2016년 봄에 대학 투어를 준비하면서 윤아빠가 작성한 계획표이다. 지역과 효율적인 대학방문 순서를 정해놓고 다른 분들의 조언을 얻어 나름대로 완성한 투어 스케줄이다. 혹시 봄방학을 이용하여 대학 투어를 고려하고 있다면 이 스케줄을 샘플로 해서 희망하는 대학을 추가하거나 빼거나 하는 식으로 구성하면 '자신만의 대학 투어 스케줄'을 완성하는 데 도움이 될 것이다.

- 첫째 날 : 오전에 JFK 공항에 도착하여 차량을 렌트하여 보스턴으로 출발한다. 대략 4시간 정도의 거리이므로 저녁식사 전에는 호텔에 체크인이 가능하다. 첫째 날은 가족과 함께 맛있는 저녁식사를 한 후 충분한 휴식을 취한다.

- 둘째 날 : 케임브리지 지역에 위치한 하버드 대학교^{Harvard University} 와 MIT를 하루에 둘러본다. 오후 3시까지면 2개 대학의 투어 참여가 가능하므로 케임브리지에서의 대학 투어를 마무리하고 운전해서 약 3시간 거리에 있는 프로비던스 지역으로 오후 7시까지 도착한다. 호텔에 체크인한 후 저녁식사를 하면서 처음으로 방문했던 2개의 대학에 관한 소감과 궁금한 사항에 대하여 정리해본다.

- **셋째 날** : 프로비던스 지역에 위치한 브라운 대학교 ^{Brown University}를 둘러 보고 점심식사를 한 후 예일 대학교 ^{Yale University}가 있는 뉴 헤이븐까지 간 다. 오후 4시경 체크인을 하고 대학 주변을 구경한다. 특히 예일 대학교 바로 앞에는 맛있는 레스토랑과 걸어 다니면서 볼 수 있는 작은 상점들 이 있어 간단히 산책을 하면서 주변을 구경하기에 적합하다.

- **넷째 날** : 예일 대학교 투어를 한 후 약 2시간 거리의 뉴저지까지 간다. 다음 날은 뉴욕 시티 내의 2개의 대학교 ^{컬럼비아 대학교, 뉴욕 대학교}를 둘러볼 계 획이므로 시티 내에는 적절한 비용의 호텔도 부족하고 차를 주차할 공 간도 부족하므로 강 건너 인근 뉴저지 쪽의 호텔에 체크인한다. 이날 저 녁은 인근의 가든 스테이트몰 ^{Garden State Mall}을 방문하여 간단한 쇼핑과 저녁식사로 하루를 마감한다.

- **다섯째 날** : 시티 인근의 호텔에서는 매일 3~5회 맨해튼까지 방문하는 셔틀을 운영하는 곳이 많다. 차는 호텔에 두고 호텔 셔틀버스를 타고 맨 해튼을 방문하여 컬럼비아 대학교 ^{Columbia University}와 뉴욕 대학교 ^{New York University}의 캠퍼스를 둘러보고 맨해튼 내의 관광명소나, 맛집을 방문한 후 다시 호텔로 돌아온다.

- **여섯째 날** : 아침식사 후 바로 뉴저지에 위치한 프린스턴 대학교 ^{Princeton University}를 방문한다. 프린스턴 대학교는 다음으로 방문할 도시인 필라 델피아로 가는 길목에 있어 중간에 둘러보기 적당한 위치에 있다. 이 대 학 방문을 오전 중에 마무리하고 약 1시간을 남쪽으로 내려가며 필라델 피아에 도착한다. 윤아빠는 필라델피아를 방문하면 항상 숙소로 잡는 곳이 킹 오브 프루시아 ^{King of Prussia}라는 쇼핑몰 인근이다. 도보로도 이동 이 가능하고 차로 쇼핑몰까지 가더라도 5분이 채 걸리지 않는다. 저녁 식사 후 호텔에서 충분한 휴식을 취한다.

- **일곱째 날** : 오전에 펜실베이니아 대학교 ^{University of Pennsylvania}를 방문한 후

바로 워싱턴 D.C.까지 가서 호텔에 체크인을 한다.

- **여덟째 날** : 워싱턴 D.C.에 위치한 조지타운 대학교 ^{Georgetown University} 를 방문하고 다시 필라델피아로 돌아온다.

- **아홉째 날** : 주변 관광, 쇼핑 등을 한 뒤 그간의 투어를 정리한다.
- **열 째 날** : 새벽에 JFK 공항으로 이동하여 귀국한다.

이렇게 10일간의 대학 투어 계획을 정리해보았다. 처음에는 직접 운전하고 다니는 계획이 힘들 것 같아 미국 뉴욕 현지의 한인여행사에 개별 투어 견적 요청을 해본 결과 7일간 학교를 둘러보는 일정표와 함께 차량, 식사, 호텔비용 등이 모두 포함한 견적이 항공료를 제외하고 $6,400이 나왔다. 직접 운전하는 계획으로 비용을 계산해보니 약 $3,000 정도의 비용이면 총 10일간의 대학 투어 여행이 가능하다는 결론이 났다. 여행사를 통하여 편안한 개별 투어를 하든, 아니면 직접 도시마다 차량을 렌트하여 다니든 형편에 따라 결정하면 되는 문제라 생각한다.

마지막으로 대학 투어는 'Campus Tour'와 'Information Session'으로 나뉘어 있으며 가급적 2개의 세션을 사전 예약하여 한번 간 김에 다 경험하고 오는 것이 좋을 것이다. 각 대학 홈페이지를 방문하면 'Schedule a Tour' 또는 'Campus Tour'라는 섹션이 있다. 그 섹션을 클릭하고 들어가면 사전 예약을 할 수가 있으니 참고하기 바란다.

아이비리그 지원 시 가장 중요한 부분 – 주제 만들기

대학 지원서를 작성할 때 가장 중요한 부분은 강력하면서도 설득력 있는 주제에 맞춰서 지원서를 작성하는 것이다. 여기서 주제를 학생들의 장점과 관심을 한데 모아 입학위원회의 기억에 남을 흥미와 관심을 끌만한 상품을 만드는 브랜드 마케팅 캠페인이라고 생각해보자.

대다수 학생들은 본인의 장점과 수상 실적, 업적을 장황하게 늘어놓는다. 신청서 양식에는 기본적으로 이런 내용이 담겨야 한다. 그러나 에세이 작성과 인터뷰, 신청서와 함께 포함시키고 싶은 추가 정보에는 똑같은 접근방식을 사용해서는 안 된다. 이 부분은 주제가 명확히 표현되어야 한다.

입학위원회가 주로 묻는 질문은 "이 지원자와 다른 지원자의 차이점은 무엇인가?"이다. 각 대학의 심사과정은 다르지만, 대다수 위원회는 학생들의 변별성을 이해하는 데 몇 분 이상을 보내지 않으며 별도로 노력을 하지도 않을 것이다. 따라서 독특하고 명확하며 이해하기 쉬운 주제를 작성하는 것이 이 질문에 대한 최고의 해답이다.

다재다능함이 중요하다는 것은 누구나 안다. 하지만 다재다능함 자체가 장점은 아니다. 이것은 학생이 커다란 결격 사유가 없다는 것만 보여줄 뿐이다. 공부를 열심히 하고, 중요한 시험 준비를 잘 하고, 다양한 활동에 참가하여 다재다능한 면모를 갖추는 것은 중요하다. 하지만 입학지원서를 쓸 때 전달해야 할 메시지는 약점이 없다는 것이 아니라 한 분야의 장점을 분명하게 표현하는 것이다.

마지막으로 아이비리그의 입학과정은 한국 대학의 입학과정과 다르다. 학점과 시험 점수 확인은 시작에 불과하다. 입학위원회가 담당하는 것은 '가장 적합한' 학생을 선발하여 공동체를 조성하는 것이다. 입학위원회가 던지는 주요 질문은 다음과 같다.

"이 학생이 혜택을 누릴 수 있는 캠퍼스는 어디인가?"

"이 학생은 1학년 인문학 강의에 관심이 있는가?"

"학생이 캠퍼스라이프에 어떻게 참여하고 어떤 점을 기여할 수 있는가?"

만약 명확한 주제가 없다면 위원회가 이 질문에 대한 답을 찾는 것은 어려울 것이다. 입학위원회는 물리학을 좋아하고 장차 이 분야의 석학이 될 가능성이 있는 지도자형 학생을 선호한다. 학생이 캠퍼스 정치에 적극적으로 참여하고 공동체의 이익을 위하여 캠퍼스 정책에 관한 주제를 다루는 논쟁에 참여하여 좋은 의견을 낼 수도 있을 것이다. 그리고 테니스를 잘 쳐서 하버드 테니스 팀이 프린스턴을 물리치는 데 공을 세울 수도 있을 것이다. 아니면 수학을 좋아해서 수학 클럽 회장이 되어 다른 학생들이 수학을 배우고 제대로 이해하는 데 도움을 줄 수도 있을 것이다. 무엇보다 미국의 최상위권 대학은 학생이 해당 대학 졸업 후 모교의 명성을 높이고 우수성을 나타나는 데 기여할 수 있기를 기대하는 것이다.

주제의 요소는 선택 전공, 학점을 제일 높게 받은 강의, 직업/인턴십 경험, 하계 교육 프로그램, 업적과 수상 실적, 추천서, 과외 활동 등 다양하다. 이 분야에서 공통된 요소를 골라 에세이와 인터뷰에서 논하라.

대다수 지원서는 본인 소개란이 따로 있다. 이 소개는 여러분의 공통된 요소를 하나의 스토리로 강조해야 한다. 예를 들어 한 학생이 대학 졸업 후 의사가 되겠다는 포부를 안고 있다면 그 학생의 경험 중 지방병원에서 여름 인턴십을 보낸 경험과 AP Biology에서 A 학점을 받은 사실을 더불어 얘기하고 어렸을 때 할아버지의 병원을 방문하면서 느꼈던 경험에 대해서 하나의 스토리로 연결성 있게 개인소개란에서 기록할 수 있는 것이다.

짧은 에세이에는 자신의 주요 주제를 뒷받침할 다른 요소를 기록해야 한다. 예를 들어 Johns Hopkins University Summer Program에서 수강했던 면역학에 관한 강좌를 통해서 배웠던 지식과 병원에서 인턴십을 하면서 느꼈던 사실 등을 기록하고 그러한 경험이 본인에게 얼마나 즐거운 일이었는지를 표현해야 한다.

지원서 양식의 활동란에는 주제 관련 활동을 먼저 적어라. 학생이 정부/정치 관련 주제를 좋아한다면 정부의 정책에 관하여 논쟁을 하는 디베이팅 팀에서의 자신의 활약과 대사관에서의 하계 인턴십에 관한 내용을 기재해야 한다.

이것 말고도 중요한 항목은 교사 추천서의 신중한 선택이다. 자신의 주제가 수학이라면 반드시 수학 선생님의 추천서를 받아야 한다. 적극적인 추천을 받기 위해 주제와 대학 선택에 대해 선생님과 의논하는 것도 잊지 않아야 한다.

마지막으로 인터뷰는 테마를 직접 표현할 수 있는 절호의 기회다. 지면으로는 자신이 선택한 분야에 대한 관심이 얼마나 큰지 정확하게 표현하기 어렵다. 면접관과 일대일로 만나면 자신의 열정과 지원하고자 하는 대학에서 의학 공부를 하고 싶다는 열정과 기대감을 자신 있게 표현해야 한다. 성실하고 열정적으로 관심을 표현한다면 입학위원회에 아주 긍정적인 인상을 심어 줄 수 있다. 인터뷰는 2~3주 준비하도록 한다.

가고 싶은 대학에 지원자의 관심도를 보여주는 3가지 방법

미국의 중상위권 대학은 특히나 많은 지원자들이 복수지원하기 때문에, 대학 입장에서는 뽑고자 하는 학생이 과연 우리 대학에 등록할지가 가장 큰 관심사라고 할 수 있다. 특히나 아이비리그 대학은 대학의 위상을 보여주는 지표로 사용되는 '등록률'을 높이기 위하여 지원자의 모든 사항을 꼼꼼히 살펴보고 '등록 가능성'이 조금이라도 높은 학생을 선택하기 위하여 노력을 기울인다.

등록률에 관한 대학의 입장이 이렇다면 지원자의 입장에서 취해야 하는 방법은 무엇이 있을지를 고민해봐야 하겠다.

기본적으로 대학 지원 시 작성하는 Common Application의 내용만 가지고는 내가 이 대학에 얼마나 관심이 있는지 그리고 합격만 시켜주면 꼭 간다는 의지를 보여줄 수 있는 항목이 충분하지 않다. 때문에 다음 3가지를 명심하기 바란다.

첫째, 기본적으로 작성해야 하는 Common Application 외에 각 대학이 추가로 요구하는 College-Specific Supplement에서 작성해야 하는 에세이에서 대학에 관한 관심사를 보여주기에 충분하다. 왜 이 대학에 와야 하고 왜 이 전공을 공부하고 싶은지에 관한 질문에 대해 왜 해당 대학에서 그 전공을 공부하고 싶은지 세부적인 예를 들면서 해당 대학과 전공에 관해 충분한 조사를 하였고, 진심으로 관심을 가지고 있는지를 충분히 보여줄 수 있다. "왜 우리 대학에서 Pre-Med를 전공하고자 합니까?"라는 질문에 "부모님이 의사여서 저 역시 의사라는 직업을 통하여 사회에 봉사하고 싶습니다!"라는 답변은 지원자를 합격자 목록에서 삭제하기에 충분한 답변이 될 것이다. 그 사유는 매우 구체적이어야 하며, 가능하다면 특정 교수의 특정 논문까지 거론하면서 왜 이 전공 많은 대학 중에서도 왜 우리 대학에서 이 공부를 하고 싶은지 을 지원하고 싶은지를 설명할 수 있어야 한다. 구체적이고 명확한 에세이는 지원자의 이름을 합격시키고 싶은 Top 5에 올려놓을 수 있다.

둘째, 11학년이 끝난 여름방학에 가장 가고 싶은 대학에서 제공하는 College Credit Summer Program을 이용하기 바란다. 내가 최우선 순위로 고려하고 있는 대학을 선택하고, 관심 있는 과목을 선택하여 Summer Program에서 열심히 공부하기 바란다. 해당 대학에서 공부했던 이야기를 대학 지원서의 에세이에 표현할 수도 있고, 활동Activity의 한 칸을 채워 넣을 수도 있다. 입학사정관은 본인이 재직하고 있는 대학의 Summer Program에 참여한 학생들의 지원서를 분명히 더 관심을 가지고 볼 것이다. College Summer Program 신청은 매년 1월에 이루어진다. 미리미리 11학년 1학기에 계획을 세우기 바란다.

셋째, 원서양식에는 대학에 관한 기본적인 관심사를 확인하는 칸이 있다. 우리 대학에 방문해본 경험이 있는가, 언제, 몇 번, 무엇을 느꼈는가라는 질문으로 형식적인 투어가 아닌 확실한 관심을 가지고 자신들의 대학에 방문을 했는지를 점검한다.

대학을 지원하는 관계는 철저하게 Give and Take이다. 대학에서 학생을 합격시키고자 한다면, 학생은 대학에 무엇을 보여줘야만 합격할지를 동시에 고민하는 것이 필요하다. 기본적으로 보여줘야 하는 GPA, SAT, Activity가 충분하다면 위의 3가지 사항을 참고해서 그 대학에 관심이 많고 합격되면 꼭 갈 것이라는 의지를 보여주는 것이 중요하다.

유사한 3명의 학생이 예일 대학교에 지원해서 그중 1명의 학생이 합격했다면 아마 위의 3가지 중에 최소 2가지라도 충실하게 실행에 옮긴 학생일 것이다.

합격자 발표 이후 주의해야 할 일

8월이 되면 실질적인 원서지원 작업을 시작해 11월에 Early 지원서를, 12월에 정규지원서 접수를 마감하게 된다. 약 12월 중순에 지원했던 대학에 Early로 합격하는 것이 가장 큰 기쁨이고 영광이 될 것이다. 이번 가을에 12학년이 되는 학생은 아직 시간이 남아 있으니 올라가지 않는 SAT 성적에 스트레스 받지 말고 대학지원에 사용할 수 있는 SAT 응시는 12월까지 시간이 있다는 사실을 주지하고 차분히 공부를 다지는 것이 중요하다. 가끔 본격적인 원서 작성이 시작되면 마음이 들떠서 자기가 가고 싶은 대학만 생각하고 실질적인 학습을 소홀히 하는 경향이 있는데 이럴 때 일수록 차분한 마음으로 하나하나씩 다지듯이 준비해나가는 자세가 필요하다. 12학년이 되는 학생에게 남은 것은 3가지라고 할 수 있다. 12월까지 아직 끝내지 못한 SAT I, SAT II Subject Test를 잘 치르는 것, 그리고 원서 작성을 실수 없이 꼼꼼히 하는 것, 그리고 12학년 학교 내신 성적 관리에 마지막까지 최선을 다할 것이다. 조급하다고 서두르는 자세보다 더욱더 차분한 마음으로 자신을 믿고 끝까지 최선을 다하기 바란다.

12월에는 Early 합격자 발표가 날 것이고 이후 3월 말~4월 초가 되면 정시 합격자 발표가 날 것이다. 이번에는 합격자 발표 이후에 해야 하는 것에 대해서 정리해보도록 하겠다.

• 합격 이후라도 안심하지 말 것

대학에서 합격통지서를 받았다 하더라도 100% 그 대학에 합격이 보장되지는 않는다. 미국 전국 대학 카운슬링 협회^{NACAC}의 보고서를 보면 해마다 대학합격생의 약 18~21%가 합격 취소 결정을 통보받는다고 한다. 합격이 취소되는 가장 큰 이유는 12학년 성적 관리 불량이다. 합격이 취소되는 학생의 약 60%가 12학년 성적 관리를 부실하게 하여 힘들게 희망하는 대학에 합격을 하고서 불합격 통지서를 다시 받게 되는 것이다. 그러니 고등학생이 끝나는 마지막까지 성적 관리를 소홀히 하는 일이 없도록 해야 할 것이다. 특히 사립대학보다는 주립대학 또는 공립대학이 성적 관리 부진에 관하여 심각하게 생각하는 경향이 있으므로 특히 주립대학에 합격한 학생은 더욱 신경 쓸 일이다.

• 합격 이후 학교생활을 조심할 것

합격 이후에 소홀해진 마음가짐으로 학교생활을 하다가 교내에서 폭력, 음주, 약물, 부정행위 Cheating 등의 행위가 발생하여 학교에서 처벌을 받는 일이 없도록 해야 한다. 합격이 취소되는 학생 중 약 30%가 교내의 규율을 어겨서 문제가 발생한 경우이다. 사소한 시비에 얽혀서도 안 되고 가능하면 타인과 시비가 발생할 수 있는 모든 일을 조심해야 한다.

이 두 가지만 명심하고 조심하면 합격한 학교에서 '합격취소'가 되는 비운의 주인공이 되지 않을 것이다. "나에게는 그러한 일이 일어나지 않을 거야!"라고 안일하게 생각하지 말고 고등학교 졸업식장에 설 때까지 최선을 다해서 자기관리를 하는 마음가짐이 절대적으로 필요하다.

여전히 갈 길이 남은 12학년들이여. 용기를 잃지 말고 마지막까지 최선을 다하기 바란다.

유학, 상황에 맞게 현실적으로 계획해야

퇴근해서 집에서 TV를 보다가 평소 시간이 날 때마다 들어가서 보는 다른 유학카페에 "고민만 한가득입니다"라는 제목으로 올라온 글이 눈에 띄어서 읽게 되었다.

2년 동안의 준비를 거쳐 작년 가을에 교환학생으로 10학년을 보내고 있는 자녀가 다시 한국으로 돌아오지 않고 미국에서 계속 살고 싶다고 하는데 어떻게 해야 하는지에 대한 어떤 학부모의 글이었다. 비용적인 문제에 관한 고민과 함께 벌써 3월이 되는 시점에 자녀의 그러한 요청에 대해서 같은 마음으로 고민할 수밖에 없는 심정이 느껴져서 다음과 같이 긴 댓글을 달게 되었다.

윤아빠 2017.03.09. 00:00 ↳답글   수정 | 삭제
대부분 교환학생 유학생활을 해본 학생들이 다시 한국고등학교로 돌아오는것을 꺼리게 됩니다. 아무래도 교육시스템도 다르고 넓은 의미에서 선택의 권한이 미국교육쪽에 주어지는것 같습니다. 천방지축님의 말씀처럼 이번 가을에 미국 사립학교 11학년으로 갈려면 학교도 선정하고 어플라이도 하고 입학허가서가 나오면 학생비자도 다시 받아야 하는 절차를 진행하셔야 합니다. 더구나 대부분의 보딩스쿨은 지원이 끝난 상태이기때문에 통학하며 다닐 홈스테이도 구하셔야 하는 일들이 남아있습니다. 바쁘시겠지만 현명하게 잘 진행하시길..

윤아빠 2017.03.09. 00:01 ↳답글   수정 | 삭제
또 가을에 11학년이되면 대학지원준비 마지막학년이니 대입준비도 해야하겠네요. 휴~~ 할일이 많습니다

윤아빠 2017.03.09. 00:08 ↳답글   수정 | 삭제
경제력도 고려하시면 약 10,000~15,000불대 크리스챤 또는 캐톨릭계통의 학교들이 학풍도 좋고 무난합니다. 그외 홈스테이비용 그리고 용돈정도를 고려하셔야 하고 고등졸업 후 대학진학시 학비에 대한 부분도 고려하셔서 포트폴리오를 잘 짜야 합니다. 현실적인 부분이니까요

댓글을 달면서도 '마음이 편해지는 글을 써야 하나? 아니면 현실적인 조언을 해야 하나?' 하는 생각이 들었다.

두 가지 생각을 하다가 내린 결론은 '현실적인 조언'을 하자이었다. 미국 교육 시스템과 다양한 부분을 고려해야 하는 상황에 익숙하지 않은 한국의 엄마는 자녀의 요청에 따라 급한 대로 강남역 등에 밀집된 유학원을 이곳저곳 다녀보지만 무엇 하나 마음 편한 것이 없을 것 같다. 유학원이야 사립 고등학교 찾아서 지원을 도와주고 이후 학생 비자를 받기까지의 절차를 도와주

고 업무를 끝내면 되지만 그 이후에 아이가 겪게 될 여러 가지 사항들과 학부모가 미리 준비해야 하는 것들에 대해서는 조언을 할 수가 없는 실정이다. 그러나 학생 비자를 받는 것보다 더 중요한 것은 대학 교육 이후의 진로다.

이러한 고민을 하는 데 있어서 가장 기본이 되는 것은 현실적인 '유학비용'이다. 자식이 원하면 부모는 집이라도 팔아서 지원을 해주고 싶을 것이다. 하지만 '유학'은 단기간에 끝나는 과정이 아니라 어떤 경우에는 집을 팔아서도 해결되지 않는 경우도 있다.

윤아빠가 하고 싶은 조언은 매우 현실적으로 상황을 바라보고 그에 맞는 계획을 세워야 한다는 것이다.

우선 미안하지만 대부분 교환학생으로 가는 경우에는 유학준비를 많이 하고 가는 경우는 드물다. 영어의 수준도 준비되지 않는 경우가 많으니 무리해서 좋은 사립학교를 지원하는 것보다 가정의 자금계획에 맞는 학교를 선택하는 것이 좋다. 특히 학점관리가 너무 어려운 학교는 피하는 것이 좋다.

미국의 사립학교는 최저 1년 학비가 $5,000~35,000까지 선택할 수 있는 옵션이 매우 다양하다. 윤아빠가 보기에는 연 학비가 $15,000 정도의 학교 중에서 수준이 그다지 높지 않으면서 다양한 활동이 지원되는 학교가 적합하리라 생각한다. 그리고 홈스테이 비용도 고려되어야 하니 비용부담이 상대적으로 큰 한인 홈스테이보다는 미국인 홈스테이가 비용 면으로 유리하고 영어를 더 사용할 수 있다는 면에서 좋다고 본다. 윤아빠를 찾아와서 조언을 구하면 윤아빠는 대부분 문화, 음식, 심리적인 안정감을 고려하여 한국인 홈스테이를 권유한다. 하지만 위와 같은 경우는 현실적인 자금도 중요한 부분이므로 고등학교 과정에서 가능하면 비용을 절약할 수 있는 유학이 적합할 것이다. 왜냐하면 고등학교 졸업 후 대학도 진학해야 하고 부모 역시 노후에 대한 대책도 세워야 하기 때문이다. 그러므로 자녀교육을 위해서 '집'을 파는 일이 있어서는 안 되겠다. 인생에서 '대학'이 중요하기는 하지만 세상에는 그것보다 더 중요한 일들이 많이 있으며, 좋은 대학이 반드시 장래를 보장하는 것도 아니다. 윤아빠의 제자들 중에 미국의 중위권 대학에서 학점관리를 잘

하고 인턴십 경험을 잘 쌓고 50% 정도의 장학금 혜택도 받으면서 경제적인 미국 유학을 마치고 국내의 중견기업에서 직장생활을 잘 하고 있는 친구들이 있다.

유학이 안정된 직장과 미래를 보장해주지 않기에 현실적인 접근과 시야가 필요하다.

같은 시선이 필요한 유학생 가족

이번엔 그동안 상담했던 많은 유학생 가족 이야기를 해보고 싶다. 특이하게 윤아빠의 학원에 상담이 필요하여 방문하는 분들은 어머님만 오시는 비율과 아버님, 어머님이 함께 오시는 비율이 거의 같다. 약 5년 전과 비교해볼 때 아버님의 참여율이 늘어나고 있다는 사실이 참 반갑다. 자녀의 유학이라는 프로젝트는 자녀와 엄마만 감당하기에는 알아야 할 것도 많고 부담이 큰일이기 때문이다.

2008년에 캐나다에 유학 중이던 K군은 특이하게 아버님 혼자서 학원 상담을 오시던 분이었다. 조심스러운 부분이라 어머님께서 왜 동행하여 오시지 않는지를 묻지 않았지만, 첫 만남 때 중절모자를 쓰시고 뒷모습을 보이며 상담실에 앉아 계시던 그 모습이 아직도 기억에 남는다. 보통 아버님께서 상담을 오시는 경우에는 학생의 대학 진학과 관련된 주제 외에도 다양한 이야기 소재를 가지고 대화를 나누게 된다. 인생 이야기, 사업 이야기 등 살아가는 이야기를 통하여 남자들만의 끈끈함 같은 것을 통해 이 시대를 살아가는 아버지들의 고민과 애환을 같이 느끼고 나누게 된다. 국내의 교육 경험만 있으셨던 K군의 아버님은 어차피 본인이 무엇이 더 좋은지를 일일이 알아보기도 힘들고 해서 믿고 맡길 테니 잘 부탁한다는 말씀만 하셨고 전적으로 신뢰를 받고 있다는 느낌을 받을 수 있었다.

K군은 늦은 대입준비였지만 10학년, 11학년 2년을 준비해 자기가 가고 싶었던 코넬 대학교 Cornell University 에 Engineering 전공으로 조기전형에 합격했다. 멀리 수화기를 통해 "선생님, 저 됐어요!"라고 얘기하는 K군의 목소리에서 긴 인생의 첫 고비를 잘 넘어가는 자신감을 느낄 수 있었다. 현재 K군은 무사히 대학을 졸업하고 꽤 괜찮은 조건으로 국내 기업에 재직 중이다.

어머님이 논산에서 작은 병원을 운영하셨던 J군은 작은 가톨릭 학교에 유학 중인 학생이었다.

여름방학을 맞아 서울에 별다른 연고가 없어서 지낼 곳을 찾기 위해 어머님과 같이 삼성동 일대를 돌아다니며 원룸을 구했고, 학원 구석에 세워놓았던 작은 간이침대를 J의 잠자리로 쓰기 위해 함께 옮겨서 설치했던 추억이 있던 학생이었다. 11학년을 끝내고 마지막 여름 3개월을 SAT I, SAT II 2과목 시험 준비와 더불어 대학원서 준비까지 해야 하는 강행군의 시간을 J는 하루 4시간 정도만 취침하면서, 때로는 학원에서 같이 밤을 새면서 힘든 고비를 넘겼다. J군은 시카고 대학교 University of Chicago 에서 경제학을 전공했고, 지금은 여의도 소재의 투자은행에서 멋진 직장인으로 근무하고 있다. 명절 때마다 자기 이름으로 사과, 배 등 과일상자를 보내오는 어른스러움까지 갖춘 기특한 녀석이다. 대학 졸업 후 어떤 직장에서 자신의 커리어를 쌓아야 할지 고민하는 J군을 위해 투자은행, 금융회사 등의 선배들을 만날 수 있는 자리를 마련해주었고 그러한 과정을 통해 지금의 직장을 찾게 되어 벌써 4년차의 경력을 쌓아나가고 있다. 얼마 후면 청첩장이 날아올 것 같다.

앞에서도 얘기했듯이 유학이라는 주제와 더불어 미국 대학 진학은 이제 온 가족이 힘을 합쳐야 하는 중요한 일이다. 상위권 대학에 진학에 성공하는 학생들을 보면 가정의 의사결정과정이 매우 민주적인 특징이 있다. 아버님이나 어머님의 의견을 강요하지 않고 부모님 서로의 의견이 존중되는 상호호환의 멋진 조화를 이룬다. 아버님이 자수성가로 큰 성공을 이루신 가정을 보면 독재적인 성향의 분위기를 느낄 수 있는데, 보통 아이들이 기가 죽어 있고 어른들의 눈치를 많이 본다. 자기를 위해 공부를 하는 게 아니라 보여주기 위한 공부를 하고 그런 과정 중에 성적이 나오지 않을까봐 걱정도 많이 하지만 대체로 결과가 썩 좋지 않은 것을 보게 된다.

부모의 청소년 세대와 너무도 다른 시대를 살아가고 있는 우리 자녀들과의 조화가 필요하다. 특히 유학생 부모들은 더 많이 공부해야 하고 정보를 취합하고 현실적인 목표를 구상하여 아이가 하나씩 성취해나갈 수 있도록 이끌어주는 내공이 필요하다. 그렇기 때문에 어머님과 아버님이 힘을 합쳐 쉽지 않은 이 과정을 헤쳐 나가는 현명함이 필요하다.

보딩스쿨에서 재학을 하든 데이스쿨에 재학을 하든 유학생 자녀는 1년에 적게는 5천만 원에서 1억이라는 비용을 쓰게 된다. 대한민국에서 선택된 아이들이다. 좋은 교육 환경과 폭넓은 인간관계를 배우고 국제적인 감각도 배운다. 큰 비용을 써야만 하는 유학과정이기에 이왕이면 좀 더 노력해서 결과까지 좋을 수 있도록 같이 힘을 합쳐 노력하고 서로의 시선을 맞추고 같은 곳을 바라보는 것이 절실히 필요하다.

윤아빠 한마디!

아직도 정신 못 차리는 유학생들에게.
너희를 위한 부모님들의 고생과 사랑의 100분의 1만 너희가 깨닫고 느낄 수 있다면.
너희는 바뀔 것이다. 그걸 느낄 수만 있다면….
나이 서른이 되어 사회에 나올 때 피눈물 흘리지 말 고 아직도 늦지 않았으니
제발 정신 차리자.

명문 대학만이 최선의 선택일까?

유학 관련 업무를 한 지도 어언 20년이 넘었다. 그동안 수많은 학생들을 만났고 또 어떠한 과정을 거쳐서 대학에 진학했는지 상세한 과정에 관한 경험을 가지고 있다. 이제는 학생의 학년, 성격, 현재 학교에서 듣고 있는 과목의 구성과 GPA 수준, 그리고 현재 참여하고 있는 활동의 종류, 영어 수준 SAT 등의 점수을 보면 이 학생이 진학할 수 있는 대학의 리스트가 머릿속에 그려진다. 가급적이면 상담과정에서 최대한 솔직하게 윤아빠의 생각을 전달하고자 노력하지만, 가끔은 준비된 상황에 관한 얘기를 듣기도 전에 학생이 미국의 최상위권 대학을 목표로 하고 있다는 이야기를 들을 때면 그 실현 가능성에 대하여 어떤 답변을 해야 할지 잠시 고민을 하게 된다. 물론 단기간에 엄청난 변화를 일으켜서 미국 최고의 대학에 합격을 한 학생들도 만나보았지만 일반적인 경우는 대부분 실현 불가능하다.

미국의 명문 대학에 들어가는 것이 집안의 경사이자 본인에게도 큰 영광이기도 하다. 그러나 꼭 미국의 명문 대학만이 현실적인 대학 선택의 기준이 될 수 있다고는 생각하지 않는다. 그 내면에는 부모님이 감당해야 할 학비, 학생의 성향 그리고 학부 교육 이후의 진로와 졸업 이후에 어디에 취업을 하고 어떻게 살아갈 것인가를 고려할 때 명문 대학만이 반드시 최선의 선택이라고는 생각하지 않는다는 얘기이다.

미국에는 주립대, L.A.C. Liberal Arts College를 포함하여 선택할 수 있는 수없이 많은 대학이 있으며 또한 자신의 현재 상황과 이후의 진로를 고려하여 선택을 잘 하는 것이 가장 좋은 선택이라고 할 수 있다. 미국에서 공부를 한다는 것은 적지 않은 학비와 생활비를 부담할 수 있어야 가능한 일이다. 일반적인 사립대학 학비와 생활비까지 고려하면 최소 연 7천만 원 이상의 경비가 소요되기에 이것을 감당하기 위해서는 경제적 여건을 잘 생각해봐야 한다. 자녀의 학비와 생활비 지원은 부모의 생활비 그리고 노후 대책을 고려하여 세워야 할 것이다.

미국 대학에 진학하기만 하면 끝나는 일이 아니라 새로운 고민의 시작이기도 하다. 윤아빠 역시 미국 사립학교에 딸아이를 보내고 있지만 대학 진학 이후의 경제적인 문제를 고려해서 소극적인 소비를 하게 된다. 사실 대학 진학보다 더 중요한 것은 대학 진학 이후의 삶에 영향을 미치는 '취업'이 아닐까?

어느 나라, 어떤 직종에서 일하게 될지, 이후 삶이 어떠한 궤도를 그리고 살아가야 하는지를 고민해야 한다. 영주권도 필요하다면 적극적으로 고려하고 장학금으로 대학을 다니기 위해 대학 리스트를 정할 때 남의 이목에 신경 쓰지 말고 소신껏 결정하는 용기도 필요하다. 얼마 전 아는 제자가 코넬 대학교와 카이스트에까지 합격했음에도 한국인이 잘 모르는 LAC를 장학금 때문에 진학을 했다. 그동안 공부를 꽤 잘한다고 소문이 났기에 주변에 입방아 찧기 좋아하는 이웃들이 '왜 그 집 딸은 그리 공부를 잘한다면서 이름도 없는 학교에 갔느냐'라는 얘기를 듣고 상처를 많이 받았다는 얘기를 들은 적이 있다. 하지만 그 여학생은 대학 진학 후 한 학기를 보내면서 자신의 대학에서 새로운 학문에 관한 배움과 경험을 통하여 정말 만족스런 대학생활을 하고 있다는 소식을 전해오면서, "만약 제가 이름만 보고 대학을 선택했다면 지금처럼 이렇게 만족할 수 있었을까요? 그리고 부모님의 짐을 조금이나마 덜어드리게 되어 마음 편하게 공부에만 전념할 수 있어요."라는 이야기를 했다. 소신껏 자신의 삶을 주체적으로 살아가며 정말 제대로 배워야 할 것을 대학에 배우고 있다는 생각이 들었다.

대학 선택의 기준은 무엇인가? 남들의 시선인가? 아니면 부모의 만족인가?

가장 중요한 사실은 지금 고등학생 시절을 보내면서 대입을 위한 준비가 완벽해야 대학에서 장학금도 받고 대학생활을 주도적으로 살아갈 수 있다는 사실을 깨달아야 한다는 것이다. 게임, 친구들과의 수다, 쓸데없는 고민으로 우리의 시간을 낭비하기에는 앞으로의 우리에게 펼쳐질 삶이 너무나 찬란하고 너무나 아름답기에 그리고 너무나 하고 싶은 일들이 많기에 지금 깨달아야 할 것이다. 그리고 지금 노력해야 한다. 그리고 지금 바뀌어야 한다.

돌아가는 것이 늦은 건 아니다

윤아빠 학원을 다니는 학생 중에는 이상하리만큼 끈끈한 유대감을 가지고 있는 아이들이 몇몇 있다. 점심식사를 하고 사무실에서 업무를 보고 있던 중 J에게 전화가 왔다.

"선생님, 저 MICA에 합격했어요!"
"○○야, 너무 축하해!"
"선생님, 근데 오늘 학교에서 안내문이 우편으로 도착했는데 $35,000 장
  학금을 주겠대요."
"아! 너무 좋은 소식이다."

*MICA : Maryland Institute College of Art

J는 미국에서 고등학교를 다니던 10학년에 오빠를 따라서 학원에 왔는데 참으로 우여곡절이 많은 아이였다. 초등학교 때 중국으로 유학을 가서 공부를 하다가 중학교 때 다시 캐나다로 유학을 갔고 다시 고등학교 때 미국 보스턴 인근의 보딩스쿨로 학교를 옮긴 케이스였다. 10학년 여름을 잘 보내고, 11학년 겨울방학쯤에 J의 오빠에게서 연락이 왔다.

"선생님 가정 형편이 어려워져서 유학을 중단해야 할 것 같아요." 그 소식을 듣고 어머님과 급히 통화를 하였다. 형편이 어려워진 것이다. 자녀 두 명을 미국의 보딩스쿨에 보내는 것은 정말 많은 비용이 드는 일이다. 오빠가 한국으로 들어오기로 결정을 한 뒤에 J도 같이 한국으로 들어오기로 결정을 한 것이다. 우선은 학업을 계속 이어가야 하므로.... 이 아이들이 다닐 수 있는 한국의 국제학교를 수소문하였다. J의 오빠는 졸업반이라 국제학교에 들어갈 수 없었고 다행히 J는 G국제고등학교 2학년으로 입학을 하고 기숙사 생활을 하였다. J의 오빠는 GED 시험으로 우선 고등학교 학력을 취득하고 SAT 시험을 다시 응시해서 대학 원서를 준비하기로 하였다. 기본적인 실력

이 있던 학생이라 단기간에 GED 시험을 통과하였고, 그 해 1월 중순까지 대학교 원서접수도 다 마무리하였다. 무난히 자신이 가고자 했던 대학에 합격했고, 1학년 1학기를 끝내고 군입대를 하였다.

그렇게 하루하루 시간이 흘러가고 있던 때, J의 어머님으로부터 전화 한 통을 받았다. 지금 다니는 학교를 휴학해야만 하는 상황에 대하여 설명을 들었고, 휴학 이후의 계획에 대하여 상담했다. 휴학 이후 J 역시 GED 시험을 패스했고, Art School 진학을 희망했던 J는 윤아빠가 추천했던 미술학원에서 포트폴리오 작업을 열심히 하고 대학 원서준비도 잘 하였다. 다른 모든 서류와 포트폴리오는 잘 접수가 되었다는 소식을 들었으나, 학교에서 다시 안내메일이 왔다. '당신에게 관심이 많아 기다려 줄 테니 조금 더 높은 TOEFL 성적을 보내 달라'라는 내용이었다. 부랴부랴 시험등록을 하고 약 3주간 공부를 열심히 시켜서 시험을 치르고 학교에다 시험성적을 보냈다. 다른 학생과 달리 학교 다니면서 우여곡절도 많았고 고생도 많았던 J였기에 그 결과가 너무나 기다려졌다.

그런데 합격이란다. 그것도 $35,000 장학금까지 준단다. 수화기를 통해서 들려오는 아이의 목소리는 그동안의 마음고생을 벗고, 자신감에 가득 찬 목소리였다.

"○○야, 정말 축하해! 부모님께 오늘 큰절 올려라"

학원을 운영하면서 많은 학생을 만나게 된다. 개인적인 이유로 또는 집안의 사정으로 남들과는 좀 다르게 돌아도 가고 좀 쉬었다 가기도 한다. 제 나이에 정확하게 졸업하는 학생들이 대부분이겠지만, 이렇게 조금은 돌아가도 긴 인생의 항로에서 조금도 문제될 것이 없다고 본다. 오히려 아픔을 알기에 자신에게 주어진 시간 동안 최선을 다해서 생활하고 노력하는 아이들이 나중에 사회 나와서 더 큰 재목으로 쓰임 받을 것을 믿는다. 아이들의 이러한 전화는 이 일을 하는 윤아빠에게 큰 원동력이자 위로이다.

자랑스러운 제자 S 이야기

우리 학원을 거쳐 간 학생 중에 정말 멋진 S라는 학생이 있다. S를 보면 언제나 '우리 딸이 저렇게 커주었으면 좋겠다'라는 생각이 들 정도였다.

S는 교수이신 아버지를 따라 어렸을 때부터 필라델피아 인근의 명문 사립 남학교인 Haverford를 다녔다. 부모님이 한국으로 들어오게 되면서 10학년부터 보딩스쿨로 옮겨 학교를 다닌 아이였다. 같은 학년의 다른 학생보다 나이가 2세나 어려서 만 17세의 나이로 펜실베이니아 대학교University of Pennsylvania 1학년으로 입학을 하였다. 어린 나이에 대학에 들어간 것도 특별하지만 여기서 얘기하고자 하는 것은 그 학생의 인성이다.

2012년 가을 뉴저지에서 추수감사절 캠프를 하였는데, 그 당시 12학년이었던 S는 이미 대학 진학에 필요한 모든 준비를 끝내고 대학 원서에 사용할 에세이를 다듬기 위해서 캠프에 참여했었다. 다른 학생은 SAT 수업에 참여해야 하는 오전 시간에 이 학생은 자유롭게 시간을 보내도록 배려를 해주었다.

아침식사를 하고 1층 로비에 약 30명이 되는 사람들이 한 사람의 피아노 연주를 듣고 있었다. 사람들 틈 사이를 비집고 흐르는 선율은 사람의 마음을 끌어당겨 자연스럽게 사람들로 하여금 귀 기울이게 하였다.

사람들을 제치고 앞자리로 조금씩 이동하여 누가 이런 음악을 연주하고 있을까 그 얼굴을 보고 싶었다. 그래서 조금씩 앞으로 이동해갔다.

피아노 앞에는 눈을 감고 자신만의 음악세계에 빠져 있는 S가 앉아 있는 것이 아닌가? 그 어느 누구도 이 멋진 연주자의 공연에 방해되지 않게 숨을 죽이고 경청을 하는 분위기였다. 이윽고 S는 연주를 끝내고 감았던 눈을 떴다. 우레와 같은 박수소리가 호텔 1층에 울려 퍼졌다.

우리만의 작은 콘서트에서 감동과 전율을 느꼈다면 너무 윤아빠가 오버하는 것일까? 그 자리에 있던 모두의 얼굴에서 감동과 행복을 느낄 수 있었고, 16세밖에 안 된 여드름투성이 학생의 연주에 존경을 표하지 않는 사람은 그 누구도 없었다. S는 그런 아이였다.

오전 SAT 수업을 끝내고 다른 학생들이 자습을 하고 있는 시간에도 자신의 방에 들어가 휴식도 취하고 영화감상도 할 수 있음에도 불구하고, 자습실에서 다른 학생과 같이 남아 책을 읽거나 글을 썼다. 같은 테이블에 있는 같은 학년의 학생들은 S가 나이가 어림에도 상당히 높은 SAT 점수를 가지고 있다는 사실을 알고 이해가 되지 않는 문제를 한두 명씩 물어보기 시작했다. 그때부터 J는 친구들이 새벽 1시까지 공부할 때까지 옆에서 누가 시키지 않아도 옆에서 공부에 도움을 주는 일을 추수감사절 기간 내내 했다. 나이는 16세지만 J의 그런 성숙되고 인간적인 모습은 동료 학생들의 자연스러운 존경을 받았다.

추수감사절 캠프는 아이들과 24시간을 같이 하는 일정이라 며칠만 지나면 관리를 하는 입장에서는 많이 힘든 프로그램이다. 무엇보다 학생들의 안전이 가장 중요하기 때문에 거의 24시간 내내 학생들을 돌보고 관리해야만 한다. 8일간의 학습이 다 끝나고, 일주일간의 식사를 제공해준 인근 한국음식점에 그간의 식대 정산을 한 뒤 지친 모습으로 돌아와 학생들이 공부하는 홀에 도착했는데 텅 빈 홀에 작은 화이트보드 하나가 의자에 기대어져 있었다. S가 10일간의 캠프경험과 고생한 선생님과 동료들을 위하여 윤아빠가 운영하는 학원 이름 'MENTORS TABLE'로 짧은 글을 지어놓은 것이다.

글을 읽어 내려가면서 어른인 윤아빠도 S의 마음 씀씀이와 글에 담긴 의미에 감동이 밀려왔다.

"철이 철을 날카롭게 하는 것처럼
사람이 사람을 강하게 만든다."

너무나 멋진 S, 그는 현재 펜실베이니아 대학교의 학생이다. 그리고 윤아빠의 제자이기도 하다.

높은 사회성으로 성공한 현정이 이야기

10년 전 18세인 현정이는 엄마 손에 이끌려 내키지 않는 얼굴로 공주 옷 같은 치마를 입고 윤아빠의 사무실로 상담을 하러 왔다. 여름방학이 끝나기 3주 전, 현정이는 SAT에 투자할 시간을 3주만 남겨놓은 학생답지 않게 '시켜만 주세요. 전 무엇이든지 할 수 있는 사람입니다'라는 표정을 짓고 있었다. 곧 12학년이 될 현정이는 미술 전공을 위하여 뉴욕의 작은 아트 스쿨^{Art School} 에 지원할 계획을 세우고 있었다.

"네가 생각하는 그 학교는 지원하는 데 SAT 성적이 필요 없으니 포트폴리오를 잘 마무리 하고, TOEFL 점수만 조금만 더 올리면 될 것 같다."라는 윤아빠의 조언에 현정이는 땡잡았다는 표정으로 당당히 엄마를 쳐다보며, "거봐. 내가 다 알아서 한다고 했잖아. 원장선생님도 필요 없다고 하시잖아."라며 룰루랄라 윤아빠의 사무실을 떠날 채비를 챙기고 있었다. 그런 모습을 걱정스런 표정으로 쳐다보시던 어머님께 "현정이는 그 정도 마무리만 잘 하면 입학하는 데 지장 없을 테니 그렇게 하시라."라고 안심을 시켜드리고 "뭘 해도 할 수 있는 아이니 좀 더 아이를 믿어보시라."라고 말씀드렸던 학생이었다.

며칠 전 근 7년여 만에 현정이 어머님이 전화를 주셨다. 현정이가 대학을 졸업하고 사업을 시작해서 4년 만에 연매출 50억 정도를 올리는 회사로 키웠다는, 소위 대박이 났다는 말씀을 하시는 것이었다. 그러면서 현정이 어머님께서는 현정이가 올해 결혼을 했는데 남편을 미국에 유학 보내려고 하며 상담을 원한다는 것이었다.

10년 만에 만난 현정이는 그 옛날 근자감^{근거 없는 자신감} 으로 똘똘 뭉쳐 있던 표정에 조금은 성숙된 사업가의 얼굴을 하고 남편과 함께 나타났다. 상담 중간 중간 회사직원과 전화통화를 하는 모습에서 사업가의 연륜이 느껴졌다.

사회적으로 성공을 하는 데 있어, 명문 대학 학벌도 중요하고 좋은 인맥도 중요하고 똑똑한 머리도 중요하지만, 윤아빠는 가장 중요한 것은 '사회성'이라 생각한다. 어떤 대학을 가던지 일정 부분의 교육을 받으면 스스로 생각하고 자신의 일을 찾아갈 수 있는 능력이 생길 것이라 생각하지만, 그러한 자신의 재능을 살려 성공하는 데는 '사회성'이 가장 중요한 역할을 한다고 생각한다. 사회성은 다양한 형태로 나타나는데 어떤 사람은 주변에 좋은 인재들이 모이게 만드는 능력으로 나타나기도 하고, 어떤 사람은 항상 자기에게 현명한 조언을 해주는 멘토와 함께하는 형태로 나타나기도 한다. 어쨌든 사회성이란 한 명의 성인이 사회적으로 자리를 잡아가는 데 있어 필요한 덕목이라 생각한다. 그리고 이러한 덕목은 타고 나기도 하고 자라면서 만들어지기도 하고 교육과정에서 새롭게 발견 또는 발생되기도 한다.

10년 전 비슷한 시기에 적지 않은 비용을 투자해 SAT 개인지도 선생님과 뛰어난 컨설턴트를 고액의 비용을 들여 고용하여 코넬대 대학 학사, 석사과정을 졸업했던 한 학생은 직장에 적응을 하지 못하고 2년간 4곳의 직장을 짧은 기간만 다녀본 채 지금은 집에서 시간을 보내고 있다는 소식도 듣는다.

명문 대학을 진학하는 것이 어느 정도 사회적인 성공을 약속해주기도 하지만 절대적이지는 않으리라. 더 중요한 것은 사람과의 관계를 만들어가고 그러한 관계 속에서 자기 자신을 돋보이게 하고 사람들을 따르게 하는 리더십과 사회성을 갖춘 자녀로 키우는 일인 것이다.

대학 선택보다 더 중요한 일은 진로 선택

얼마 전에 스탠퍼드 대학교 Stanford University 를 졸업한 사람으로부터 이력서를 받았다. 본인이 명문 대학을 졸업했고, SAT 성적도 거의 만점 가까이 받았고 글 쓰는 능력도 탁월하고 대학 재학 중에도 친구들과 자그만 컨설팅 회사를 창업해서 수십 명의 학생들의 대학 진학을 도와준 경험도 있는 사람이었다. 윤아빠의 학원에서 강사 겸 컨설턴트로 일하고 싶다는 의견이었다. 경력도 화려하고 소위 말하는 명문 대학 출신이라 한번 만나보고 싶었다. 과연 어떤 사람일까 하는 궁금증도 들었다.

사무실로 들어오는 사람은 윤아빠를 아는 듯이 환하게 웃으며 들어와서 "선생님 그동안 잘 지내셨어요?"라고 첫마디를 건넸다. 순간 윤아빠는 "저를 아시는지요?"라고 말했다. "선생님 저 ○○에요. 2008년에 선생님의 학원에서 공부했던⋯."

그제야 기억이 났다. 하지만 혼란스러웠다. 윤아빠가 기억하는 ○○는 10학년이 끝난 여름방학 우리 학원에서 SAT 수업을 들으면서 나에게 야단도 적지 않게 들었고 또 다른 학생과 자습하다가 싸운 이미지로 머릿속에 남아 있는 학생이었기 때문이다. 그런데 ⋯ 스탠퍼드를 나왔다구?

학생에게서 전해들은 얘기는 정말 전설과도 같았다. 학원을 다니던 당시 윤아빠에게 "선생님, 공부 제대로 하고 싶은데 어떻게 해야 되요?"라고 물어서 "우선 너를 신경 쓰게 하는 잡다한 것들을 먼저 없애는 것부터 시작하자. 치렁치렁한 머리부터 가능하다면 스포츠로 확 밀어버리고 시작하자. 짧아진 너의 머리를 보면서 공부하고자 하는 너의 결심이 무너지려 할 때 너를 잡아주도록 다져보는 게 어떻겠니?"라고 충고했던 기억이 있다. ○○는 정말 다음날 머리를 밀고 나타났었다. 그때 혼자서 '뭘 해도 할 녀석이구나'라는 생각도 했었다.

○○는 여름이 끝나자마자 그 당시 다니고 있던 작은 가톨릭 학교를 그만두고 Top 5에 들어가는 보스턴의 명문 사립학교로 옮겼다고 한다. 사실 이

미 지원기간도 한참이나 지났는데 어떻게 거길 들어갔냐고 물었더니 매일 전화하고 이메일을 보내고 자신이 이 학교에 다니고 싶은 열망을 구구절절 털어놓았다고 한다. 그러한 ○○에 감동받은 선생님의 추천으로 학교 방문이 주선되었고, 선생님들과 인터뷰하는 자리에서 적지 않은 감동을 주는 연설을 했다고 한다. 어쨌든 ○○는 그 학교의 11학년부터 다니게 되었고 대학 또한 자신이 입버릇처럼 얘기하던 스탠퍼드 대학교에 입학을 했다고 한다. 어쨌든 지금까지 우리 학원을 거쳐서 미국의 최상위 대학에 들어간 다른 학생들과는 다른 소설 같은 이야기를 들었다.

"그렇게 지금까지 열심히 공부해서 좋은 대학까지 나왔는데 왜 갑자기 학원에서 일을 하려고 하니?"라는 윤아빠의 질문에 대학 졸업 후 국내의 대기업에 취업을 했는데 너무 서열을 따지는 기업문화와 자신의 학벌에 비해서 너무 적은 연봉 등이 만족스럽지 못해서 돈을 많이 벌고 싶어서 학원에서 일하고 싶다고 하였다.

가끔 윤아빠 학원 출신의 학생들이 학원에서 학생들 가르치는 일을 해보고 싶다고 연락이 온다. 그때마다 윤아빠의 답변은 한결같이 'NO!'이다. 물론 학원에서 학생들을 가르치는 일이 좋지 않다는 것은 아니지만, 그 학생이 어렸을 때부터 키워왔던 분야로의 꿈을 접는 것도 싫었고, 본인들이 가장 쉽고 편하게 할 수 있는 일을 선택한다는 것도 싫기 때문이다.

어떻게 세상 살면서 내가 좋아하는 일만 골라서 할 수 있는가? 한국의 지방대학을 나오든 미국의 아이비리그를 나오든 첫 직장에서 처음 만나게 되는 업무는 기초적인 업무부터 시작이다. 어떻게 사회적인 경험이 없는 사회 초년생에게 미국의 명문 대학을 나왔다고 중요한 프로젝트를 맡길 수 있겠는가?

현재 중·고등학교에 유학 중인 학생들은 자신이 목표로 하는 대학에 성공적으로 진입하기 위해서 노력을 하겠지만, 이미 대학생이 된 학생들은 꼭 해야 하는 일이 있다. 그것은 바로 사회를 나오기 위한 준비과정에 대한 경험이라고 생각한다. 다양한 회사에서 인턴십도 필요하고, 사회에 나와서 필요한 컴퓨터 기술이나 기초적인 문서화^{Documentation}에 대한 트레이닝도 필요하다. 그리고 자신이 생각하는 분야에서 전문가로 성장하는 데 필요한 자격증에 대한 준비도 필요한 부분이라 생각한다.

대학만 나온다고 해서 좋은 직장에 척척 합격되지 않는다. 준비가 잘 된 사람만이 좋은 직장을 얻을 수 있고 클 수 있는 것이다. 유학생들 중에 대학 졸업 후 학원에서 일하는 친구들이 있는데 좀 더 심사숙고해서 결정했으면 한다. 과연 이 일이 내가 진심으로 바라던 일인가? 대학 선택보다 더 중요한 일은 진로에 대한 선택이다. 부디 잘 고민하고 평생을 해야 하는 일에 대한 좋은 선택^{Good Choice}을 하기 바란다.

엄마표 미국 입시 지도, 아는 것이 힘이다

"다음다음 학년에 배울 수학을 같은 학교 친구들과 선행학습 하고 있는 데요?"

방학을 맞아 나와 마주한 J학생과 어머니는 이번 방학 때 어떤 공부를 하고 있고 어떠한 계획을 세웠는지에 대한 윤아빠의 질문에 이렇게 대답하였다. 유학기간도 짧아 수학이나 과학 같은 과목 외에 사실 가장 부족한 공부는 영어로 보이는데, 위와 같은 대답을 듣는 경우가 생각보다 많다. 우선 수학선행을 뽑을 때까지 쭉 뽑아놓으면 고학년 올라가서 조금 여유가 있으리란 생각에서 나온 계획일 것이다. 미국 교과과목의 구성은 특별한 과목을 미리 선행을 해놨다고 해서 결코 그 과목이 학기 중에 그렇게 편하게 느껴지지는 않을 것이다. 더구나 한국식으로 선행을 해놓은 수학 과목은 Pre Calculus 과정부터는 학교 수업에서 큰 힘을 발휘하지 못하는 것을 정확하게 느끼게 될 것이다. 미국에서의 학교생활 그리고 대입 준비는 모든 과목에 골고루 시간 투자를 하는 것이 절대적으로 중요하다. 가장 기본은 한국 유학생들의 경우에 '영어'임은 두말할 것도 없다. 영어가 되어야 역사, 사회 과목도 읽고 리서치하는 데 도움이 될 것이고, 더구나 New SAT Math에서는 Problem Solving 문제가 거의 3배나 길어졌기 때문에 영어가 부족한 학생은 수학문제가 새로운 형식의 '리딩'문제로 느껴질 테니 영어의 중요성은 절대적이다. 가끔 보면 수학적인 개념은 정리가 잘 되어 있으나, 영어로 된 문제에 관한 이해 부족으로 엉뚱한 답을 도출해내는 경우도 심심치 않게 보게 된다.

수학이 정말 걱정된다면 다음 학년의 1학기 부분에 관한 개념정리 정도가 적당하며, 그 외의 시간은 절대적으로 '리딩'과 '에세이 쓰기' 그리고 '고급단어 숙지하기'에 시간을 투자해야 한다. 다음 학년에 배우지도 않을 다음다음 학년 수학을 미리 공부하는 것은 시간과 투자되는 돈에 비해서 얻을 것은 별로 없어 보인다. 이러한 선행을 하는 이유에는 '같은 학교 학생들로 구성되어 진행되는 수업'이라는 부분이 동기가 되기도 한다. 미국 입시는 절대적으로 '나'만의 그리고 '나'에게 적절한 계획을 세워야 한다. 많은 분들이 불안감에 다른 친구들도 하니까 그 그룹에 같이 있으면 심리적인 안정감은 느낄 수 있겠으나 아이들마다 잘하는 분야가 다르고 가야 하는 지원 대학이 다른데, 친구 따라 강남 가는 식의 방식은 문제다. 잘못된 입시계획은 11학년 정도 고학년이 되었을 때 "잘못했구나!" 절실히 느끼게 될 것이다.

부모님들이 아이를 판단할 때, '이과형' 또는 '문과형'으로 구분하여 말씀하시는데, 윤아빠의 개인적인 견해로는 사실 이러한 표현도 잘못 되었다고 생각한다. '이과형' 아이에게도 많이 읽고 쓰는 공부는 당연히 필요한 것이고, '문과형' 아이에게도 수학적인 문제접근법에 관한 학습 또한 당연히 필요하다는 생각이 든다. 그리고 고등학교 공부는 전공공부가 아니다. 너무 일찍부터 아이의 진로에 대하여 '이과형', '문과형'으로 구분 짓고 한곳에만 집중하는 것은 골고루 학습발달이 이뤄져야 하는 중·고등학교 학생들에게는 적절치 않다고 생각한다.

오늘 상담에서 만난 학생은 정말 '가능성'이 무궁무진한 학생이었다. 윤아빠에게 던진 첫 질문이 "Math IIC가 뭐에요?"라고 해서 미소를 지었다. 아직 입시정보는 많이 알고 있지 않으나 이것은 별문제가 되지 않을 것이다. 이 학생에게는 "선생님이 얘기한 2개의 활동과 리더십 활동 1개만 집중하자. 그리고 영어실력이 우수하니 SAT 공부는 이번 여름에 하지 말고, 내년 여름에 집중해서 8월과 10월에 응시하도록 하자. 내년 여름에는 이러한 활동이 절대적으로 너의 커리어를 위해서 중요하니 2017년 2월에 꼭 나에게 연락해라"라고 말했다. 스스로 상담을 끝내놓고도 가야 할 길이 뚜렷해 보이고 가능성을 보이는 학생과의 상담은 '기분이 개운하다!'라는 생각까지 든다.

저학년 시기의 잘못된 진학지도는 생각보다 고학년이 되었을 때 큰 파장으로 돌아올 수 있다. 입시지도 관련 공부를 많이 하고 준비 또한 제대로 하기 바란다. 입시에 있어서 부모의 역할은 매우 중요하다.

입시지도에서만큼은 "아는 것이 힘이다!"

올바른 학원선택을 위한 제언

6월이면 유학생 또는 외국인학교, 국제학교에 재학 중인 학생들의 길고 긴 여름방학이 시작된다. College Summer Program에 참여하거나 봉사활동, 인턴십 등의 활동 프로그램에 참여하는 학생들도 있겠지만 현재 10학년, 11학년 학생들은 그동안 충분히 공부할 시간이 부족했던 미국 수능시험인 SAT 준비를 위하여 대형 학원, 소형 학원, 개인과외 등으로 학습계획을 준비하게 될 것이다.

2005년부터 불거져 나왔던 한국 또는 중국 학생들의 SAT 기출문제 파문은 한국의 경우 2012~2014년에 그 정점을 찍었다고 할 수 있다. 국제적인 망신과 더불어 한국 학생의 SAT 점수에 대한 미국 대학들의 "너의 높은 점수 믿음이 안가!"라는 시선을 받는 효과를 얻었으며 이에 따라 최근 5년 동안의 한국 학생 입시결과를 두고 보았을 때 미국 중상위권 대학 진학률이 최하위 점을 찍는 결과를 초래하였다.

여름방학을 대비하여 SAT 학원들의 설명회가 계속되고 있는 요즘, 아직도 SAT 기출문제를 확보하고 있고 이를 통하여 고득점을 보장한다고 학부모를 현혹하고 있는 일부 몰지각한 학원들이 존재한다. 다른 곳은 갖고 있지 않은 기출문제를 가지고 있는 것을 공공연히 자랑하기도 한다. SAT는 1년에 7회 실시되는데 학생들에게 신청을 하면 공개되는 문제가 있고, 공개하지 않는 문제로 구성이 된다. 보통 학원에서 얘기하는 기출문제는 '공개하지 않는 문제'를 지칭하는데, 이것은 엄연한 '불법'이다. 학생들에게 '불법'을 가르치고 있고, '불법'이라도 대학을 가면 된다는 극히 이기적이고 비상식적인 논리를 주장하고 있는 것이다.

SAT 기출문제를 구하는 방법은 너무나도 쉽다. 중국의 어떤 사이트에서 'SAT'라고만 치면 책으로 제본까지 깔끔하게 해서 우편으로 판매하고 있는 수많은 불법 판매자들을 만나게 된다. 비용도 너무 저렴하다. 우리 돈 2~5만 원이면 살 수 있다. 이렇게 구한 문제를 가지고 '얼마나 어렵게 기출문제를 구하게 되었는지를 역설하며 마치 무용담처럼 설명회에서 학부모를 현혹하고 원칙을 무너뜨리는 일들을 저지르고 있는 것이다.

불법을 저질러서라도 실력에 비해 높은 SAT 성적을 받는 게 중요한 것이 아니라, 순수한 자신의 노력으로 얻은 성적이 더 소중하다는 사실을 알아야 한다.

그러면 어떤 기준으로 학원을 선택해야 할까? SAT 학원과 컨설팅회사를 운영하는 입장에서 쉽게 쓸 수 있는 글은 아니지만, 학원선택에 고민이 많은 학부모를 위해 작성해보았다.

▣ 선생님에 관해서

학원을 선택하는 데 있어 선택의 기준은 직접 우리 아이를 지도할 선생님의 실력과 전달능력이다. 학원의 홈페이지나 안내문을 보면 간단한 선생님의 프로필이 나와 있지만, 명문 대학을 나왔다고 해서 그리고 본인이 좋은 SAT 성적을 가지고 있다고 해서 잘 가르친다는 보장이 없다. 또한 학생과의 호흡도 중요하다. 교육은 일방적인 받기가 아닌 '주고받기'이기 때문이다. 더구나 감수성이 예민한 학창시절을 보내고 있는 시기이니만큼 선생님의 말 한마디 한마디가 중요한 영향을 끼칠 수 있다.

좋은 선생님을 선별하는 방법은 학원 상담 시 해당 과목을 가르칠 선생님을 직접 만나보는 것이다. 예를 들어 SAT, TOEFL 같은 시험대비과정을 지도하는 선생님을 만났을 때는 현재 우리 아이가 몇 점대의 수준을 유지하고 있는데 이런 경우에는 어떻게 지도하는지, 시중의 교재와 본인의 교재를 어떻게 활용해서 수업을 하는지, 숙제를 어느 정도 내주고 숙제점검과 결과에 대한 피드백을 확실하게 주는지, 아이와의 커뮤니케이션을 잘 할 수 있는지, 방학 이후에도 이메일 등을 통하여 주기적인 도움을 줄 수 있는지 그리고 이러한 부분을 설명하는 데 있어 학부모에게 설득력 있게 들리는지, 정리가 되어서 의사 전달이 되는지 등을 파악하도록 한다. 그리고 교과목 선행학습 선생님 같은 경우는 대부분의 학원 그룹수업 선행학습의 경우 1년 동안 아이가 배워야 할 과정을 4주 과정에 걸쳐 정리를 해야 하기 때문에 얼마나 요점정리를 잘 해주느냐가 중요한 부분이다. 선행학습 같은 경우는 짧은 기간에 무리하게 1년 과정 진도를 다 나가는 수업형태보다 차라리 신학기부터 겨울방학 이전까지의 내용을 꼼꼼히 정리해주는 수업이 더 효과적이다. 그래서 교과목 선행학습 선생님은 테크닉이 화려한 선생님보다 성실하고 꼼꼼한 느낌의 선생님을 선택하면 실수가 없다.

특히 SAT의 경우 학원마다 대표적인 역할을 하는 SAT 선생님은 보통 2명이 있다. 한 명은 Reading을 담당하고, 한 명은 Writing을 담당하는 구조다. 학원의 특성상 2개 이상의 학급을 같은 시간대에 구성하는 경우가 많은데, 대표적인 강사는 동시에 2개 학급만 맡게 되고 대부분 위에서 2개 학급을 맡게 된다. 우리 아이가 이번 여름에 SAT를 처음 배우는 학생이라면, 대표선생님의 수업을 듣기보다는 여름만 잠시 일하는 선생님의 수업을 듣게 되거나 대표 선생님의 수업역량보다 떨어지는 선생님의 수업을 듣게 될 가능성이 크다. 이럴 경우에는 SAT 학습한 기간, 나오는 모의시험점수 그리고 학년을 학원에 얘기하고 이렇게 되면 어떤 선생님 수업을 듣게 되는지를 확인하도록 한다.

학원 상담을 할 때 원장이나 상담실장과의 상담만 듣는 것보다, 실제 관심 있는 시험과정 또는 과목 선생님과의 미팅도 할 수 있도록 학원 방문 전에 미리 요청하도록 하자. 그리고 학원 방문 전에 궁금한 부분에 대하여 미리 정리를 해보고, 상담과정에서도 그러한 질문들에 관한 답변을 적는 모습을 보여준다면 학원 측에서도 책임감 있는 모습을 보여주기 위해 노력길 것이다.

▣ 상담은 먼저 원장과 하는 것이 좋다

학원마다 상담실장이 있는데 처음 방문하는 학원이라면 사전 전화예약을 통해서 원장과 직접 상담약속을 요청하도록 한다. 원장은 해당 학원을 직접 운영하고 사업주로서의 책임감이 있기 때문에 무게감 있는 상담을 받을 수 있고, 전체적인 학원의 분위기를 파악하는 데 있어 중요한 역할을 한다. 원장이 상당히 꼼꼼한 인상을 주면 직원이나 강사진들도 꼼꼼하게 학생들을 관리하는 것을 느낄 수 있고, 원장이 대충 하면 그러한 부분을 기대하기는 힘들다. 좋은 학습효과를 얻기 위해서는 선택하는 학원의 전체적인 분위기도 상당히 중요하다. 특히 방학에는 많은 유학생, 국제학교 학생이 모이기 때문에 서로 격려해주고 열심히 공부하는 분위기가 연출이 되는지, 아니면 쉬는 시간마다 몰려다니며 담배 피우는 학생들로 구성이 되는지 학원의 전체 분위기는 중요하다. 학원 상담을 통하여 어떠한 분위기의 학원인지를 파악하는 데 있어 중요한 점은 그 학원을 운영하는 운영자로서의 원장의 스타일, 자질, 성격을 잘 파악하는 것이 중요하다. 그리고 개인적인 의견으로 원장이 강의를 같이 담당하고 있는 경우 학생 관리, 선생님 관리가 느슨해지는 경우를 많이 본다. 그래서 원장은 전체적인 학원 관리, 선생님 관리, 학생 관리 등의 업무에 치중하고 강사진과 분리된 형태가 좀 더 안정적인 학원분위기를 연출하는 데 좋다고 본다.

▣ 상담실장과 친해지라

보통 학원 상담실장은 그 학원에서 가장 많은 정보를 가지고 있다. 여기서 정보란 학원에서 근무하는 선생님들의 세부적인 자질과 실력 그리고 성격 같은 부분을 제대로 알고 있다는 것이다. 담당 선생님에 대한 실질적인 정보를 얻을 수 있다. 여름방학은 특히 학원을 선택하고 중간에 바꾸는 것은 손실이 크다. 우리 아이가 분위기에도 적응해야 하고 어떤 학생들로 학급이 구성되는지 등등 마음이 급하기 때문에 실수할 확률이 크다. 위에서도 언급을 하였듯이 담당 선생님이 가장 중요하다. 그 선생님에 관한 정보를 상담실장은 가지고 있다. 좋은 관계를 맺어두면 아이 진학지도에도 도움이 많이 될 것이다.

▣ 일류지향주의 학원은 피하라

학원상담을 하다 보면 너무 명문 대학, 아이비리그 합격생 위주로 전반적인 분위기를 몰아가는 곳이 있다. 사실 아이비리그를 들어갈 정도의 학생들은 학원에 대한 의존도가 높지 않다. 개별적으로 알아서 하거나 개인플레이를 하는 경우가 많기 때문이다. 정작 학원의 도움이 필요한 학생은 유학생의 80% 이상을 차지하는 중위권 또는 하위권 학생들이다. 일류지향 분위기를 강조하는 학원보다는 전반적인 분위기가 차분하고 성실하게 학생들 관리해주는 곳이 더 적합하다고 할 수 있다. 중하위권의 학생들이 정작 필요한 것은 SAT 단어를 성실하게 암기하고 그날 공부한 것에 대하여 오답노트를 스스로 작성해보고 자기 공부를 충실하게 하는 것이 점수를 올리는 역할을 한다. 선생님의 강의 능력이 빛을 발하는 점수대는 학생이 영어성적 650점 정도에 도달했을 때 명강사의 강의가 도움이 된다. 현재 우리 아이가 SAT를 처음 시작하거나, 영어성적 500점대의 학생이라면 성실하게 자기 공부를 열심히 하거나 성실하게 학생 관리를 해주는 학원이 더 적합할 것이다.

학원보다 더 중요한 것은 자신의 마음자세이다. 마음만 먹으면 못 할 것이 없다. 사실 SAT 학습법에 대한 부분은 이미 인터넷을 통해서도 오픈이 되어 있고, 중요한 학습자료들도 공유하는 데 어렵지 않다. 학원은 학생의 공부를 도와줄 뿐이라는 것을 잊지 말자.

미국 대학 진학 컨설팅 필요한가?

이번에는 자녀의 미국 대학교 진학지도를 하면서 한 번쯤은 고민하게 되는 '컨설팅'에 관한 이해를 돕고자 한다. 미국 유학 초창기인 2000년도 초반에는 오직 SAT 점수만 나오면 된다는 생각이 주도적이었기에 사실 미국 대학 진학과정에서 '컨설팅'에 관한 요청이 많지 않았다. 그 당시에는 컨설팅이라고 하는 범주가 11학년이 끝나고 대학교 원서 작성을 지도해주는 과정을 '컨설팅 업무의 범위'로 여겨졌다. 그리고 그 당시에는 사실 훌륭한 학교 내신 성적과 좋은 SAT 성적, 일부 교내활동만으로도 상위권 대학교 진학이 가능했었다. 시간이 흘러 2010년이 지나고부터는 중상위권 명문 대학 진학을 위해서는 소위 '활동'이라고 하는 분야에 관한 사전계획이 필요하다는 인식이 대두되기 시작했다. 이렇게 된 이유는 시간이 지날수록 대입지원 경쟁률이 더 높아진 부분도 원인이 있을 것이다. 한국이나 인도 학생 외에도 현재 미국 유학 1위 국가를 차지하고 있으며, 미국의 상위권 대학을 목표로 노력하는 중국유학생이 많아진 것도 미국 대학합격률이 어려워진 이유이기도 하다. 그럼 컨설팅에 관해 좀 더 자세한 설명을 하겠다.

▣ 컨설팅 1 – 대학교 원서 작성

첫 번째는 예전부터 계속 진행되어왔던 '대학교 원서 작성'에 관한 부분이다. 11학년을 마무리하고 8월 1일이 되면 미국 대학교 지원 공통양식인 Common Application이 공개되고 접수를 시작하게 된다. 학생이나 부모님이나 미국 대학교 지원양식을 처음 작성해보기 때문에 발생할 수 있는 실수를 사전에 막고, 보다 완성도 높은 원서 작성과 대학 에세이에 관해 지원을 하는 범주의 업무라고 보면 된다. 사실, 원서 작성보다 대학 에세이에 많은 시간을 투자하는 형식의 업무이며 더 중요한 것은 학생의 준비된 상황에 맞춰 미국의 수많은 대학 중에서 지원하고자 하는 대학 리스트를 작성하는 업무가 주 업무인 것이다.

이에 관한 도움이 필요한 경우, 대학 지원 원서를 도와주는 사람이 얼마나 꼼꼼하고 정확한가를 보고 선택하면 실수가 적을 것이다. 그리고 다양한 대학교에 지원해본 에세이 지도 경험이 얼마나 있는가를 점검하는 것도 중요할 것이다. 가끔 보면 대학에 갓 들어간 학생에게 이런 도움을 받는 경우 경험의 부족으로 거시적인 안목에서보다 자신의 경험을 근거로 하여 원서작업이 진행되기 때문에 원서가 접수되어야 하는 시점에 대학 리스트를 변경한다던가 하는 급박한 상황이 발생되기도 한다.

이와 같은 컨설팅 프로그램에 자녀의 대학지원과정의 도움을 받는 경우, 컨설턴트에게 "다 알아서 해주세요!"라는 태도는 매우 위험하며 컨설턴트 선생님과 필요한 항목에 관한 리스트를 작성하여 Double Check하는 식으로 원서를 준비하는 것이 중요하다. 아무리 훌륭한 컨설턴트 선생님이라도 "내 일만큼 하는 분은 없다"고 생각하면 될 것이다. 간혹 보면 학생은 부족한 SAT 공부만 할 테니 원서 작성의 처음부터 끝까지 그리고 에세이까지 다 알아서 해줄 수 있느냐는 요청하는 분이 있는데 별로 바람직하지 않은 태도라 생각한다. 내 대학교 원서 작성을 하는데 "다 알아서"라니!

▣ 컨설팅 2 – 활동에 관한 계획과 지도

두 번째는 저학년부터 활동에 관한 계획과 지도를 필요로 하는 경우이다. 미국 내의 중상위권 대학의 경우 학교 내신과 표준시험성적 외에 최소 2년 이상의 '활동'에 관한 기록을 요구한다. 어려운 점은 GPA, SAT 등은 몇 점 이상이면 잘했다, 부족하다, 못했다는 기준이 있는 반면에 '활동'의 경우 너무나 다양한 활동, Summer Program, 각종 대회, 다양한 논문 등에 대해 자로 잰 듯이 좋다, 나쁘다를 객관적으로 판단하기 어렵다는 점이다. 더구나 최소 2년 이상을 투자해야 하는 활동을 정하는 데 있어, 1년 이상 적지 않은 시간을 투자하여 활동을 하다가 중간에 바꾸게 되는 일은 그 어떤 일보다 가장 '시간낭비'가 심한 일이 되기 때문이다.

이와 같은 형식의 컨설팅을 필요로 하는 군은 보통 중상위권 대학에 지원하고자 목표를 잡고 있는 경우라고 본다. 적어도 9학년에는 가야 할 방향^{테마,} ^{전공}을 정하고 관심이 있는 활동에 직접 참여해보고, 이 활동이 나에게 잘 맞는지 또는 내가 즐기고 있는지 또는 보람을 느끼고 있는지 등을 점검하여 1년을 보내야 하며, 9학년 말에 확정된 활동에 관해 10학년부터 방향을 정해 놓고 지속적이고 꾸준한 활동을 통하여 11학년 정도에는 그 결과가 나올 수 있도록 하는 것이 좋을 것이다. 보통 이렇게 지도하는 경우에 가장 좋은 것은 대학 진학과 관련하여 가야 할 방향, 소위 '전공'이 정해져 있으면 효과적이다. 왜냐하면 가야 할 방향이 정해져 있고 잘하는 부분과 부족한 부분 그리고 흥미를 느끼는 부분을 사전에 파악할 수 있다면 중간에 지속해왔던 활동을 변경하는 일 없이 진행이 가능하기 때문이다. 그럼 적어도 2년 또는 3년 이상 자녀의 활동에 관한 조언을 담당해야 할 컨설턴트는 어떤 기준으로 정해야 할까? 명성일까 아니면 컨설턴트의 출신대학일까 아니면 합리적인 비용일까? 다음 사항을 참고하여 정하면 실수가 적을 것이다.

- 해당 업무에 관한 경험이 5년 이상이며, 사립대학/주립대학/LAC 등 다양한 대학의 진학지도 경험이 있어야 한다.

- 학생과 컨설턴트가 잘 맞느냐. 이 부분은 앞의 항목보다 중요한 것으로 장기간 의견을 나누고 조율하고 하는 과정을 필요로 하므로 컨설턴트의 성격과 자녀의 성격이 조화될 수 있어야 하다. 이 부분을 무시하고 그냥 실적이 좋은 선생님, 어느 누구나 선호하는 선생님이라고 해서 심각한 고민 없이 자녀를 맡기는 것은 컨설팅업무가 진행이 되면서 불만이 누적된 채로 일이 진행이 되거나 무언가 궁금한 점이 있어도 마음 편히 컨설턴트 선생님에게 물어보지 못하고 나아가 스트레스를 받으면서 대입 준비를 하게 되는 등 악영향이 크다. 가장 중요한 것은 당사자들의 '궁

합'이다. 그렇기 때문에 진학지도 업무를 결정하기 전에 사전 미팅을 통하고 대화과정을 통하여 담당 선생님을 좋아하는지? 자신에게 좋은 영향을 미칠 수 있다는 믿음이 있는지? 그리고 인간적인 애정을 서로 느낄 수 있는지 등을 사전에 점검하고 충분한 대화를 통하여 결정하는 것이 필요하다.

• 활동계획에 관하여 명쾌한 계획을 수립해주는가? 해야 할 일이 많은 학생에게 이것도 한 번 해보고 아니면 다른 쪽으로 방향을 선회하던가 하는 식의 소극적이고 안일한 업무태도는 곤란하다. 학생 한 명 한 명은 시험용 케이스가 아니라 진로와 좋아하는 것 그리고 대학 후의 취업에 관한 부분까지 같이 고민하여 학생이 흥미를 느끼고 꾸준히 진행해야 하는 활동에 관하여 설득력 있는 의사전달과 강력한 카리스마를 발휘하여 믿음을 가지고 따라올 수 있도록 해야 한다.

이상으로 장기적으로 자녀를 지도해야 하는 컨설팅 선생님을 선별할 때 기본적으로 알아보아야 하는 항목을 살펴보았다. 컨설팅은 모든 학생에게 필요하지는 않다고 생각한다. 처음 진행해보는 대학 준비과정이 쉽지는 않겠지만 결국은 컨설팅을 통하여 도움을 준다고 하더라도 '스스로' 해야 하는 작업인 것이다. 간혹 학부모님 중에 컨설팅을 통하여 동기부여나 베이비시팅을 원하는 경우가 있는데, 다시 한번 생각하기 바란다. 동기부여는 학생 스스로 해야 하는 일이며, 베이비시팅은 부모가 해야 하는 일인 것이다. 컨설팅을 하는 목적을 정확히 이해하면 좀 더 효율적인 업무진행이 가능할 것이다.

그에 앞서서 우리 자녀에게 컨설팅이 꼭 필요한지, 담당 컨설팅 선생님과 잘 맞을지, 지불하는 비용만큼 효과를 얻을 수 있을 것인지 등을 진지하게 고민하여야 한다.

사람을 지도하는 일은 쉬운 일이 아니기 때문이다.

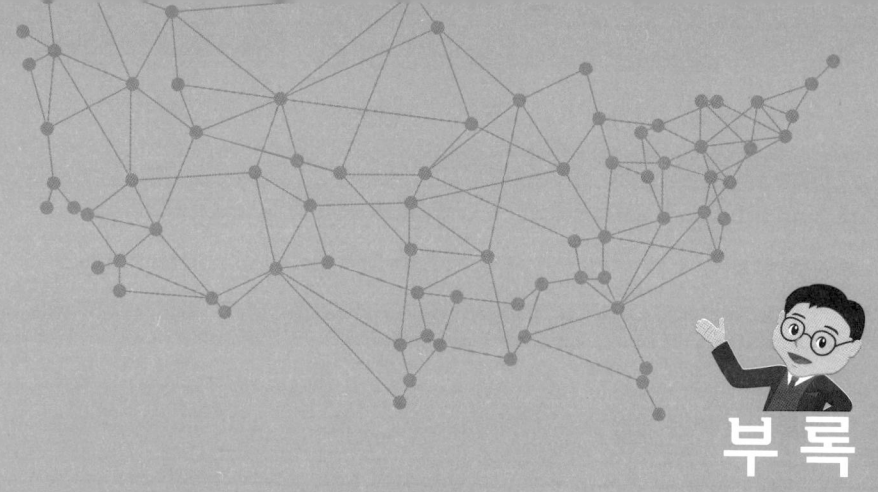

부록

유학에 필요한 유용한 정보

2017년 및 2018년 SAT 시험 스케줄

칼리지 보드^{College Board} 공식 사이트를 통해서 확인한 SAT 시험 스케줄을 안내한다.

▣ 미국령 시험 스케줄

2017년 8월 SAT, SAT Subject Test가 모두 실시된다.

▌2017-2018 SAT Administration Dates(Anticipated)

SAT Date	SAT Subject Test Available?
Aug. 26, 2017	Yes
Oct. 7, 2017	Yes
Nov. 4, 2017	Yes
Dec. 2, 2017	Yes
March. 10, 2018	No
May. 5, 2018	Yes
June. 2, 2018	Yes

▌2018-2019 SAT Administration Dates(Anticipated)

SAT Date	SAT Subject Test Available?
Aug. 25, 2018	Yes
Oct. 6, 2018	Yes
Nov. 3, 2018	Yes
Dec. 1, 2018	Yes
March. 9, 2019	No
May. 4, 2019	Yes

▣ 미국을 제외한 International 시험 스케줄

2017년 8월에 시험이 없으며, 2018년 8월부터 SAT, SAT Subject Test가 실시된다.

2017-2018 International SAT Administration Dates(Anticipated)

SAT Date	SAT Subject Test Available?
Oct. 7, 2017	Yes
Nov. 4, 2017	Yes
Dec. 2, 2017	Yes
May. 5, 2018	Yes
June. 2, 2018	Yes

2018-2019 SAT International Administration Dates(Anticipated)

SAT Date	SAT Subject Test Available?
Aug. 25, 2018	Yes
Oct. 6, 2018	Yes
Nov. 3, 2018	Yes
Dec. 1, 2018	Yes
May. 4, 2019	Yes
June. 1, 2019	Yes

그럼 한국은 어떤가? 지금까지 한국의 시험 스케줄은 2개의 스케줄이 적용되었다. 첫 번째, 외국인학교에 재학 중인 학생은 위의 International Schedule과 같았다. 두 번째, 국제학교, 대안학교, 일반 고등학교, 홈스쿨링에 재학 중인 학생은 별도의 스케줄로 시험이 실시되었다. 기존 스케줄은 5월[SAT I], 6월[SAT I, II], 10월[SAT I], 11월[SAT II], 12월[SAT I]이다.

여러 가지로 한국에서 학교를 다니는 한국 학생은 불리하기만 하다. 그렇기 때문에 정확한 시험 스케줄을 수립하지 않으면 11학년에 매우 힘들어질수 있다. 특히나 IB 학교에 재학 중인 학생은 11학년부터 IB 프로그램이 시작되므로 영어를 잘하는 학생, 영어와 교과목을 잘하는 학생, 영어는 약하지만 교과목을 잘하는 학생에 따라서 다른 시험 스케줄을 만들어야만 한다.

SAT 응시를 위한 칼리지 보드 아이디 만드는 방법

SAT 시험 신청은 온라인으로 신청해야 한다. 먼저 주관사인 칼리지 보드라는 사이트에 ID를 만들어야 한다.

▣ ID만드는 순서

① www.collegeboard.org 사이트 접속한다.

② Sign Up을 클릭한다.

③ I am a Student를 클릭한다.

④ General Student Information을 작성한다.

- 이름, 성별, 생일, 재학 중인 학교, 이메일, 칼리지 보드 ID와 비밀번호 등을 기록한다. Zip Code는 미국에 살지 않으면 Outside U.S.에 체크한다.

- 이름을 입력할 때는 여권상의 이름과 동일하게 작성해야 한다.

- 시험 당일 신원확인 과정에서 여권상의 이름과 칼리지 보드에 입력되어 있는 이름과 다르면 시험에 응시할 수 없다.

⑤ 다음으로 'News and Alerts' 항목이 나오는데 여기서는 칼리지 보드에서 보내주는 여러 가지 정보를 이메일을 통해 수신할 것인지의 여부를 묻는다. 특별한 이유가 없다면 받아보는 것이 여러 정보들을 얻을 수 있으므로 좋다.

⑥ 다음으로 Student Search Service에서 'Yes'나 'No'를 선택해야 하는데, 'Yes'에 체크할 경우 College Board 측에서 사이트 등록자의 수준에 맞는 대학이나 기관에 그 기록을 소개해 종종 대학과 기관들로부터 먼저 연락이 오곤 한다. 종종 전혀 관심 없는 곳들로부터 너무 많은 연락이 와서 귀찮아질 수도 있으므로 신청 여부는 본인이 결정하도록 한다.

⑦ 그 다음으로 Family and Friends 란이 있다. 여기서는 College Board 에 초대하고 싶은 가족이나 친구가 있는지를 묻고 있는데 선택사항 ^{Optional}이므로 그냥 지나쳐도 된다.

⑧ 여기까지 완성하고 나면 이제 Submit을 누른다.

⑨ Submit 버튼을 누르면 자신이 입력한 정보를 다시 확인할 수 있는 기회가 주어지는데, 이때 잘못 입력한 부분이 눈에 띄면 Edit 버튼을 눌러 수정하고 잘못된 부분이 없으면 Submit 버튼을 누르면 된다.

미국 대학의 SAT Score Choice 규정

SAT Score Choice 규정은 대학마다 조금씩 다르며, 총점^{All Score}을 제출하라는 대학도 있고, 응시한 각각의 시험 중 가장 높은 섹션의 Highest Score를 제출하라는 대학도 있고, 특정한 날에 응시한 가장 높은 점수만 내는 Single Highest Test Day를 규정으로 정해놓은 대학도 있다. 칼리지 보드 사이트를 들어가면 각 대학마다의 입시요강이 나와 있으니 참고하여 정확히 준비하기 바란다.

• 사이트 : http://professionals.collegeboard.com/profdownload/sat-score-use-practices-list.pdf

한국 학생들이 많이 참여하는 경시대회

국내 수시 또는 미국 입시를 준비하는 한국 학생들이 주로 참여하는 경시대회 목록이다. 세부적인 사항은 각 홈페이지를 방문하여 확인하기 바란다.

▌주요 경시대회와 공식 사이트

경시대회 명칭	공식 사이트
한국 수학 올림피아드 (KMO, Korea mathematics Olympiad)	www.kms.or.kr
국제 수학 올림피아드 (IMO, International Mathematics Olympiad)	www. imo.math.ca
한국 물리 올림피아드 (KPHO, Korea Physics Olympiad)	www.kps.or.kr
국제 물리 올림피아드 (IPHO, International Physics Olympiad)	www.ipho2006.org
한국 화학 올림피아드 (KCHO, Korea Chemistry Olympiad)	www.kcsnet.or.kr
국제 화학 올림피아드 (ICHO, International Chemistry Olympiad)	www.35icho.uoa.gr
한국 정보 올림피아드 (KOI, Korea Olympia in Informatics)	www.kado.or.kr
국제 정보 올림피아드 (IOI, International Olympiad in Informatics)	olympiads.win.tue.nl/ioi
한국 로봇 올림피아드 (KRO, Korea Robot Olympiad)	www.iroc.org/korea/info/host.him
국제 로봇 올림피아드 (IRO, International Robot Olympiad)	http://www.iroc.org
한국 천문 올림피아드 (KAO, Korea Astronomy Olympiad)	www.kasolym.org
국제 천문 올림피아드 (IAO, International Astronomy Olympiad)	www.kissp.ac.ru/lao

한국 철학 올림피아드 (KPO, Korea Philosophy Olympiad)	philosopiad.org/kpo
국제 철학 올림피아드 (IPO, International Philosophy Olympiad)	www.philosopiad.org
한국(세계) 고교생 (저자 확인) (Korean High School Debating Championship world Schools Debating) 디베이팅 챔피언십(Championship)	www.schoolsdebate.com
미국 고교 모의 법정대회 (U.S.A. High School National Mock Trial)	www.nationalmocktrial.org
세계 모의 유엔 (MUNOS, Model United Nations)	www.munos.co.kr
헤이그 모의 유엔 (THIMUN, The Hague Model United Nations)	www.thimun.org
모의 유엔 (MUN, Model United Nations)	www.unausa.org
전국 영어/수학 학력 경시대회 (성균관대 주최)	http://skku.edusky.co.kr
전국 독서 논술 경시대회 (한국청소년보호연맹 주최)	www.nonsulcup.com
학생 창의력 올림피아드 (특허청, 삼성전자 주최)	www.sec.co.kr
전국 고교생 증권 경시대회 (한국개발원 주최)	http://click.kdi.re.kr
환경사랑 청소년 환경대회 (전국투자자교육협의회 주최)	www.ksda.or.kr
경제 글쓰기 대회 (조선일보와 한국개발연구원 주최)	www.kdi.re.kr
시장경제 글쓰기 대회 (전국경제인연합회 주최)	www.fki.or.or/Main.aspx

콩코드 리뷰 프로그램(The Concord Review Program)

앞서 소개했듯이 콩코드 리뷰는 반드시 역사학 전공을 하지 않더라도 문과 전공을 희망하는 학생들에게 최상위권 대학을 가는 데 있어 견인차 역할을 하는 높은 수준의 학술지이다.

콩코드 리뷰에 역사 작문^{History Paper}을 제출하는 것에 관심이 있는 학생은 직접 편집장에게 궁금한 점에 관해서 이메일을 보내면 친절한 답장을 받을 수 있다.

콩코드 리뷰 편집장인 Will 선생님은 Concord High School의 역사 선생님으로 재직하셨으며, 은퇴 후 비영리재단을 설립한 후 가장 권위 있는 콩코드 리뷰라는 역사학술지를 발간하였다.

- 홈페이지 : www.tcr.org
- 편집장 연락처
  - 블로그 http://theconcordreview.blogspot.kr
  - 이메일 fitzhugh@tcr.org

윤아빠 한마디!

2017년 3월 제자들과 실시한 미국 대학 투어(college tour)에서 현재 콩코드 리뷰에서 주관하는 여름 프로그램을 담당하고 있는 Steve Lee Manager와 미팅을 실시하였다.

그 당시 한국 학생들이 미국까지 오기 힘드니 국내에서도 콩코드 리뷰의 여름 프로그램을 개최해달라고 요청한 바 있다.

그 요청이 받아들여져서 2017년 여름에 서울에서 'The Concord Review Summer Program'이 진행된다.

자세한 정보는 콩코드 리뷰의 공식 홈페이지를 참고하기 바란다.

학년별 권장 필독 도서 리스트

각 학년별로 실제 학교의 문학시간에 다루어지고 꼭 읽어야 하는 필독도서를 안내한다. 실제 미국의 사립학교에 재학 중인 학생들이 여름방학 기간에 읽어야 하는 Summer Reading List로 자주 과제물에 나오는 목록이므로, 유학을 준비 중인 학생이라면 다른 유학준비와 더불어 다음 문학작품들을 읽는 것이 매우 중요하다.

▣ 8~9학년

- The Outsiders ^{아웃사이더}, S.E. Hinton
- To Kill a Mocking Bird ^{앵무새 죽이기}, Harper Lee
- Romeo and Juliet ^{로미오와 줄리엣}, Shakespeare
- Animal Farm ^{동물농장}, George Orwell
- 1984 ¹⁹⁸⁴, George Orwell
- Old Man and the Sea ^{노인과 바다}, Hemingway
- Lord of the Flies ^{파리대왕}, Wiliam Golding
- The Catcher in the Rye ^{호밀밭의 파수꾼}, J.D. Sanlinger
- Fahrenheit 451 ^{화씨451}, Ray Bradbury
- The Giver ^{기억전달자}, Lois Lowry
- Of Mice and Man ^{생쥐와 인간}, Steinbeck
- The Curious Incident of the Dog in the Night Time ^{한밤중에 개에게 일어난 의문의 사건}, Mark Haddon
- Night ^{흑야}, Elie Wiesel
- Persepolis ^{페르세폴리스}, Marjane Satrapi

■ 10〜11학년

- The Great Gatsby ^{위대한 개츠비}, S. Fitzgerald
- The Scarlet Letter ^{주홍글씨}, Nathaniel Hawthorn
- The Picture of Dorian Gray ^{도리안 그레이의 초상}, Oscar Wilde
- The Importance of Being Earnest ^{진지함의 중요성/정직함의 중요성}, Oscar Wilde
- Brave New World ^{멋진 신세계}, Aldous Huxley
- The Adventures of Huckleberry Finn ^{허클베리 핀의 모험}, Mark Twain
- The Crucible ^{시련}, Arthur Miller
- Death of a Salesman ^{세일즈맨의 죽음}, Arthuer Miller
- Jane Eyre ^{제인 에어}, Charlotte Bronte
- Macbeth ^{맥베드}, Shakespeare
- A Midsummer Night's Dream ^{한여름 밤의 꿈}, Shakespeare
- The Tempest ^{템페스트}, Shakespeare
- Things Fall Apart ^{모든 것이 산산이 부서지다}, Chinua Achebe
- Dr. Jekyll and Mr. Hyde ^{지킬박사와 하이드}, Stevenson
- Invisible Man ^{투명인간}, Ralph Ellison
- Their Eyes Were Watching God ^{그들의 눈은 산을 보고 있었다}, Zora Neale Hurston
- Odyssey, Homer
- Iliad ^{일리어드}, Homer
- Candid ^{캉디드}, Voltaire
- Beowulf ^{베오울프}

▣ 12학년

- Frankenstein ^{프랑켄슈타인}, Mary Shelley
- Hamlet ^{햄릿}, Shakespeare
- The Twelfth Night ^{12야}, Shakespeare
- Othello ^{오델로}, Shakespeare
- King Lear ^{리어왕}, Shakespeare
- Pride and Prejudice ^{오만과 편견}, Jane Austen
- Catch-22, Joseph Heller
- Slaughter-house five ^{제5도살장}, Kurt Vonnegut
- A Room of One's Own ^{자기만의 방}, Virginia Woolf
- To the Lighthouse ^{등대로}, Virginia Woolf
- The Grapes of Wrath ^{분노의 포도}, John Steinbeck
- The Tale of Two Cities ^{두 도시 이야기}, Charles Dickens
- Great Expectations ^{위대한 유산}, Charles Dickens
- The Awakening ^{각성}, Kate Chopin
- Black Boy ^{흑인소년}, Richard Wright
- Native Son ^{미국의 아들}, Richard Wright
- Dracula ^{드라큘라}, Bram Stoker

대학 지원 에세이 작성

일반적인 에세이와는 다르게 대학 지원 에세이는 정해진 글자 수 안에 자신이 표출하고자 하는 자신의 모습을 얼마나 잘 표현할 수 있는지에 관한 능력이다. 다음 내용을 참고하여 실제로 대학 지원 에세이를 작성해보고 학원의 컨설턴트들의 조언을 통하여 대학 지원 에세이를 어떻게 작성해야 하는지 그리고 포괄적으로 에세이란 과연 무엇인가를 알게 되는 소중한 기회로 활용하기 바란다.

?!

무료 에세이 작성 컨설팅에 도전해보자!

- **정원** : 2017년 7월 30일까지 에세이를 제출하는 선착순 10명의 학생
- **에세이 주제 및 형식** : 다음 페이지 영문 내용을 참고해주시기 바란다. 실제 Common Application Essay topics이다.
- **해당 학년** : 현 9학년, 10학년, 11학년
- **에세이 보낼 곳** : blueinho@gmail.com

* 실제 자신의 **대학 지원 에세이**를 작성해본다는 마음으로 참여하면 **큰 도움**이 될 것이다.
* 이 행사는 **재능기부**로 비용 없이 **무료**로 진행이 된다.

The personal essay was glorified by the brilliance of Emerson and Thoreau. It's become a bit of a lost art. No wonder students stress when it comes time for college applications – they're all about the personal essay. So in preparation of the all–important Common Application, which comes out in late summer (usually August 1st), we are providing a short, but effective and, hopefully, helpful essay coaching camp, all conducted online, over email.

We will accept 15 of the most creative and personal essays and provide 2 rounds of proofreading, editing and commenting. After the first round, we will provide multiple points of guidance. The student will then have 1 week to revise and resend a second version. We will provide one more round of editing, after which the student will send in a third version. After receiving this final version, we will read through all 15 and choose the top 3 and provide small awards (which theme free books) in recognition of the best essays.

Here are the prompts (taken from last year's Common Application):

⟨Essay Topics⟩

- Some students have a background or story that is so central to their identity that they believe their application would be incomplete without it. If this sounds like you, then please share your story.

- Recount an incident or time when you experienced failure. How did it affect you, and what lessons did you learn?

- Reflect on a time when you challenged a belief or idea. What prompted you to act? Would you make the same decision again?

- Describe a place or environment where you are perfectly content. What do you do or experience there, and why is it meaningful to you?

- Discuss an accomplishment or event, formal or informal, that marked your transition from childhood to adulthood within your culture, community, or family.

The essay should be between 300 and 650 words. It should be personal, creative and unique. The essays will not be shared with anyone outside the teachers and writers who will edit and comment on the content.

미국 유학생 OPT(Optional Practical Training) 신청

미국에서 F1 Visa^{유학생비자}를 갖고 있는 학생은 합법적으로 전공과 상관없이 1년 동안 '전공 관련 실무경험'을 쌓을 수 있는 OPT^{Optional Practical Training} Visa를 받을 수 있다. OPT를 잘 활용하면 전공과 관련하여 직장경력도 쌓고 OPT 이후 미국에서 계속 취업할 수 있는 취업비자를 받을 수 있는 가능성도 있다.

OPT Visa를 받기 위해선 미국에서 정규학위과정을 마친 F1 Visa 소지자여야 한다. 매 학위마다 OP를 신청할 수 있으며, 학사학위를 받고 OP를 받았다 하더라도 다시 석사학위를 받고 다시 신청할 수 있다. 학기 중에도 OPT를 신청할 수 있으나 학기 중에 1년을 다 써버리면 졸업 후 재신청할 수 없으므로 주의해야 한다.

- 주관기관 : 미국 이민국^{https://www.uscis.gov}
- 신청기간 : 졸업 전 90일 이내 또는 졸업 후 60일 이내 기간이며 각 학교의 International Office에서 도움을 받을 수 있다.
  - STEM 전공을 제외한 일반 전공자 : 기본 1년
  - STEM 전공자 : 기본 1년+24개월

다음은 미국 이민국이 발표한 STEM 전공 목록이다. 최대한 자세하게 수록하였으니 관심 있는 학생은 참고하기 바란다.

미국 이민국이 발표한 STEM 전공

- Agroecology and Sustainable Agriculture
- Animal Sciences
- Agricultural Animal Breeding
- Animal Health
- Animal Nutrition
- Dairy Science
- Livestock Management
- Poultry Science
- Food Science
- Food Technology and Processing
- Food Science and Technology
- Agronomy and Crop Science
- Horticultural Science
- Agricultural and Horticultural Plant Breeding
- Plant Protection and Integrated Pest Management
- Range Science and Management
- Plant Sciences
- Soil Science and Agronomy
- Soil Chemistry and Physics
- Soil Microbiology
- Soil Sciences
- Natural Resources/Conservation
- Environmental Studies
- Environmental Science
- Natural Resources Conservation and Research
- Water, Wetlands, and Marine Resources Management
- Forest Sciences and Biology
- Urban Forestry
- Wood Science and Wood Products/Pulp and Paper Technology
- Wildlife, Fish and Wildlands Science and Management
- Architectural and Building Sciences/Technology
- Digital Communication and Media/Multimedia
- Animation, Interactive Technology, Video Graphics and Special Effects
- Artificial Intelligence
- Information Technology

- Informatics
- Computer and Information Sciences
- Computer Programming/Programmer
- Computer Programming, Specific Applications
- Computer Programming, Vendor/Product Certification
- Data Processing and Data Processing Technology/Technician
- Information Science/Studies
- Computer Systems Analysis/Analyst
- Computer Science
- Web Page, Digital/Multimedia and Information Resources Design
- Data Modeling/Warehousing and Database Administration
- Computer Graphics
- Modeling, Virtual Environments and Simulation
- Computer Software and Media Applications
- Computer Systems Networking and Telecommunications
- Network and System Administration/Administrator
- System, Networking, and LAN/WAN Management/Manager
- Computer and Information Systems Security/Information Assurance
- Web/Multimedia Management and Webmaster
- Information Technology Project Management11 111006 Computer Support Specialist
- Computer/Information Technology Services Administration and Management
- Educational/Instructional Technology
- Educational Evaluation and Research
- Educational Statistics and Research Methods
- Pre—Engineering
- Aerospace, Aeronautical and Astronautical/Space Engineering
- Agricultural Engineering
- Architectural Engineering
- Bioengineering and Biomedical Engineering
- Ceramic Sciences and Engineering
- Chemical and Biomolecular Engineering
- Chemical Engineering
- Geotechnical and Geoenvironmental Engineering
- Structural Engineering
- Transportation and Highway Engineering
- Water Resources Engineering

- Civil Engineering
- Computer Engineering
- Computer Hardware Engineering
- Computer Software Engineering
- Electrical and Electronics Engineering
- Laser and Optical Engineering
- Telecommunications Engineering
- Engineering Mechanics
- Engineering Physics/Applied Physics
- Engineering Science14 141401 Environmental/Environmental Health Engineering
- Materials Engineering
- Mechanical Engineering
- Metallurgical Engineering
- Mining and Mineral Engineering
- Naval Architecture and Marine Engineering
- Nuclear Engineering
- Ocean Engineering
- Petroleum Engineering
- Systems Engineering
- Textile Sciences and Engineering
- Polymer/Plastics Engineering
- Construction Engineering
- Forest Engineering
- Industrial Engineering
- Manufacturing Engineering
- Operations Research
- Surveying Engineering
- Geological/Geophysical Engineering
- Paper Science and Engineering
- Electromechanical Engineering
- Mechatronics, Robotics, and Automation Engineering
- Biochemical Engineering
- Engineering Chemistry
- Biological/Biosystems Engineering
- Engineering
- Engineering Technology

- Architectural Engineering Technology/Technician
- Civil Engineering Technology/Technician
- Electrical, Electronic and Communications Engineering
- Laser and Optical Technology/Technician
- Telecommunications Integrated Circuit Design
- Electrical and Electronic Engineering Technologies/Technicians
- Biomedical Technology/Technician
- Electromechanical Technology/Electromechanical Engineering
- Instrumentation Technology/Technician
- Robotics Technology/Technician
- Automation Engineer Technology/Technician
- Electromechanical and Instrumentation and Maintenance Technologies/ Technicians
- Heating, Ventilation, Air Conditioning and Refrigeration Engineering
- Energy Management and Systems Technology/Technician
- Solar Energy Technology/Technician
- Water Quality and Wastewater Treatment Management and Recycling
- Environmental Engineering Technology/Environmental Technology
- Hazardous Materials Management and Waste Technology/Technician
- Environmental Control Technologies/Technicians
- Plastics and Polymer Engineering Technology/Technician
- Metallurgical Technology/Technician
- Industrial Technology/Technician
- Manufacturing Engineering Technology/Technician
- Welding Engineering Technology/Technician
- Chemical Engineering Technology/Technician
- Semiconductor Manufacturing Technology
- Industrial Production Technologies/Technicians
- Occupational Safety and Health Technology/Technician
- Quality Control Technology/Technician
- Industrial Safety Technology/Technician
- Hazardous Materials Information Systems Technology/Technician
- Quality Control and Safety Technologies/Technicians
- Aeronautical/Aerospace
- Automotive Engineering Technology/Technician
- Mechanical Engineering/Mechanical Technology/Technician
- Mechanical Engineering Related Technologies/Technicians

- Mining Technology/Technician
- Petroleum Technology/Technician
- Mining and Petroleum Technologies/Technicians
- Construction Engineering Technology/Technician
- Surveying Technology/Surveying
- Hydraulics and Fluid Power Technology/Technician
- Computer Engineering Technology/Technician
- Computer Technology/Computer Systems Technology
- Computer Hardware Technology/Technician
- Computer Software Technology/Technician
- Computer Engineering Technologies/Technicians
- Drafting and Design Technology/Technician
- CAD/CADD Drafting and/or Design Technology/Technician
- Architectural Drafting and Architectural CAD/CADD
- Civil Drafting and Civil Engineering CAD/CADD
- Electrical/Electronics Drafting and Electrical/Electronics CAD/CADD
- Mechanical Drafting and Mechanical Drafting CAD/CADD
- Drafting/Design Engineering Technologies/Technicians
- Nuclear Engineering Technology/Technician
- Engineering/Industrial Management
- Engineering Design
- Packaging Science
- Engineering—Related Fields
- Nanotechnology
- Engineering Technologies and Engineering—Related Fields
- Biology/Biological Sciences
- Biomedical Sciences26 260202 Biochemistry
- Biophysics
- Molecular Biology
- Molecular Biochemistry
- Molecular Biophysics
- Structural Biology
- Photobiology
- Radiation Biology/Radiobiology
- Biochemistry and Molecular Biology
- Biochemistry, Biophysics and Molecular Biology
- Botany/Plant Biology

- Plant Pathology/Phytopathology
- Plant Physiology
- Plant Molecular Biology
- Botany/Plant Biology
- Cell/Cellular Biology and Histology
- Anatomy
- Developmental Biology and Embryology
- Cell/Cellular and Molecular Biology
- Cell Biology and Anatomy
- Cell/Cellular Biology and Anatomical Sciences
- Microbiology
- Medical Microbiology and Bacteriology
- Virology
- Parasitology
- Mycology
- Immunology
- Microbiology and Immunology
- Microbiological Sciences and Immunology
- Zoology/Animal Biology
- Entomology
- Animal Physiology
- Animal Behavior and Ethology
- Wildlife Biology
- Zoology/Animal Biology
- Genetics
- Molecular Genetics
- Microbial and Eukaryotic Genetics
- Animal Genetics
- Plant Genetics
- Human/Medical Genetics
- Genome Sciences/Genomics
- Genetics
- Physiology
- Molecular Physiology
- Cell Physiology
- Endocrinology
- Reproductive Biology

- Cardiovascular Science
- Exercise Physiology
- Vision Science/Physiological Optics
- Pathology/Experimental Pathology
- Oncology and Cancer Biology
- Aerospace Physiology and Medicine
- Physiology, Pathology, and Related Sciences
- Pharmacology
- Molecular Pharmacology
- Neuropharmacology
- Toxicology
- Molecular Toxicology
- Environmental Toxicology
- Pharmacology and Toxicology
- Biometry/Biometrics26 261102 Biostatistics
- Bioinformatics
- Computational Biology
- Biomathematics, Bioinformatics, and Computational Biology
- Biotechnology
- Ecology
- Marine Biology and Biological Oceanography
- Evolutionary Biology
- Aquatic Biology/Limnology
- Environmental Biology
- Population Biology
- Conservation Biology
- Systematic Biology/Biological Systematics
- Epidemiology
- Ecology and Evolutionary Biology
- Ecology, Evolution, Systematics and Population Biology
- Molecular Medicine
- Neuroscience
- Neuroanatomy
- Neurobiology and Anatomy
- Neurobiology and Behavior
- Neurobiology and Neurosciences
- Biological and Biomedical Sciences

- Mathematics
- Algebra and Number Theory
- Analysis and Functional Analysis
- Geometry/Geometric Analysis
- Topology and Foundations
- Applied Mathematics
- Computational Mathematics
- Computational and Applied Mathematics27 270305 Financial Mathematics
- Mathematical Biology
- Applied Mathematics
- Mathematical Statistics and Probability
- Mathematics and Statistics
- Statistics
- Mathematics and Statistics
- Air Science/Airpower Studies
- Air and Space Operational Art and Science
- Naval Science and Operational Studies
- Intelligence
- Strategic Intelligence
- Signal/Geospatial Intelligence
- Command & Control (C3, C4I) Systems and Operations
- Information Operations/Joint Information Operations
- Information/Psychological Warfare and Military Media Relations
- Cyber/Electronic Operations and Warfare
- Intelligence, Command Control and Information Operations
- Combat Systems Engineering
- Directed Energy Systems
- Engineering Acoustics
- Low—Observables and Stealth Technology
- Space Systems Operations
- Operational Oceanography
- Undersea Warfare
- Military Applied Sciences
- Aerospace Ground Equipment Technology
- Air and Space Operations Technology
- Aircraft Armament Systems Technology
- Explosive Ordinance/Bomb Disposal

- Joint Command/Task Force (C3, C4I) Systems
- Military Information Systems Technology
- Missile and Space Systems Technology
- Munitions Systems/Ordinance Technology
- Radar Communications and Systems Technology
- Military Systems and Maintenance Technology
- Military Technologies and Applied Sciences
- Biological and Physical Sciences
- Systems Science and Theory
- Mathematics and Computer Science
- Biopsychology
- Behavioral Sciences
- Natural Sciences
- Nutrition Sciences
- Cognitive Science
- Human Biology
- Computational Science
- Human Computer Interaction
- Marine Sciences
- Sustainability Studies
- Astronomy
- Astrophysics
- Planetary Astronomy and Science
- Astronomy and Astrophysics
- Atmospheric Chemistry and Climatology
- Atmospheric Physics and Dynamics
- Meteorology
- Atmospheric Sciences and Meteorology
- Chemistry
- Analytical Chemistry
- Inorganic Chemistry
- Organic Chemistry
- Physical Chemistry
- Polymer Chemistry
- Chemical Physics
- Environmental Chemistry
- Forensic Chemistry

- Theoretical Chemistry
- Chemistry
- Geology/Earth Science
- Geochemistry
- Geophysics and Seismology
- Paleontology
- Hydrology and Water Resources Science
- Geochemistry and Petrology
- Oceanography, Chemical and Physical
- Geological and Earth Sciences/Geosciences
- Physics
- Atomic/Molecular Physics
- Elementary Particle Physics
- Plasma and High–Temperature Physics
- Nuclear Physics
- Optics/Optical Sciences
- Condensed Matter and Materials Physics
- Acoustics
- Theoretical and Mathematical Physics
- Physics
- Materials Chemistry
- Materials Sciences
- Physical Sciences
- Science Technologies/Technicians
- Biology Technician/Biotechnology Laboratory Technician
- Industrial Radiologic Technology/Technician
- Nuclear/Nuclear Power Technology/Technician
- Nuclear and Industrial Radiologic Technologies/Technicians
- Chemical Technology/Technician
- Chemical Process Technology
- Physical Science Technologies/Technicians
- Science Technologies/Technicians
- Cognitive Psychology and Psycholinguistics
- Comparative Psychology
- Developmental and Child Psychology
- Experimental Psychology
- Personality Psychology

- Physiological Psychology/Psychobiology
- Social Psychology
- Psychometrics and Quantitative Psychology
- Psychopharmacology
- Research and Experimental Psychology
- Forensic Science and Technology
- Cyber/Computer Forensics and Counterterrorism
- Archeology
- Econometrics and Quantitative Economics
- Geographic Information Science and Cartography
- Aeronautics/Aviation/Aerospace Science and Technology
- Cytotechnology/Cytotechnologist
- Clinical Laboratory Science/Medical Technology/Technologist
- Medical Scientist
- Pharmaceutics and Drug Design
- Medicinal and Pharmaceutical Chemistry
- Natural Products Chemistry and Pharmacognosy
- Clinical and Industrial Drug Development
- Pharmacoeconomics/Pharmaceutical Economics
- Industrial and Physical Pharmacy and Cosmetic Sciences51
- Pharmaceutical Sciences
- Environmental Health
- Health/Medical Physics
- Veterinary Anatomy
- Veterinary Physiology
- Veterinary Microbiology and Immunobiology
- Veterinary Pathology and Pathobiology
- Veterinary Toxicology and Pharmacology
- Veterinary Preventive Medicine Epidemiology and Public Health
- Veterinary Infectious Diseases
- Medical Informatics
- Management Science
- Business Statistics
- Actuarial Science
- Management Science and Quantitative Methods

20년 유학 전문 멘토의

마음으로 전하는 유학 이야기

초판인쇄	2017년 5월 25일
초판발행	2017년 5월 31일

저　　자	이인호
펴 낸 이	김성배
펴 낸 곳	도서출판 씨아이알

책임편집	박승애, 최장미
디 자 인	백정수, 윤미경
제작책임	이헌상

등록번호	제2-3285호
등 록 일	2001년 3월 19일
주　　소	(04626) 서울특별시 중구 필동로8길 43(예장동 1-151)
전화번호	02-2275-8603(대표)
팩스번호	팩스번호02-2275-8604
홈페이지	www.circom.co.kr

I S B N	979-11-5610-311-0 13370
정　　가	15,000원